"十二五" 辽宁省重点图书出版规划项目

国家自然科学基金资助项目（71362008）
江西省社会科学规划项目（10JL02、09YJ224）研究成果
华东交通大学教材（专著）基金资助项目

三友会计论丛
SUNYO ACADEMIC SERIES IN ACCOUNTING

第16辑

Research on
Accounting Firm Mergers,
Intellectual Capital and
Audit Quality

会计师事务所合并、智力资本与审计质量研究

杨晓丹 著

东北财经大学出版社
Dongbei University of Finance & Economics Press

大连

图书在版编目（CIP）数据

会计师事务所合并、智力资本与审计质量研究 / 杨晓丹著.
—大连：东北财经大学出版社，2017.12
（三友会计论丛·第16辑）
ISBN 978-7-5654-3027-5

Ⅰ. 会⋯　Ⅱ. 杨⋯　Ⅲ. 会计师事务所–研究–中国　Ⅳ. F233.2

中国版本图书馆CIP数据核字（2017）第322184号

东北财经大学出版社出版

（大连市黑石礁尖山街217号　邮政编码　116025）

网　　址：http：‖ www.dufep.cn

读者信箱：dufep@dufe.edu.cn

大连永盛印业有限公司印刷　　　东北财经大学出版社发行

幅面尺寸：170mm×240mm　字数：227千字　印张：15.5　插页：1

2017年12月第1版　　　　　　　2017年12月第1次印刷

责任编辑：王　莹　孙冰洁　　　　　责任校对：那　欣
封面设计：冀贵收　　　　　　　　　版式设计：钟福建

定价：42.00元

随着我国以社会主义市场经济体制为取向的会计改革与发展的不断深入，会计基础理论研究的薄弱和滞后已经产生了越来越明显的"瓶颈"效应。这对于广大会计研究人员而言，既是严峻的挑战，又是难得的机遇。说它是"挑战"，主要是强调相关理论研究的紧迫性和艰巨性，因为许多实践问题急需相应的理论指导，而这些实践和理论在我国又都是新生的，没有现成的经验和理论可资借鉴；说它是"机遇"，主要是强调在经济体制转轨的特定时期，往往最有可能出现"百花齐放，百家争鸣"的昌明景象，步入"名家辈出，名作纷呈"的理论研究繁荣期和活跃期。

迎接"挑战"，抓住"机遇"，是每一个中国会计改革与发展的参与者和支持者义不容辞的责任。为此，我们与中国会计学会财务成本分会、东北财经大学会计学院联合创办了一个非营利的学术研究机构——三友会计研究所，力求实现学术团体、教学单位、出版机构三方的优势互补，密切联系老、中、青三代会计工作者，发挥理论界、实务界、教育界的积极性，致力于会计、财务、审计三个领域的科学研究和专业服务，以期为我国的会计改革与发展做出应有的贡献。

三友会计研究所的重大行动之一就是设立了"三友会计著作基金"，用于资助出版"三友会计论丛"。它旨在荟萃名人力作及新人佳作，传播会计、财务、审计研究与实践的最新成果与动态。"三友会计论丛"于1996年推出第一批著作；自1997年起，本论丛定期遴选并分辑推出。

采取这种多方联合、协同运作的方法，如此大规模地遴选、出版会计著作，在国内尚属首次，其艰难程度不言而喻。为此，我们殷切地希望广大会计界同仁给予热情支持和扶助，无论作为作者、读者，还是作为评论者、建议者，您的付出都将激励我们把"三友会计论丛"的出版工作坚持下去，越做越好！

东北财经大学出版社

三友会计论丛编审委员会

在资本市场高度发达的今天，独立的外部审计制度已成为证券市场必要的制度安排。高质量的审计服务对提高证券市场的资源配置效率发挥了重要的外部治理效应，能有效抑制代理人的机会主义行为，降低公司代理成本，进而提高公司价值。毋庸置疑，高质量的审计服务对于资本市场的健康运行是不可或缺的。

中国证券市场的快速发展引发和培育了对高质量审计服务的需求。国际会计师事务所凭借其近百年发展积累的雄厚资本、品牌优势对我国会计服务市场形成了巨大压力。而我国大会计师事务所太少、小会计师事务所太多，无序竞争和低水平竞争加剧的现状，已很难应对国际会计公司咄咄逼人的竞争压力。我国政府部门和注册会计师行业清醒地认识到，必须加快实施会计师事务所做大做强战略，加大对注册会计师行业的支持和整合力度，全面提升本土会计师事务所的核心竞争力。2007年5月中国注册会计师协会（以下简称"中注协"）发布了《关于推动会计师事务所做大做强的意见》，标志着行业"做大做强"战略的全面启动，开启了我国会计师事务所合并的第三次浪潮。尽管学术界和监管部门一致认为推进我国会计师事务所进行大规模的合并重组有助于培育我国寡占型的审计市场结构、提高审计质量、增强会计师事务所的竞争力进而满足市场对高质量审计服务的需求，但关于此轮会计师事务所合并浪潮的效果以及会计师事务所合并是如何影响审计质量的机理仍缺乏系统研究。掌握会计师事务所合并与审计质量的关系是当前政府监管部门在"做大做强"注册会计师行业的战略性实践中迫切需要解决的问题。由于中国以行政为主导的审计市场的特殊性和非市场自发选择的合并动因，掌握我国会计师事务所做大做强这一产业政策的实施效果以便制定后续政策也是监管部门亟待深入研究的实践问题。因此，在此背景下研究会计师事务所合并对审计质量的影响机制具有重要的理论价值和实践价值。

大规模的合并为本土会计师事务所进行审计资源重新整合和争取业务收入跨越式发展提供了重大契机，然而在中国这样的新兴市场中会计师事务所合并带来的规模扩大是否意味着审计质量的同步提高呢？由于我国审计市场生态环境的特殊性和我国以行政力量驱动为主的会计师事务所合并动因，会计师事务所规模与审计质量之间是否存在显著的正向关系，会计师事务所规模是否可以反映实质上的审计质量？对这些问题还有待进一步进行实证检验。基于上述研究背景，本书以政府推动的第三次会计师事务所合并浪潮这一自然实验为契机，针对我国审计市场的会计师事务所合并进行理论与经验研究，从智力资本视角探寻会计师事务所合并对审计质量的影响机制，主要完成了如下研究工作：

（1）构建了会计师事务所合并、智力资本与审计质量关系的理论框架。本书结合中国的制度背景，以规模经济理论、声誉理论、保险理论、资源基础理论和智力资本理论为理论基础，在广泛借鉴国内外研究成果的基础上，对会计师事务所合并、智力资本与审计质量关系进行了理论分析，从会计师事务所层面研究合并对审计质量产生影响的内部资源因素，构建了会计师事务所合并、智力资本与审计质量关系的理论框架，为从智力资本视角探索会计师事务所合并的动因、揭示会计师事务所合并对审计质量影响的机制奠定了理论基础。

（2）构建了会计师事务所智力资本测量指标体系。本书基于 Stewart（1997）三因素理论将会计师事务所智力资本维度划分为人力资本、结构资本和关系资本，并借鉴社会学的内容分析法构建智力资本三维度的特征指标。

（3）从智力资本视角揭示了会计师事务所合并对审计质量的作用机制。本书在考察会计师事务所合并对审计质量影响的实证研究中，选取我国第三次会计师事务所合并浪潮中合并前后均具有证券从业资格的会计师事务所合并案为样本，基于盈余质量和会计稳健性两个视角度量审计质量，系统考察会计师事务所合并对审计质量的影响，验证了会计师事务所合并对审计质量的提升作用已经显现出来。在进一步考察会计师事务所合并、智力资本与审计质量关系的实证研究中，在理论推导的基础上提出会计师事务所合并通过智力资本的中介效应作用于审计质量的研究假设。为了验证假设，将会计师事务所规模特征引入智力资本内涵，通过因子分析构建智力资本三个维度——人力资本、结构资本和关系资本——的评价指标，在此基础上，采用聚类分析的方法，分别按照合并后会计师事务所智力资本的强弱和改善幅度对合并样本进行分类，考察不同的智力资本水平下会计师事务所合并会对审计质量的影响方向和强度产生何种差异，最后通过智力资本中介效应的检验发现了会计师事务所合并作用于审计质量的内在机制。

通过以上理论和实证研究，本书得出以下研究结论：本土会计师事务所合并提升审计质量的积极作用逐渐显现出来；智力资本是会计师事务所的核心资源，是提升会计师事务所审计质量的关键驱动因素；智力资本是会计师事务所合并作用于审计质量变化的内在资源动因；智力资本能强化会计师事务所合并对审计质量的积极影响。

研究结论显著支持了资源基础观，会计师事务所作为一个具有典型"智力资本"特性的产业组织，智力资本是其核心资源，是审计质量的基础和依托，也是会计师事务所提升审计质量的关键驱动因素。合并是会计师事务所一种有效而便捷的战略选择，合并能打破资源流动的限制，为企业带来资源聚集和重组的机会，能增加智力资本存量和增量，发挥智力资本对会计师事务所合并重组的协同作用，进而驱动审计质量提升。

本书的研究贡献主要体现在以下几方面：

第一，丰富和发展了会计师事务所合并对审计质量影响的理论。本书突破了传统的基于产业组织理论研究会计师事务所合并对审计质量影响的外部环境因素，嵌入企业资源理论和智力资本理论，构建了会计师事务所合并、智力资本与审计质量关系的理论框架，厘清了会计师事务所合并通过智力资本作用于审计质量的内在机理。

第二，拓宽了会计师事务所合并研究的视野，并为我国本土会计师事务所如何通过合并提升审计质量提供了现实路径。本书从智力资本视角揭示出会计师事务所合并对审计质量作用的机制，深入发掘出会计师事务所合并影响审计质量变化的内在资源动因。因此，对会计师事务所合并后智力资本这一战略资源的整合、培育和提高成为提升审计质量的一条现实路径，可以大大提升我国本土会计师事务所参与国际资本市场的竞争力。

第三，丰富了会计师事务所合并经济后果以及审计质量影响因素的文献。本书揭示出会计师事务所合并能显著提高智力资本水平，会计师事务所拥有的异质性资源——智力资本——是提升审计质量的关键驱动要素。从会计师事务所层面检验了智力资本对会计师事务所合并与审计质量的关系具有中介效应，发现了会计师事务所合并对审计质量产生作用的内在机制，从而可以提供在会计师事务所这样一个智力型企业中智力资本对组织运营作用的经验证据以及在中国这样的新兴市场中会计师事务所合并与审计质量关系新的经验证据。

本书是国家自然科学基金项目"会计师事务所合并、智力资本与审计质量"（71362008）和作者主持的江西省社会科学规划项目"基于智力资本的江西省会计师事务所竞争力研究"（10JL02）、"基于智力资本评价的我省高科技企业绩效评价体系创新研究"（09YJ224）以及华东交通大学教材（专著）基金项目的研究成果，并得到了上述项目的资助，在此表示感谢。

本书的研究有助于拓展会计师事务所合并和审计质量影响因素的研究视野，取得了一定的成果。但由于本人水平和时间、精力的限制，本书还存在一些不足之处：会计师事务所智力资本测量指标体系的构建过于理论化；智力资本指标的设计和界定是难点，对很多智力资本特征难以运用数学指标予以量化。此外，由于合并的背景不同、合并的缘由不同、合并的效果可能是多维的，本书无法区分不同的合并事件中行政化动因与市场化

前　言

动因各自的贡献大小，进而无法研究不同动因类型的合并对审计质量的影响差异。因此，针对本书疏漏和不妥之处，敬请各位学者、专家和广大读者批评指正。

作　者

2017 年 10 月

目录

第1章 导 论/1

1.1 研究背景和研究意义/1

1.2 研究思路与研究方法/7

1.3 研究内容与研究框架/10

1.4 可能的研究贡献/14

第2章 文献综述/16

2.1 审计质量及其影响因素的研究/16

2.2 会计师事务所合并经济后果的研究/20

2.3 会计师事务所合并与智力资本关系的研究/28

2.4 会计师事务所智力资本与审计质量关系的研究/31

2.5 研究述评/35

第3章 制度背景分析/37

3.1 我国审计市场的特殊性分析/37

3.2 我国审计市场会计师事务所合并的演进历程/45

3.3 会计师事务所合并带来审计市场结构变化的分析/49

3.4 会计师事务所合并的动因分析/53

3.5 本章小结/58

第4章 会计师事务所合并、智力资本与审计质量的基本理论/59

4.1 关键概念界定/59

4.2 会计师事务所合并、智力资本与审计质量关系的理论基础/71

4.3　会计师事务所合并、智力资本与审计质量的内在机理分析/81

4.4　本章小结/86

第5章　会计师事务所合并与审计质量关系的实证研究/88

5.1　理论分析和研究假设/88

5.2　数据来源与样本选取/91

5.3　变量定义与模型设定/93

5.4　会计师事务所合并后审计质量变化：盈余质量模型检验/98

5.5　会计师事务所合并后审计质量变化：会计稳健性模型检验/119

5.6　不同合并方式下合并后果的检验/122

5.7　会计师事务所连续合并对审计质量的影响检验/129

5.8　会计师事务所合并与否影响审计质量的横向比较/131

5.9　稳健性检验/140

5.10　本章小结/144

第6章　会计师事务所合并、智力资本与审计质量关系的实证研究/147

6.1　会计师事务所规模的智力资本特征研究/147

6.2　会计师事务所合并、智力资本与审计质量关系的实证检验/167

6.3　本章小结/199

第7章　研究结论、政策建议与研究展望/200

7.1　研究结论/200

7.2　政策建议/202

7.3　研究不足与研究展望/209

主要参考文献/212

索　引/231

后　记/233

第 1 章

导　论

本章主要阐述了研究背景和研究意义，界定出需要研究的主要问题，并对本书的研究内容、研究思路、研究方法等进行剖析，最后提出了本书的可能研究贡献。

1.1 ———————— 研究背景和研究意义 ————————

1.1.1　研究背景

自从18世纪20年代独立审计诞生以来，独立的外部审计师对上市公司财务报表进行法定审计逐渐成为一项制度安排，对提高证券市场的资源配置效率发挥了重要的外部治理效应（王鹏和周黎安，2006）。审计是企业管理中必不可少的一部分，并在委托-代理的关系中扮演着一个极其重要的监督角色（Eilifsen and Messier，2000）。然而，这种监测功能的有效性主要取决于审计质量。审计质量能为会计系统的信息质量提供合理保证①。高质量审计能充分发挥公司治理的效应，抑制代理人的"道德风险"和"逆向选择"，降低公司代理成本进而提升公司价值（Jensen and

---

① DeAngelo（1981）对审计质量的定义是审计师发现并报告客户会计系统中错误的联合概率。

Meckling，1976；Watts and Zimmerman，1983）[①]。

1980 年以来，我国注册会计师行业恢复并不断发展。特别是脱钩改制以后，整个行业蓬勃发展，注册会计师的独立性得到了显著的提升。中注协数据显示，2013 年注册会计师行业总收入达 563.21 亿元，截至 2015 年 6 月 30 日，本土会计师事务所总数 8 331 家，其中执业注册会计师 100 601 人，首次突破 10 万人，特殊普通合伙制会计师事务所 40 余家。由此可知，我国注册会计师行业正处在快速增长状态中，会计师事务所作为中国资本市场重要的中介组织，其对维护中国资本市场的有效性、提高资本市场中上市公司会计信息的真实可靠性起到重要作用。

从理论上来说，会计师事务所要想生存并且获得盈利，就必须具有独立的鉴证职能，审计质量的优劣对于会计师事务所至关重要，它会对会计师事务所的市场份额以及在市场中的影响力产生关键性的作用。所以，对于注册会计师行业来说，审计质量是它的生命线，也是审计领域研究中的核心问题，毋庸置疑，高质量的审计服务对于资本市场的健康运行是不可或缺的。围绕着审计质量的研究取得了十分丰硕的成果，相关文献主要集中在关于审计质量影响因素、审计质量度量方法和审计质量监管等方面。从 DeAngelo (1981) 提出了经典的审计质量概念以来，学者采取了诸多不同的审计质量替代指标检验规模对审计质量的影响效果，证实大规模会计师事务所的审计质量要高于小规模会计师事务所的审计质量。然而会计师事务所规模和审计质量呈现正相关关系这一命题在中国这样的新兴市场国家是否也成立，一直以来备受争议。刘峰和林斌（2000）认为，由于我国审计市场具有政府管制的特色，高质量审计很难通过市场的各项制度安排实现；加之在我国低法律风险的市场环境中，高质量审计需求又相对无效，必然会导致低审计质量。并且在中国"五大"代表的大规模会计师事务所也会因相对低的执业风险而采取"本土化"的审计策略从而会降低审计质量，因此会计师事务所规模大在中国未必代表质量高（刘峰和许菲，2002）。

虽然国内外做过大量关于审计质量的研究，但是我国从合并的视角来

2

[①] Jensen and Meckling（1976）认为，审计作为一种契约安排可以抑制公司高管层的机会主义行为，缓解信息不对称带来的代理人"逆向选择"和"道德风险"，降低代理成本进而提高公司价值。Watts and Zimmerman（1983）认为，在组织的各种契约安排中，审计是为了减少代理成本而存在的并内生于公司组织中的监督控制机制。

探究审计质量的文献还不够丰富和系统，因此审计质量领域中依然存在很多具有研究价值的问题。厘清会计师事务所合并究竟如何作用于审计质量是当前政府监管部门在做大做强注册会计师行业的战略性实践中迫切需要解决的问题，在中国这样的新兴市场中会计师事务所合并带来的规模扩张能否同步带来高质量的审计服务需要实践来检验。所以，会计师事务所合并和审计质量关系的研究具有十分重要的意义。

近年来，国内证券市场的发展速度相当快，因此市场对高效率的审计服务需求也不断增加。国际会计师事务所具有近百年的发展历史，拥有强大的品牌优势和非常雄厚的资本，它几乎垄断了整个中国的基础行业，包括交通、能源以及金融等领域。仅国际"四大"①在华的业务收入 2007 年和 2008 年占到中国会计服务市场总收入的三分之一左右，占百家会计师事务所总收入将近一半（数据详见表 1-1、图 1-1），我国会计服务市场面临巨大压力。而我国大规模的会计师事务所太少、规模很小的会计师事务所又比较多，导致了低水平的无序竞争现象，这种状况很难扭转本土会计师事务所处于劣势的局面。面对国际会计师事务所的竞争压力，国内的注册会计师行业和监管部门开始意识到，整合、发展、培育大型会计师事务所是行业发展的大势所趋和必然路径，并给予大力支持，以加快本土会计师事务所壮大的步伐，增强我国会计师事务所在国际上的竞争力。

表 1-1 　　　　　　　**2004—2014 年会计师事务所收入表**　　　　金额单位：亿元

年度\项目	2004年	2005年	2006年	2007年	2008年	2009年	2010年	2011年	2012年	2013年	2014年
行业收入	154.52	183.11	221.16	276.34	310.73	316.71	375.00	440.10	509.65	563.21	—
四大收入	32.49	45.98	62.59	90.11	103.89	91.30	95.17	100.91	106.43	109.44	120.28
百家收入	71.08	92.96	118.09	164.68	196.72	206.11	231.04	278.88	314.49	347.56	393.70
四大收入占百家收入比	0.457	0.495	0.530	0.547	0.528	0.443	0.412	0.362	0.338	0.315	0.306
四大收入占行业收入比	0.210	0.251	0.283	0.326	0.334	0.288	0.254	0.229	0.209	0.194	—

数据来源：根据中注协公布的 2005—2015 年《会计师事务所综合评价前百家信息》和《中国注册会计师行业发展报告 2014》中的数据整理得到。

---

① 国际"四大"指普华永道、毕马威、德勤和安永四个全球性会计师事务所。随着时间的推移，会计师事务所不断变化，在 1998 年前为"六大"，1998 年后为"五大"，2002 年安达信的幻灭使得"五大"成为"四大"。国际会计师事务所经历了数次合并，从早期的"八大"到"六大"，再到"五大"，一直到今天的"四大"。为行文方便，书中此类会计师事务所均简称为"四大"或国际"四大"。

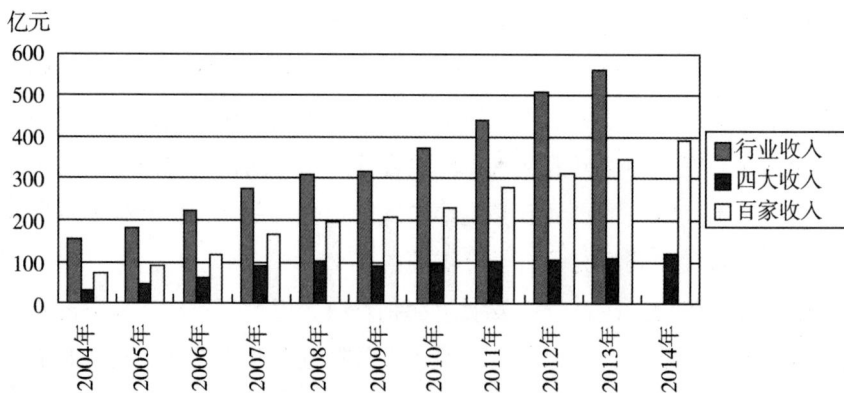

图1-1　国际四大、百家会计师事务所和注册会计师行业收入图

　　2005年中注协印发文件[①]，希望通过人才培养提高注册会计师的执业胜任能力，进而在我国审计服务市场中培育出一批具有声誉的会计师事务所。2007年中注协启动了行业"做大做强"战略[②]，由此掀起了国内新一轮会计师事务所的合并浪潮。2009年10月3日，国务院办公厅转发财政部《关于加快发展我国注册会计师行业若干意见》的文件[③]。这些文件的颁布为我国注册会计师行业做大做强提供了有力的政策支持，为会计师事务所的加速发展提供了巨大的助力。

　　因此做大做强注册会计师行业已成为我国一项战略性安排，而走合并重组之路是本土会计师事务所做大做强、抗衡"四大"的必然选择；同时，组建大型的会计师事务所也有利于促进国内审计服务质量整体水平的不断提高。从长远来看，我国的审计市场结构会随着我国会计师事务所合并的不断推进而改变，审计市场是走向寡头的集中，还是垄断竞争格局？审计市场结构的变化是否继而对审计质量产生相应影响？尽管学术界和监管部门一致认为推进我国本土会计师事务所进行大规模的合并重组有助于培育我国寡占型的审计市场结构，提升审计质量进而有利于会计师事务所获取竞争优势（刘明辉等，2003），但对会计师事务所合并是如何影响审计质量的以及此轮会计师事务所扩张的效果仍缺乏系统的了解。因此，会

---

　　① 2005年6月8日，中注协印发《中国注册会计师协会关于加强行业人才培养工作的指导意见》。
　　② 2007年5月，中注协发布了《关于推动会计师事务所做大做强的意见》。
　　③ 该文件明确要求重点扶持十家左右具有核心竞争力、能够跨国经营并提供综合服务的大型会计师事务所。

计师事务所如何通过合并实现良性的规模化发展，成为近年来我国会计市场管理与实践的重要课题。

鼓励会计师事务所通过各种扩张方式"做大做强"的战略性安排为本土会计师事务所进行审计资源重新整合和争取业务收入跨越式发展提供了重大契机。由于审计市场中的合并对会计师事务所本身及审计市场结构都将产生深远的影响，而我国特有的政府主导下的合并不同于国外会计师事务所市场化的自发合并行为，合并动因的特殊性可能会产生与发达国家不同的合并效果。因而，在中国特定的制度和行业背景下，会计师事务所通过扩张"做强"了吗？这一合并经济后果仍需接受实践的检验。2007年中注协引领的又一轮国内会计师事务所合并浪潮无疑为本研究提供了一个天然的"实验场"。考察会计师事务所是否做强的一个重要方面就是，随着会计师事务所规模的扩大，体现其核心竞争能力的审计质量是否得到相应提高。当下学者的关注点集中于会计师事务所合并对其审计质量的直接影响，并由此得出了不同的研究结论。然而，审计质量是受多种因素共同影响的，单单针对合并前后审计质量进行直接对比忽略了审计质量影响因素在其中所起的复杂作用，因而无法深入解释合并影响审计质量的内在机理。本书正是基于审计质量视角考察会计师事务所合并的经济后果，并以智力资本这一异质性资源为切入点，研究会计师事务所合并作用于审计质量的资源路径，深入发掘合并影响审计质量变化的内在资源动因，分析在新一轮的会计师事务所合并浪潮中，本土会计师事务所是否以合并为契机获取了智力资本优势或者通过合并提升智力资本水平，作为改善其审计质量的助力。

1.1.2 研究意义

本研究的理论价值主要体现在以下三方面：

（1）有助于丰富企业竞争力理论和审计质量影响因素的文献。

现有文献鲜有从智力资本理论研究会计师事务所合并与会计师事务所竞争力（体现为审计质量的高低）关系的，研究会计师事务所合并的视角需要进一步拓展。对竞争力研究形成的主要理论有：基于产业分析的企业竞争力理论，基于资源的企业竞争力理论，基于能力的企业竞争力理论等。Senior（1836）最早提出智力资本的概念，并把它作为人力资本的同义词使用，认为智力资本是个体在知识和技能上的总和。Thomas Stewart（1991）的经典著作《智力资本：如何成为美国最有价值的资产》真正将智力资本研究与实践推向高潮。Stewart 第一次明确指出智力资本是使一个企业组织或国家变得富有的最有价值的资产，它与一个企业或国家的可持续性竞争力密切相关。智力资本已成为知识经济时代推动企业——特别是知识密集型企业——获得价值增值和竞争优势的源泉。本书将企业资源理论和智力资本理论嵌入企业核心竞争力理论，依据资源基础观，剖析会计师事务所的战略资源（智力资本）对竞争力（会计师事务所的竞争力最终表现为审计质量）的影响机理，从智力资本的三个维度——人力资本、结构资本、关系资本——分析智力资本资源优势转化为竞争优势的路径，并从智力资本这一异质性资源的角度为解释具有不同智力资本优势的会计师事务所合并产生审计质量差异这一客观现象提供理论基础。会计师事务所作为一个"人合"的知识型企业，智力资本是其核心资源，会计师事务所的智力资本水平是审计质量的基础和依托，也是提升审计质量的关键驱动因素。会计师事务所由此可以被认为是以智力资本为发展动力的企业。合并能为企业带来资源聚集和重组的机会，对会计师事务所也不例外，合并不仅使智力资本在总量水平上产生变化，而且伴随着合并的深入，通过对目标客户、内部组织架构、人力资源的重新优化，还可能产生重组互动后的协同效应，这都将会是影响并引发会计师事务所审计质量发生变化的内在因素。因此，从智力资本理论视角研究会计师事务所合并对审计质量的影响有助于进一步丰富审计质量影响因素的文献。

（2）结合中国特殊的制度环境，以 2007 年掀起的第三轮会计师事务所合并浪潮为天然"实验场"，以政府推动的会计师事务所合并这一自然实验为契机，针对我国审计市场的会计师事务所合并与审计质量关系进行理论与经验研究，为中国这样的新兴市场中会计师事务所合并与审计质量的关系研究提供新的经验证据。现有研究关于会计师事务所合并与审计质量关系的文献虽然繁多，但它们主要考察的是发达国家会计师事务所合并的经济后果，结论尚存许多不一致之处，而这些研究结论是否在我国的审计服务市场中具有普适性仍需要接受实践的检验。由于合并动因和审计市场的特殊性决定了我国会计师事务所合并的效果和发达国家存在差异性，因此在我国制度背景下会计师事务所合并和审计质量关系的研究，尚缺乏系统性，其所提供的经验证据也不足。

（3）本书从智力资本视角揭示会计师事务所合并对审计质量产生影响的内在资源动因，检验会计师事务所扩张带来的审计质量变化这一经济后果，丰富并拓宽了会计师事务所合并研究的视野。

本研究的现实意义主要表现为：

从政府层面来看，本书对会计师事务所合并对审计质量的影响的理论研究和实证检验厘清了会计师事务所合并影响审计质量的内在机理，可以为监管部门掌握此轮会计师事务所扩张的政策效应提供理论依据和经验证据。从会计师事务所层面来看，本书的实证研究结论为会计师事务所合并有利于审计质量这一审计市场绩效的提高提供了经验证据，进一步增强会计师事务所通过大规模的合并这一重要途径来提升会计师事务所的竞争力、形成大规模会计师事务所、满足市场高质量审计需求的信心；会计师事务所采用不同的扩张策略对审计质量的影响的实证研究可以为我国会计师事务所选择发展路径提供较为直接的经验证据，为我国会计师事务所做大做强并最终实现跨越式发展提供理论依据和方法论的支持。

1.2　研究思路与研究方法

1.2.1　研究思路

在文献研读和规范研究的基础上，结合规模经济理论、声誉和保险理论、企业资源论和智力资本理论作为本书的理论基础，构建了审计市场—会计师事务所合并行为—资源（智力资本）—审计质量的理论框架，为从智力资本、资源观视角来探索会计师事务所合并的动因，揭示会计师事务所合并对审计质量产生影响的机制奠定了理论基础。

本书逻辑地展开了以下研究：

（1）分析了我国特定的制度背景。李明辉（2011）研究发现中西方会计师事务所合并的制度背景是不同的，西方会计师事务所合并是由市场推动的，而中国会计师事务所合并则大都是由行政力量推动的。只有认识两者之间的背景差异，我们才能客观评价合并对审计质量的影响。因此本书从中国审计市场的特殊性出发，梳理我国会计师事务所三次合并的历程，具体分析其对我国审计市场结构变化所带来的影响，剖析会计师事务所合并的动因，比较国际审计市场和国内审计市场合并动因的差异，从制度层面为后文的理论分析与实证检验做铺垫。

（2）对会计师事务所合并、智力资本与审计质量关系进行了理论分析。在对会计师事务所合并、会计师事务所智力资本、审计质量等相关概念界定的基础上，介绍了本研究的理论基础，主要包括规模经济理论、声誉理论、保险理论、资源基础理论和智力资本理论。在此基础上，从会计师事务所层面探寻合并作用于审计质量的内部资源因素，构建了审计市场—会计师事务所合并行为—资源（智力资本）—审计质量的理论框架。进一步从四个方面展开会计师事务所合并对审计质量产生作用的机理分析，主要包括会计师事务所合并影响审计质量的机理，会计师事务所合并影响智力资本的机理，会计师事务所智力资本影响审计质量的内在机理，会计师事务所合并、智力资本以及审计质量三者关系的内在机理，为实证研究部分检验智力资本是合并影响审计质量的内在资源动因提供了理论基础。

（3）根据理论模型和研究假设，构建盈余质量和会计稳健性模型，选择样本进行实证研究。首先考察了会计师事务所合并对审计质量是否存在积极影响。然后，基于智力资本视角探讨了我国证券审计市场会计师事务所的规模特征，构建了智力资本评价指标体系，用探索性因子分析法得出三个维度的智力资本主因子，并计算出会计师事务所合并前后的智力资本（IC）因子总得分，较为深刻地刻画出样本会计师事务所合并前后智力资本水平的变化，同时用作后续检验智力资本中介效应的分组依据。在此基础上，以合并前后的智力资本三因子得分为变量，用聚类分析法将合并后的样本会计师事务所分为强势组和弱势组以及智力资本改善幅度大的组和小的组，然后分组检验合并后获得的不同智力资本水平对审计质量影响的差异性，发现合并后获得了智力资本优势以及智力资本大幅提升的会计师事务所审计质量的提高更为显著。最后通过智力资本中介效应的检验发现了会计师事务所合并作用于审计质量的内在机制。

具体的技术路线图如图1-2所示。

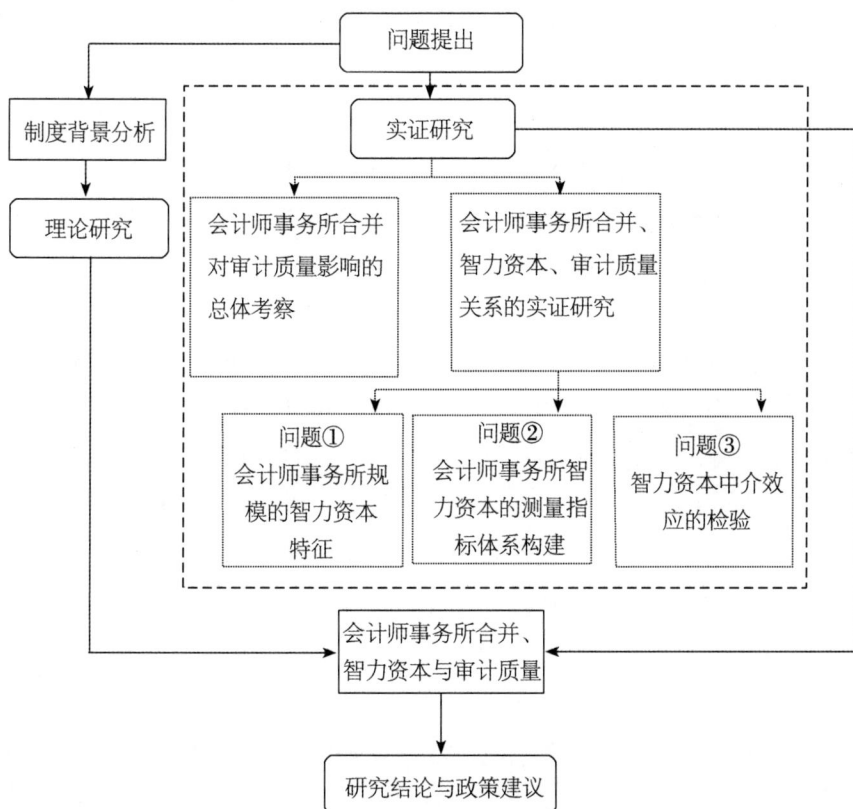

图1-2 本研究的技术路线图

1.2.2 研究方法

本书主要采用规范研究和实证研究相结合的方法考察会计师事务所合并对审计质量的作用机制以及智力资本对会计师事务所合并与审计质量关系的中介作用。

（1）规范研究。通过对国内外文献进行研读，采用逻辑演绎、综合分析等规范研究方法对会计师事务所合并与审计质量关系的现状研究进行梳理，立足于我国审计市场生态环境的特殊性和我国以行政驱动为主的会计师事务所合并动因这一制度背景，在传统的基于产业分析的企业竞争力理论中嵌入智力资本理论和企业资源理论，构建了审计市场—会计师事务所合并行为—资源（智力资本）—审计质量的理论框架，为从智力资本、资源观视角来探索会计师事务所合并的动因，揭示会计师事务所合并对审计质量产生影响的机制奠定了理论基础。从理论上分析会计师事务所通过合并获得更多的核心资源（智力资本），实现资源优势互补与优化配置，最终将资源优势转化为持续竞争优势——审计质量的提高。

（2）实证研究。在检验会计师事务所合并对审计质量的影响的实证研究中，本书构建盈余管理模型和会计稳健性模型，主要采用描述性统计、相关性分析和共线性检验、多元回归分析、多元层次回归分析以及独立样本检验等方法检验研究假设。从理论上分析，合并会增加智力资本优势，改善智力资本存量和增量，有助于审计质量的提高。在进行理论推导的基础上提出智力资本对会计师事务所合并与审计质量的关系具有中介作用的研究假设。为了验证假设，对会计师事务所规模特征引入智力资本内涵，通过因子分析构建智力资本三个维度——人力资本、结构资本和关系资本——的评价指标，在此基础上，采用聚类分析的方法，分别按照合并后会计师事务所智力资本的水平和改善幅度对合并样本进行分类，考察不同的智力资本水平情况下会计师事务所合并对审计质量的影响方向和强度会产生何种差异。这一实证研究支持了合并后获得智力资本优势的会计师事务所相比拥有智力资本弱势的会计师事务所更能提高审计质量，合并后智力资本改善幅度大的会计师事务所更能获得审计质量提高的经济后果，为更进一步从智力资本这一异质性资源的角度解释会计师事务所合并产生审计质量差异这一客观现象提供实证支持。最后通过智力资本中介效应的检验发现了会计师事务所合并通过智力资本作用于审计质量的内在机制。

1.3　研究内容与研究框架

1.3.1　研究内容

推动会计师事务所做大做强，加快发展注册会计师行业已成为我国一项战略性安排，基于这一研究背景，结合我国特定的制度背景和合并动因，本书针对我国审计市场的会计师事务所合并进行理论与经验研究，从智力资本理论与企业资源基础观视角，立足于我国以行政主导为主要特征的审计市场，系统地研究我国会计师事务所合并的经济后果，考察会计师事务所合并对审计质量产生影响的内在机理，为检验我国注册会计师行业做大做强这一产业政策的实施效果提供有关经验数据。具体来说，本书按逻辑展开了以下问题的研究：

第一，考察会计师事务所合并对审计质量是否存在积极影响。

第二，基于智力资本视角，构建我国会计师事务所智力资本测量体系。

第三，采用聚类分析，将会计师事务所合并样本划分为智力资本强势组、弱势组以及智力资本大幅提升组、微幅提升组，进一步检验会计师事务所合并带来的智力资本水平变化对审计质量的影响差异。

第四，运用中介效应的检验原理，对会计师事务所、智力资本、审计质量三者的关系进行了实证研究，研究结论验证了智力资本对会计师事务所合并与审计质量的关系具有中介作用的研究假设。

1.3.2 研究框架

全书按照问题的提出、文献综述、制度背景分析、理论基础研究和实证检验、研究结论、政策建议和研究展望的脉络进行框架安排。全书由7章构成。

第1章是导论。导论部分介绍了本书的研究背景和意义，提出了研究的问题，阐述了本书的研究思路和方法，构思了本书的研究框架，最后归纳了本书可能的研究贡献。

第2章是文献综述。这一部分主要梳理了本书研究涉及的国内外研究现状，包括审计质量及其影响因素、会计师事务所合并经济后果、会计师事务所合并与智力资本的关系、会计师事务所智力资本与审计质量的关系，并对研究现状进行了述评，奠定了全书研究的文献基础。

第3章是制度背景分析。本章内容包括：分析中国证券审计市场的特殊性，主要体现为政府主导下的审计市场的制度变迁；审计服务市场存在竞争性，市场集中度逐年提高；审计市场逐渐产生对高质量审计的需求，但仍存在审计需求异化现象。本章还回顾了我国会计师事务所的三次合并浪潮以及会计师事务所合并带来的审计市场结构的变化，剖析了会计师事务所合并的动因，比较了国际审计市场和国内审计市场合并动因的差异，为后面的理论分析与实证检验做出铺垫。

第4章是在对关键概念界定的基础上，介绍了本书研究的理论基础，基于会计师事务所层面探寻合并作用于审计质量的内部资源因素，构建了审计市场—会计师事务所合并行为—资源（智力资本）—审计质量的理论框架。在此基础上，进一步展开会计师事务所合并、智力资本与审计质量关系的机理分析，为实证研究部分检验智力资本是会计师事务所合并作用于审计质量的中介变量提供了理论依据。

第5章是考察会计师事务所合并与审计质量关系的实证研究。本章选取2007—2013年合并前后均具有证券从业资格的会计师事务所合并案进行研究，基于盈余质量和会计稳健性两个视角度量审计质量，从横向和纵向、会计师事务所合并方式等方面系统考察会计师事务所合并对审计质量的影响。通过划分不稳定样本、稳定样本进行总体和分年回归，得出了本土会计师事务所合并对提升审计质量的积极作用已逐渐显现出来的研究结论。

第6章是进一步考察会计师事务所合并、智力资本与审计质量三者关系的实证研究。本章在理论推导的基础上提出智力资本对会计师事务所合并与审计质量的关系具有中介作用的研究假设。为了验证假设，对会计师事务所规模特征引入智力资本内涵，通过因子分析构建智力资本三个维度——人力资本、结构资本和关系资本——的评价指标，在此基础上，采用聚类分析的方法，分别按照合并后会计师事务所智力资本的水平和改善幅度对合并样本进行分类，考察不同的智力资本水平下会计师事务所合并会对审计质量的影响方向和强度产生何种差异。最后检验了智力资本对会计师事务所合并与审计质量的关系具有中介效应。

第7章总结全文，阐述了本书的研究结论、政策建议和研究展望。

本书的结构框架如图1-3所示。

第1章　导论	→	1.研究背景及意义 2.研究思路与方法 3.研究内容及创新
第2章　文献综述	→	1.相关研究文献回顾 2.文献述评
第3章　制度背景分析	→	1.我国审计市场的特殊性分析 2.我国会计师事务所合并演进历程 3.事务所合并带来审计市场结构的变化 4.会计师事务所合并动因分析
第4章　会计师事务所合并、智力资本与审计质量的基本理论	→	1.概念界定 2.理论基础 3.会计师事务所、智力资本与审计质量内在机理分析
第5章　会计师事务所合并与审计质量关系的实证研究	→	1.理论分析 2.假设提出 3.研究设计 4.实证结果与分析
第6章　会计师事务所合并、智力资本与审计质量关系的实证研究	→	1.事务所智力资本特征研究 2.智力资本中介效应检验
第7章　研究结论、政策建议与研究展望	→	1.研究结论 2.政策建议 3.研究展望

13

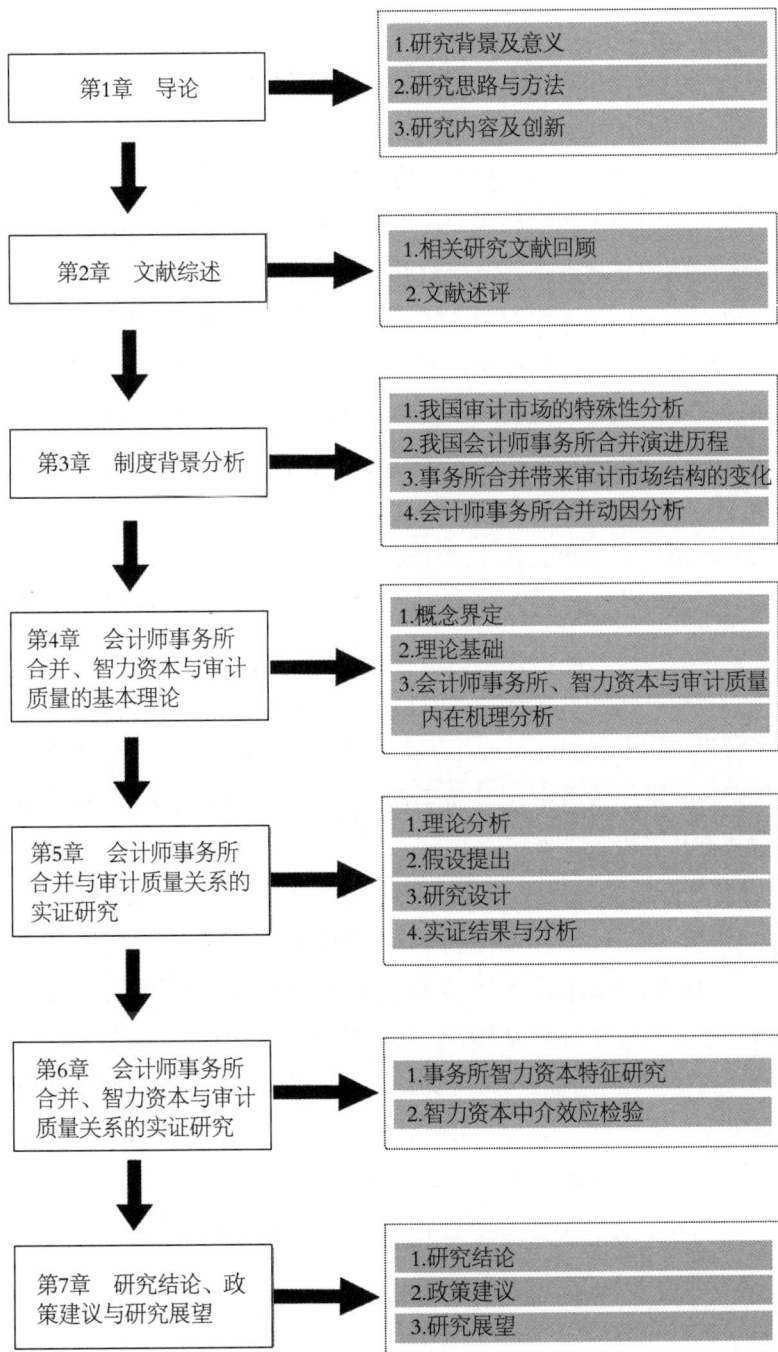

图1-3　本书结构框架图

1.4 ———————— 可能的研究贡献 ————————

（1）丰富和发展了会计师事务所合并对审计质量的影响的理论。突破传统从产业组织理论角度研究会计师事务所合并对审计质量的影响的外部环境因素，结合智力资本理论和企业资源理论，从会计师事务所层面研究合并对审计质量产生影响的内部资源因素，构建了会计师事务所合并、智力资本与审计质量关系的理论框架，厘清了会计师事务所合并通过智力资本对审计质量产生作用的机理，从智力资本这一异质性资源的角度为解释合并后具有不同智力资本优势和智力资本改善幅度的会计师事务所产生审计质量差异这一客观现象提供理论基础。

（2）本研究的视角创新。以政府推动的会计师事务所合并这一自然实验为契机，从智力资本视角揭示了会计师事务所合并对审计质量产生作用的机制，从智力资本这一异质性资源的角度，深入发掘会计师事务所合并影响审计质量变化的内在资源动因；检验了在中国制度背景下会计师事务所扩张带来的审计质量这一经济后果，丰富并拓宽了会计师事务所合并的研究视野，为转型经济中我国监管部门掌握行业"做大做强"政策效应提供理论依据和经验证据。

（3）研究结论的创新。本研究揭示出会计师事务所合并能显著提高智力资本水平，会计师事务所拥有的异质性资源——智力资本——是提升审计质量的关键驱动要素。从会计师事务所层面检验了智力资本在会计师事务所合并影响审计质量的关系中发挥着积极的中介效应，发掘出会计师事务所合并作用于审计质量的内在机制，从而可以提供在会计师事务所这样一种智力型企业中智力资本对组织运营作用的经验证据以及在中国这样的新兴市场中会计师事务所合并与审计质量关系的新的经验证据，并可以进一步丰富和发展会计师事务所合并的经济后果以及审计质量影响因素的文献。

（4）在研究设计方面具有一定特色：

①研究样本较为完整，较为完整地分析了 2007—2013 年我国证券市

场上发生的会计师事务所合并案例，与以往研究不同的是，本研究未剔除连续合并的会计师事务所样本，并发现连续合并不会对合并效果产生影响，这有助于确保本研究结论的外部效度。

②引入反映会计师事务所特质的官方数据，更具有说服力和可信度；尝试从智力资本视角构建我国证券审计市场会计师事务所的规模特征模型，基于Stewart（1997）的三因素理论将智力资本维度划分为人力资本、结构资本和关系资本，并借鉴社会学的内容分析法构建会计师事务所智力资本测量指标体系，该体系能较客观、完整地反映出会计师事务所智力资本水平。

③在研究假设的基础上加入了不稳定样本、稳定样本研究，横向对比与稳健性检验，使研究结论更加深入与客观。

第 2 章

文献综述

本章主要梳理了本书研究涉及的国内外研究现状，包括审计质量及其影响因素，会计师事务所合并的经济后果，会计师事务所合并、智力资本、审计质量三者关系的研究现状，并进行了文献述评，奠定了全书研究的文献基础。

2.1 ————— 审计质量及其影响因素的研究 —————

审计质量是审计领域研究中的核心问题，毋庸置疑，高质量的审计服务对于资本市场的健康运行是十分重要的。围绕着审计质量的研究已经取得了丰硕的成果。对审计质量的内涵目前仍未形成统一的看法。在西方学者的研究中，普遍被认可的是 DeAngelo（1981）提出的审计质量这一经典概念，其将审计质量描述为审计师发现客户会计系统的缺陷并报告的联合概率。这说明影响审计质量的因素可以分为两个维度，其中发现客户违规行为的能力代表着审计师的专业胜任能力，而在发现后决定将其进行披露则代表着审计师的独立性。因此，审计师专业胜任能力和独立性两者结合的效果的优劣决定着审计质量的高低。后续的研究者沿用这一思路，主要围绕影响审计质量的审计师专业技术能力和审计师的独立性两个维度因素进行研究。Watkins（2004）从感知审计质量和实际审计质量这两个视角展开对审计质量内涵的研究，分别基于注册会计师和信息使用者的立场研究对公司财务信息真实性和公允性的评价。

而在国内的理论界，存在着两种不同的审计质量观。一种是将会计师事务所出具的审计报告直接看作审计质量的结果观，另一种是认为审计质量涵盖整个审计流程中各项审计活动质量的过程观（张龙平，1994）。由于审计过程的不可见性，在研究审计质量时一般只能针对其结果进行研究。

影响审计质量的因素究竟有哪些？对该问题的研究奠定了审计质量研究领域的坚实基础，形成了多视角下的审计质量要素分类。基于DeAngelo（1981）对审计质量的经典定义，审计质量包含审计师的专业胜任能力和独立性两个基本要素，而会计师事务所规模恰好综合反映了两者结合的最终效果，实证研究中常常把会计师事务所规模作为审计质量的度量标准。Zimmerman（1983）延续了这一研究思想，提出审计具有信用保证价值，而规模具有信号传递效应，客户可以将规模大小作为鉴别会计师事务所声誉和审计质量高低的一个标准。基于规模视角，Becher et al.（1998），Francis et al.（1999a），Myers et al.（2003）利用操控性应计数来衡量盈余管理，证明了"五大"（或"六大"）比非"五大"（或非"六大"）更有能力控制盈余管理。品牌作为审计质量的一个替代变量，反映了不同规模会计师事务所对声誉在意程度的差异（DeAngelo，1981）和抵御客户压力的能力（Goldman and Barlev，1974）。然而，Arnett and Danos（1979）认为规模这一单一要素并不是影响会计师事务所未来前景的决定性因素。之后，研究者们从盈余质量、审计意见、客户依赖度、审计任期、行业专长、会计稳健性等不同角度寻找替代审计质量的要素，推动着审计质量影响因素研究工作的纵深化发展。从上述的观点可知，审计质量影响因素的确定依然是一个存在争议的问题。

从独立审计利益相关者的视角分析，影响审计质量的因素包括很多方面。利益相关者的自利或者他利行为都会影响到审计活动的进行，进而影响到审计质量。根据DeAngelo（1981）对审计质量的经典定义，可以把审计质量区分为两个方面：一是发现问题的能力；二是报告问题的概率。从这两个方面出发，本书归纳出审计质量的具体影响因素，其主要包括会计师事务所特质、注册会计师个人特征、被审计客户的特征、审计师和被审计客户双方之间的关系以及外部制度环境等。

（1）会计师事务所特质

会计师事务所特质主要包括：会计师事务所的规模，一般认为会计师事务所规模越大，审计质量就越高（Dopuch and Simunic，1980；Watts and Zimmerman，1986；O'Keefe and Westort，1992）。会计师事务所内部治理结构，其越规范，对员工的激励作用就会越大，审计质量也就越高（吴溪和陈梦，2012）。会计师事务所行业专长也是影响审计质量的重要因素，但是其影响具有国家边界，如国际"六大"会计师事务所在美国的行业专长集中度明显高于全球业务（Beelde，1997）。关于会计师事务所行业专长与审计质量关系的实证研究大多发现，行业专长与审计质量显著正向相关（Krishnan，2003；Romanus，2008；Reichelt，2010）。会计师事务所组织形式也是影响审计质量的重要因素，它会直接影响到会计师事务所及其注册会计师的法律责任，并对会计师事务所的纳税、内部治理等产生影响。国内外的研究主要是从组织形式影响注册会计师法律责任方面入手，如 Muzatko（2004）认为会计师事务所由普通合伙制转变为有限责任合伙制将会降低合伙人之间的相互监督作用，同时会减少会计师事务所及注册会计师的法律责任，从而导致审计质量降低。一般认为会计师事务所由普通合伙制转变为有限责任合伙制会降低审计质量，而由有限责任公司制转变为有限责任合伙制或者特殊普通合伙制则会提高审计质量（Liu，2011）。

（2）注册会计师个人特征

注册会计师个人在大多数情况下与其所在会计师事务所是利益一致的，但是其个体特征同样会对审计质量产生影响。不同学历、不同经济背景、不同性别、不同经历的注册会计师在审计相同客户时，可能会出现审计质量的差异。例如，由于风险承受能力的性别差异，女性审计师一般会增加审计程序从而导致风险溢价，而女性审计师通常更为勤奋、谨慎，其准备更为充分，这也是导致审计费用增加的一个原因（Ittonen and Peni，2012）。注册会计师的前期工作经验及工作经历也是影响审计质量的重要因素，国内外对审计师个人的行业专长及审计师个人前期工作经验的研究也比较多，Gul（2013）通过对中国上市公司审计报告签字注册会计师进行实证分析发现，审计师的个人教育背景、是否有在大型会计师事务所工作的经历、政治背景等是影响审计质量的重要个人特征因素。

（3）被审计客户的特征

被审计客户作为独立审计的被审计主体，其公司财务特征、组织结构、公司治理机制、行业背景等都会影响到审计质量。Carcello（2003）认为审计委员会具有更强的独立性、更好的专业知识，能够有效地保护审计师，从而对审计质量起到促进作用。同时，被审计单位的股权结构，如中国国有企业背景，会对审计师的独立性产生影响；被审计单位高管的政治背景、地方保护主义等政治因素同样可能会使会计师事务所或者注册会计师迫于压力而被购买审计意见（Chan，2006）。此外，被审计单位的行业复杂程度、内部审计质量等也是影响审计质量的重要因素（Abbott，2012）。

（4）审计师和被审计客户双方之间的关系

审计师和被审计客户间的关系会作用于独立性进而对审计质量产生重要影响。现有文献主要关注审计师任期、审计师变更、经济依赖度、非审计服务和异常收费等对审计质量的影响。

在讨论审计师任期和审计质量关系时，研究者们存在较大争议并得出了一些模棱两可的结论。一方面，审计师任期较长能够使注册会计师更熟悉被审计单位的财务状况，并且能够与被审计单位达到较好的有效沟通，从这个角度出发，审计师任期长将有利于审计质量的提高。另一方面，正是由于审计师任期较长，注册会计师与被审计单位较为熟悉，这就可能导致注册会计师与被审计单位更容易发生审计合谋进而影响到注册会计师的独立性。一些先前的研究表明审计师的独立性和审计质量可能会因为审计师任期的延长而受损（Casterella et al.，2004；Davis et al.，2000），然而还有一些文献研究却表明更长的审计师任期可以缓和审计师和客户之间的信息不对称，因此会提高审计质量（Carcello and Nagy，2004；Geiger and Ranghunandan，2002；Ghosh and Moon，2005；Johnson et al.，2002；Mansi et al.，2004；Myers et al.，2003）。这两种观点都有各自的实证研究结果作为支持。还有研究认为两者没有关系，或者认为两者是非线性关系等。除了审计师任期外，审计师变更、会计师事务所对被审计单位经济依赖程度、是否提供非审计服务、是否存在异常收费、会计师事务所和客户之间是否存在关联关系等因素都会影响到注册会计师的独立性，进而影响到审计质量。

（5）外部制度环境

外部制度环境也是制约审计质量的重要因素，特别是在中国制度环境下，会计师事务所及注册会计师受到的外部制度环境的制约更为明显。中国制度环境下，包括政治制度、法律制度、文化等在内的许多方面都会对会计师事务所及注册会计师的执业行为产生影响。另外，行业监管也是影响审计质量的重要因素，如中注协的行业监管及中国证券监督管理委员会对上市公司、具有证券期货资格的会计师事务所及注册会计师的监督。刘笑霞和李明辉（2012）研究发现在法律制度环境较好地区的上市公司，审计师受处罚后会增加审计程序、加大审计投入，从而导致审计定价明显提高，而在法律制度环境较差的地区，即使审计师受到处罚，审计定价也并没有显著变化。

纵览文献，国内外对审计质量影响因素的研究取得了丰硕的成果，但研究审计质量的视角还需进一步拓展，学者对基于合并视角下的审计质量问题关注相对较少，急需理论和实证的研究。

2.2 ——— 会计师事务所合并经济后果的研究 ———

先前研究会计师事务所合并的文献主要关注的是与市场相关的问题，从市场集中度、市场竞争和市场份额（Choi and Ze'Ghal，1999；Francis et al.，1999b；United States General Accounting Office，2003；Ivancevich and Zardkoohi，2000；Minyard and Tabor，1991；Sullivan，2002；Thavapalan et al.，2002；Wolk et al.，2001；Wootton et al.，1994），审计费用（Ferguson and Stokes，2002；Firth and Lau，2004；Iyer and Iyer，1996；Lee，2005），审计行业结构变化（Baskerville and Hay，2006），以及审计师变更的影响（Baskerville and Hay，2006；Chen et al.，2010；

Healy and Lys，1986）等方面阐述会计师事务所合并的经济后果。然而，关注会计师事务所合并对审计质量的影响的研究相对较少，特别是在新兴市场背景下对这个问题的探索就更少了。

2.2.1　会计师事务所合并与审计质量关系的文献回顾

以前关于会计师事务所合并的文献主要关注的是合并对审计市场竞争与集中化的影响，很少研究会计师事务所合并对审计质量或者审计客户的影响。Healy and Lys（1986），Chen et al.（2010），以及 Liu（2003）的研究是特例。Healy and Lys（1986）研究了美国非"八大"的会计师事务所在被"八大"兼并时，客户所做出的反应。如果客户能从"八大"的专业化服务或者品牌中获益，则可能继续作为"八大"的客户；如果客户不能从中获益，将发生审计师变更，客户会选择其他非"八大"会计师事务所。相似的，Chen et al.（2010）也研究了"四大"之一的安永与本土会计师事务所的合并而导致的审计师变更。他们发现本土会计师事务所的46家上市公司客户，其中30家在合并后的3年内都换成了别家会计师事务所。除了两个客户换成了其他的"四大"，其余的都换成了本土会计师事务所。他们的分析表明较晚的变更者（合并后第三年才转到其他会计师事务所）跟随他们的审计合伙人去了本土会计师事务所，主要是因为在财务报告上有更大的自由裁量权。特别是，合并后较晚的变更者会遭受越来越多不利的审计调整，而在他们连同以前的审计合伙人一起换一个新的本土会计师事务所之后，事情就会变得更顺利。这两篇文献的研究结果暗示了，在非大型会计师事务所与大型会计师事务所合并时，审计质量会变高。另一方面，Liu（2003）通过研究审计客户股票价格对会计师事务所合并所做出的反应，来探索合并对审计质量所产生的影响。但是，因为审计师变更代价高并且很多复杂因素都会影响股票价格，因此，本书认为用可操纵应计利润来衡量会计师事务所合并对审计质量的影响更直接。

研究发现，会计师事务所合并确实会提高审计质量。Dye（1993）提出的"深口袋"理论解释了大规模的会计师事务所更倾向于通过保持高审计质量来避免因承担诉讼而带来的损失。Sumithira et al.（2011）针对国际会计师事务所的分析指出，合并能够造成其审计质量的显著差异，还应当结合对资源整合的实现程度来分析合并的绩效。Ding and Jia（2012）通过对普华永道会计师事务所合并案例进行研究发现，普华永道等国际"四大"会计师事务所的审计质量与审计收费都相对提高了。自 2007 年合并浪潮开始，我国会计师事务所合并之声势越来越浩大，这使得我国的学者们开始逐渐将关注点落在这些合并对审计质量的影响上。由于审计质量拥有信号传递的属性，李眺（2003）从产业经济学出发，认为这种信号传递机制的存在是会计师事务所合并的重要推力。王咏梅和王鹏（2006）在比较国内外会计师事务所审计质量的研究中指出，在 1998—2000 年，经过两轮合并后，本土会计师事务所与国际"四大"的审计质量差异逐渐缩小，却又于 2001 年效果不佳，说明合并的长期成效受到合并后各项资源整合的能力差异和效果滞后性的影响，所以还需更长时间窗口的检验。李晓燕（2009）从会计师事务所规模的角度考虑，指出合并后规模的扩大使得会计师事务所能够提高审计服务的质量，因而合并有利于改善审计市场绩效。曾亚敏和张俊生（2010）以 2006 年以来国内 8 起会计师事务所合并案为样本，利用盈余管理和盈余反应系数测量审计质量，均发现了合并后审计质量的显著改善。Chan and Wu（2011）将目光集中于有证券从业资格的会计师事务所，认为此类会计师事务所间的合并利用提高累计准租金的方式，提高了其审计质量。类似地，蔡春等（2011）对 2002—2008 年的会计师事务所合并案以同样的方式进行样本选取，关注合并对会计师事务所胜任能力和审计收费的影响，发现合并后会计师事务所在审计收费方面明显更具优势，即通过合并获得了品牌溢价。刘启亮等（2011）对比国际"四大"兼并与国内本土兼并两种方式，发现被国际"四大"兼并的国内会计师事务所能够在此后三年内不断提高审计质量，与此相比国内本土兼并只在合并后第三年体现出审计质量的提高，进一步而言本土大型会计师事务所间的兼并与品牌联盟并无效果。Ding and Jia（2012）发现会计师事务所合并降低盈余管理水平，并且在合并后期由于其影响力的提高，审计收费有大幅提高。王迪（2014）通过修正的琼斯模型对"四大"与本土客户的可控性应计利润做了相关性分析，通过研究得出了"四大"客户的可操控性应计额比较低的结果，这说明"四大"进入中国市场后与小型的会计师事务所相比其审计质量更高。

而国际"四大"在我国台湾地区的合并扩张势头更加迅猛，这使得台湾学者们更多地将研究样本集中于国际大型会计师事务所的本土兼并，希望由此鉴定此种合并的策略是否合理。Wang et al.（2011）研究台湾的会计师事务所合并案，证实了会计师事务所合并带来的规模扩大与正面声誉效应能使客户的盈余指标下降，造成审计质量的上升；此外，这种提升效应在原先的小型会计师事务所身上更加明显。林宗辉和戚务君（2007）研究勤业、众信联合会计师事务所合并案，发现不论是考察审计客户的盈余质量，还是考察投资者对审计客户盈余的认知，其都得到了合并对审计质量影响的积极结论。

但是，相对较多的学者在合并和审计质量的关系上得出了不同的结论。GAO（2003a）回顾当前审计质量的相关文献认为，无法从现有研究中得出会计师事务所合并和审计质量、审计独立性之间存在相关关系的研究结论。GAO（2003b）采用调查研究的方式，发现在受访的 159 位大型公众公司的人员中，多数被访者不承认会计师事务所合并会对审计质量或审计独立性产生影响。原红旗和李海建（2003）运用 2001 年资本市场的数据检验了我国第二次会计师事务所合并浪潮的经济后果，并未发现审计质量在会计师事务所规模扩大后提高的一致结论。吴溪（2006）挖掘中天勤合并失败案例，指出合并双方既在合并前存在风险不匹配，又在合并后存在整合缺陷，导致合并完全丧失了其积极作用。王咏梅和邓舒文（2010）认为从市场结构而言，会计师事务所合并能够改善审计市场结构，尽管如此，交易成本等因素的存在使得在市场上没有观察到审计质量的相应提高。钱蓓蓓等（2011）通过对信永中和合并案例进行实证检验分析与研究，发现会计师事务所在合并过程中片面地追求规模的扩张，盲目进行合并，其审计质量并没有得到提高。李明辉（2011）发现仅就德勤华永合并案和中瑞岳华合并案而言，会计师事务所合并没有带来审计质量的提高，中瑞岳华在合并后的审计质量甚至出现了一定程度的下降。此外，也没有证据证明规模较小的会计师事务所在合并后审计质量能够得到更大程度的提升。贺晋和曹丽梅（2012）发现规模小、以新设合并方式合并以及审计的上市公司盈余管理为正的合并会计师事务所，合并后较合并前审计质量变低。王兵等（2013）结合当前中国法律环境薄弱的特点与声誉效应理论，发现合并能够提高会计师事务所的市场认同度，但是并没有相应提升其审计收费，也就是说会计师事务所在合并以后谈判能力并没有显著提升，即审计质量并没有显著提高。王琰等（2014）对我国2008—2009年8起合并案进行研究，发现没有证据能够证实会计师事务所合并将提高其客户的会计稳健性。张建刚和杜新霞（2014）以中磊、大信两所的合并案为样本，研究发现从长期看合并会一定程度提高审计质量，但是短期却会导致审计质量的下降。高平和段福兴（2015）通过对当前本土会计师事务所在做大做强政策推动下的规模扩张进行反思，指出仅仅寄期望于规模的扩大是无法保证审计质量及会计师事务所在审计市场中竞争能力的提升，这主要是因为单纯地扩大会计师事务所的规模仅仅是提高了投入要素的数量，并没有提升投入要素的质量，需要通过有效的资源整合才能使经营效率得到提升。祝嘉伟和汪开明（2015）以中磊、鹏城会计师事务所为例，针对曾遭受行政处罚的会计师事务所探究合并对审计质量的影响，结果显示，不论从整体角度，还是从合并双方各自的角度来看，审计质量均没有得到提高。唐建新等（2015）运用修正的Jones模型计算合并前后的DA值，研究2005年信永中和的合并案例与2006年立信的品牌联盟案例，考察会计师事务所合并前及合并后审计质量是否发生了显著变化，得出会计师事务所规模扩张带来审计质量提高的关键在于其实质性整合。

基于现有研究结论，国内外学者在会计师事务所合并对审计质量的影响作用上并未达成一致意见，分析其原因，主要有以下几方面：

（1）研究样本的选取。已有研究大多选取几个合并案为样本，然而对于不同的合并案而言，合并方差异、合并原因差异、所处经济环境差异、合并后整合情况的差异，都将导致不同学者因采取了差异化的研究对象而得出并不相同的结论。

（2）合并观察期的选取。会计师事务所合并需要一定的整合期，但整合期的长短是无法确定的，因此如何选取合并的观察期也将影响研究结论。

（3）研究方法的选取。例如，对比曾亚敏和张俊生（2010）与李明辉

（2011）的研究，前者采用修正的 DA 模型计量审计质量，后者采用截面
的 Jones 模型，这可能会造成研究结论产生差异。

2.2.2 会计师事务所合并对审计市场集中度影响的文献回顾

Bandyopadhyay and Kao（2001）认为要想获得有效的审计市场，必须
建立寡占型市场结构。审计行业是一个典型的垄断或寡头垄断的行业，寡
占结构不会扼杀竞争，它只会提升竞争的层次和水平，即几家"寡头"会
计师事务所之间在审计质量、审计效率上实现竞争的均衡，故建立寡占型
的审计市场是必要的。美国审计学家 Simunic et al. 的实证研究也表明高度
"寡占"性的美国审计市场并未削弱竞争的充分性，审计行业建立寡占型
市场的客观趋势，使得整个审计市场结构走向集中，而会计师事务所合并
正是适应环境变化而产生的必然现象。Beattie and Fearnley（1994）的实
证研究证明会计师事务所合并引导着审计市场集中度的提高。Campbell
and Mcniel（1985）也得出过相似的研究结论。

Tonge and Wootton（1991）利用 CR 系数衡量市场集中度，检验 1989
年"八大"合并的影响发现，会计师事务所合并不必然意味着缺乏竞争
和由此带来的审计收费的提高；相对而言，"八大"中较小的会计师事
务所在合并后会变得更有竞争力。Minyard and Tabor（1991）用 HI 替代
CR 系数进行研究，也同意在"八大"合并为"六大"期间，审计市场
的竞争性几乎没有受到影响。Wootton et al.（1994）针对美国三大交易
所 1988 年和 1991 年的数据，同时用 HI 和 CR 进行研究，发现合并加剧了
第一梯队会计师事务所之间的竞争，但同时第一梯队会计师事务所与其
他会计师事务所之间的差距也在逐渐扩大。GAO（2003a）总结说：尽
管由于大型会计师事务所的势力壮大导致当前公众公司的审计市场集中
度正日益提高，但审计服务市场的整体竞争性并没有被削弱，多个指标
均论证了这一观点。

很多学者也对其他国家的市场进行了研究，如 Choi and Zéghal
（1999）针对 1986 年 EW 与 AY、TR 与 DHS 合并，比较了北美和欧洲的 10
个国家 1986 年和 1991 年的审计市场集中度，结果发现合并前大会计师事
务所在市场占据主导地位，而合并后，这种主导地位进一步得以巩固。

Owen（2003）发现在英国市场，会计师事务所合并有利于提高审计市场的集中度和大会计师事务所的边际利润。Thavapalan et al.（2002）按行业划分澳大利亚的审计市场后研究发现，如果采用澳大利亚竞争与消费者委员会（ACCC）的方法来度量市场集中度，毕马威合并后造成审计市场竞争程度下降；而如果采用HI度量集中度，毕马威合并后并未造成市场竞争度的降低。

Sullivan（2002）发现，EW与AY、DHS与TR合并后，如果按照客户数计算其市场份额，会观察到其市场份额的下降，但按照客户收入计算，会观察到其市场份额得到了提高。此外，合并后会计师事务所的目标更着重于大公司，这表明，合并有利于降低会计师事务所审计大公司的成本，从而能够达到审计收费的降低，这无论对于大公司而言，还是对于致力于吸引大客户的会计师事务所而言，都是有利的。因此，认为会计师事务所合并反竞争的观点并不正确。Dunn et al.（2008）的研究发现，"八大"变为"四大"后，审计市场集中度的提高仅仅体现在那些市场份额原本就较大的会计师事务所身上，由此说明合并实际上扩大了会计师事务所之间的市场份额差距；大公司在会计师事务所的选择上没有显著的趋同性，说明合并没有导致大客户市场的垄断。

国内彭桃英和刘继存（2008）、赵保卿和张月琴（2011）、马雯和张秋莲（2012）等文献均涉及研究会计师事务所合并和审计市场结构间关系，但未单独分析会计师事务所合并事件对审计市场集中度的影响。曾亚敏和张俊生（2012）考察了2005—2009年审计市场集中度的变化。通过会计师事务所的大规模合并来提高审计市场集中度、优化审计市场结构是解决我国审计质量恶化问题的一种有效方式。

2.2.3　会计师事务所合并与审计收费关系的文献回顾

有学者研究发现，合并不但没有导致审计收费的提高，反而会使审计收费水平下降（Tonge and Wootton，1991；Ivancevich and Zardkoohi，2000）。Penney（1961）从会计师事务所的审计效率入手，通过合伙人访谈发现合并能够提高会计师事务所效率，降低审计时长，因而尽管合并能够使会计师事务所提高每小时收费的标准，却不必然导致总体收费的提高。Iyer and Iyer（1996）对英国上市公司中"四大"的客户进行检验，并未能够证明合并前后的会计师事务所存在收费结构上的差异，或是审计费用的显著上升。GAO（2003a）指出近代影响审计费用的主要因素并不是会计师事务所的合并，而是审计环境的不断变化以及客户期望的提高。Firth and Lau（2004）关注 1997 年中国香港关黄陈方会计师行（KWTF）与德勤事务所（DTT）合并案、1998 年永道事务所（CL）与普华事务所（PW）合并案，发现两家原本土所在合并后的审计收费都没有发生显著变化。对此他们认为，普华永道合并案是应对市场竞争的结果，客户并不愿意为此支付更高的价格。

　　但是也有学者得出了相反的结论，认为合并通过扩大会计师事务所的市场影响力，导致其能够要求的回报有所提高。Lee（2005）研究中国香港市场，发现"八大"的合并显著影响了参与合并会计师事务所的审计收费水平。合并前，参与合并方的审计收费显著低于其余未发生合并的会计师事务所；但合并后参与合并方的审计收费水平显著提高，以至于与那些未合并的"八大"旗鼓相当，且此水平能够得到维持。McMeeking et al.（2007）采取 1985—2002 年数据，检验了大会计师事务所合并以及安达信破产对英国审计市场集中度和审计定价的影响，结果发现，会计师事务所合并意味着审计市场集中度的提高，这种提高甚至能够达到垄断的水平，相应地，审计收费也会得到提高。然而，学者们认为合并导致的审计差异化才是导致审计收费上升的更重要的因素。此外，他们还指出，环境因素会影响大会计师事务所合并与声誉溢价和价格竞争的相关程度，如果会计师事务所选择与更大的对手合并，则其客户将会为此支付更高的审计费用。

　　2001 年，中国证券监督管理委员会（以下简称"证监会"）要求上市公司披露审计费用是我国学者研究审计收费影响因素的契机，自此以来此类研究大多以 Simunic（1980）的模型为基础，在此基础上考虑其他因素——诸如会计师事务所规模、会计师事务所品牌等——对审计收费的影响，所得出的结论并不相同。例如，王善平和李斌（2004）研究发现，会计师事务所规模大小是影响其上市公司审计收费的重要因素之一。漆江娜、陈慧霖和张阳（2004）发现，我国的上市公司更愿意为会计师事务所的品牌支付更高额的审计费用，"四大"便是借此得以收取更高的审计费用的。但是，耿建新和房巧玲（2006）研究认为"四大"并没有因为其品牌而获得相对更高的审计收费。李常青和王澍（2003）以2001年上市公司的数据为样本，发现在我国当前上市公司审计市场中，本土会计师事务所之间并没有因为其规模的大小而在审计收费上存在显著的差异。我国目前关于会计师事务所合并对审计定价影响的研究还较少。刘尔奎（2008）则将合并划分为内资所之间的合并与外资内资的合并，发现内资所之间的合并无法导致审计收费的显著提高，内资所和外资所之间的合并却能够直接导致审计收费的提高，可以看出外资所的品牌效应是影响收费的主要因素。房巧玲和李晓燕（2011）研究2006—2008年我国证券市场中的合并案例，从会计师事务所规模角度发现合并对审计收费有正向影响。蔡春等（2011）发现，2007—2008年经历过合并的会计师事务所审计收费的增长高于未合并的会计师事务所，其原因来自于接受较大客户后审计收费的增长。李明辉等（2012）选取2003—2009年10起会计师事务所合并案的面板数据，既从横向的角度，又从纵向的角度全面探究会计师事务所合并对审计收费的影响，认为合并能够通过提升会计师事务所在价格谈判中的地位，从而提高审计收费的水平。

由此可见，当前国外关于会计师事务所合并对审计收费的影响的研究并未形成一致的结论。分析其原因，会计师事务所合并究竟是会提高审计收费，还是会降低审计收费，这取决于合并后会计师事务所声誉及市场势力提升所带来的审计溢价以及规模效应所导致的审计成本降低两方面孰者相对占优（李明辉等，2012）。

2.3 —— 会计师事务所合并与智力资本关系的研究 ——

注册会计师行业是智力密集型的行业，"人合"是这个行业最鲜明的特征，人力资本是行业最大的生产力。[①]

注册会计师行业作为一个以"智力资本"为核心对外提供服务的行

---

① 引自中国注册会计师协会秘书长陈毓圭2009年9月5日在海峡两岸及港澳地区会计师行业交流研讨会上发表的主题演讲。

业，资源基础理论和智力资本理论都很好地诠释了智力资本这一行业竞争
中成功的关键因素，其中行业专长能够被视为会计师事务所拥有的一项重
要的异质性资源和能力，构成了会计师事务所智力资本资源的一个重要分
支。已有文献开始研究会计师事务所合并对行业专长的影响。Jere R.
Francis、Michael D. Yu（2009）研究发现规模大的会计师事务所有更多的
处理上市公司业务的经验，并且有更多智力资本资源。Dye（1993）认
为，合并后的会计师事务所更有能力吸引行业内优秀的技术人才，并投入
更多资源用以培训和研究，使他们能够在更高层次上提供服务。美国审计
总署（GAO）指出，提高行业专门化程度是大规模会计师事务所进行合
并的一个首要目的。合并有利于会计师事务所规模的扩大，而会计师事务
所规模是会计师事务所进行专业化投资进而扩大相关行业市场份额的基
础，因而合并是有利于提高行业专长的。余玉苗（2004）、陈丽红
（2010）、谢盛纹和梅雨（2011）等多位学者研究指出，合并对于会计师事
务所而言是一种组织形式的调整，这种调整为实行行业专门化战略奠定基
础。李慧和余玉苗（2005）、王咏梅和邓舒文（2012）指出，会计师事务
所想要为行业内大型企业提供服务，自身必须达到与之匹配的规模，并逐
步积累相关行业经验，而合并能够迅速提升会计师事务所规模，因而是使
会计师事务所满足行业大型企业审计需要的快捷方式。曾亚敏和张俊生
（2010）研究发现合并对提高我国本土会计师事务所的独立性、专业技长
都具有积极意义。袁春生（2011）研究发现独立性与行业专长是互为替代
关系的，独立程度高、具有行业专长的审计师更能制约公司舞弊行为，行
业专长在独立性较弱时对财务舞弊的抑制作用更为重要，并认为规模化经
营有利于会计师事务所培育行业专长。合并能使会计师事务所在管理、制
度、人员和技术等方面得到优势上的互补，在此基础上提高行业专长水平
（王凯，2009；马笑芳，2011）。王咏梅和邓舒文（2011）研究发现会计师
事务所合并后加大了优势行业的投入，资源配置更加合理。李明辉
（2011）研究认为，会计师事务所合并是会计师事务所间进行资源整合、
达成资源共享和实现优势互补的有力途径。王咏梅和邓舒文（2012）研究
发现，在会计师事务所合并前，大多数会计师事务所的经营战略模糊多
变，而合并之后，更多会计师事务所将行业专门化作为其发展战略，审慎

挑选适应会计师事务所发展状况的客户，培育行业专长。王琰等（2014）分析指出，会计师事务所合并造成规模的快速扩大，使会计师事务所有能力投入更多的资源实行技术培育和质量控制，且不同会计师事务所执业方面的优势互补也能够产生积极的协同作用。因此会计师事务所合并对提高行业专长有着积极的作用。

国内外研究表明，会计师事务所合并对于行业专长的发展能够起到积极的促进作用（Elizabeth，1981；李明辉，2011）。一方面，会计师事务所规模的扩大为发展行业专长提供了基础，会计师事务所合并作为一种组织形式上的调整，是实行行业专门化的战略基础（余玉苗，2004；陈丽红，2010；谢盛纹和梅雨，2011）。另一方面，合并后的会计师事务所在战略选择上更倾向于行业专门化战略（王咏梅和邓舒文，2012）。因此，会计师事务所合并后通过资源的投入、整合和协调培育了新的行业专长或是提高了行业专长水平。但是，目前关于此方面的研究多停留于理论探讨，少有实证研究。

近年来，大量的企业战略研究工作已经揭示出人力资源成为产生企业持续竞争优势方面的主导力量。因此，人力资源战略可能是合并获得可持续竞争优势的一个特别重要的来源（Lado and Wilson，1994；Pfeffe，1994；Wright and McMahan，1992），获取被并购会计师事务所优质人力资源则成为会计师事务所合并的主要动因之一（王琰，2011）。王琰（2011）通过对比分析六家会计师事务所合并前后两年不同的业绩指标情况，认为从总体上看合并推进了我国审计市场的快速发展，然而合并并没有带来充分的规模经济效应。从会计师事务所视角看，合并扩大了会计师事务所的绝对规模，但是从相关 CPA 人均额看，合并当年其对会计师事务所绩效的影响并不尽如人意。合并的规模经济效应受会计师事务所整合能力的影响，在合并后一年才有所体现。在合并的过程中，本土会计师事务所合并后的市场份额虽然增幅较大，但绝对额依然较小，国际合作会计师事务所依然占据审计市场主要地位。此外，李连军和薛云奎（2007）基于审计收费视角，检验了本土会计师事务所合并对提升会计师事务所声誉及市场竞争力的显著作用，其认为中国本土会计师事务所的声誉机制正在形成。会计师事务所合并可以通过增加准租金来提高会计师事务所的独立性，合并对会计师事务所规模和声誉产生影响也揭示了会计师事务所合并将对审计质量产生一定影响。就规模效应而言，DeAngelo（1981）将审计质量定义为审计师发现并报告客户会计系统中错误的联合概率，审计师是否能够发现客户财务报表中的重大错误是由其专业胜任能力决定的，而审计师发现财务报表中的错误是否报告则取决于其独立性。DeAngelo 认为：一方面，源于特定客户的准租金使得审计师存在发表不实的审计报告以保留该客户的内在动因，因而会降低其针对特定客户的独立性；另一方面，来自其他客户的准租金可以作为抑制其机会主义行为的抵押品。可以推断合并后拥有更多客户的会计师事务所由于没有报告某个特定客户会计系统错误、丧失独立性导致审计失败带来的损失会更大，因此大会计师事务所会提供更高质量的审计。

通过上述对文献进行的回顾可以看出，现有文献主要集中于研究会计师事务所合并对人力资源和行业专长以及独立性产生的积极作用，然而会计师事务所是一种"人合"的智力型企业，针对会计师事务所合并对其智力资本影响的系统研究文献较少。

31

2.4 —— 会计师事务所智力资本与审计质量关系的研究 ——

在查找会计师事务所智力资本与审计质量关系的文献时发现该领域的系统研究非常少，但发现已有一些国内外研究人员开始对智力资本中的人力资本与审计质量之间的关系进行探索。Aldhizer et al.（1995）、Westort（1990）、Meinhardt et al.（1987）从理论上分析，认为审计质量受人力资本的影响，Giroux and Deis（1992）、Yu-Shu Cheng（2008）在实证分析中发现审计质量受到人力资本的正向影响。Giroux and Deis（1992）在分析影响公共部门审计质量的因素的研究中指出，审计质量可能受到审计师先前的工作经验、受教育水平、继续职业教育等因素的影响。Westort and O'Keefe（1992）也得出结论——审计质量与继续教育有关。Niemi（2004）通过对芬兰小会计师事务所进行研究得出，审计师担任注册会计师工作年限的长短、是否为第一层次认证审计师、是否获得学位等三个反映审计师专业能力的变量与会计师事务所的小时成本率之间呈明显的正相关关系。Brocheler et al.（2004）研究发现，审计师的受教育程度无论是在会计师事务所的成立期还是发展期间，都有助于会计师事务所审计质量的提高；在会计师事务所成立期，审计师的经验水平有助于会计师事务所审计质量的提升；而在发展期，会计师事务所的审计质量与审计师工作经验负相关。

我国台湾地区研究的重心主要集中在人力资源对会计师事务所运营绩效的影响上，他们的研究取得了丰硕的成果。注册会计师行业属于非常典型的知识型行业，会计师事务所属于专家与劳动力密集型并存的企业，而人力资源是其中最关键的生产要素（Janik，1986）。Cheng et al.（2000）运用DEA加Tobit回归模型对1994年我国台湾会计师事务所的技术效率进行研究，表明会计师事务所规模、历史、员工中注册会计师比例、每位员工的培训支出这四项指标与技术效率成正比，而设立了分支机构的会计师事务所技术效率显著低于不设立分支机构的会计师事务所。Chang et al.（2003）通过研究大中型会计师事务所中的人力资源要素，得出结论：职工接受的职业培训时间越长，职工的薪酬越高，会计师事务所的绩效就越高，但是职工的学历并不会对会计师事务所创收水平造成太大影响。郭弘卿等（2011）也对人力资本、人员薪酬以及会计师事务所的经营绩效之间的关联进行了研究，他强调人员薪资在人力资本及经营业绩上扮演着中介的角色，人力资本与薪酬成正比；而薪酬的高低又直接影响着会计师事务所的经营绩效的好坏。这篇文献细化的结论是职工的学历越高，会计师事务所的经营绩效就越高，而这一结论显然与Chang et al.（2003）的研究结果是相悖的。

还有学者通过研究我国台湾地区会计师事务所得出结论：会计师事务所里具有更高学历、更丰富执业经验的合伙人越多，审计质量就越高（Chen and Lin，2007）。Chang et al.（2011）对台湾地区51家会计师事务所进行探索后发现，IT技术积累和人力资本积累可以驱动会计师事务所生产效率的提高。高惠松和李建然（2007）对2002年台湾地区上市公众公司的数据进行分析后发现，审计师的工作经验丰富程度和受教育程度的高低等因素都与会计师事务所审计质量的高低存在关系，其中，良好的审计师受教育水平有助于明显抑制正操控性应计数，而正的和负的操控性应计数受到会计师工作经验丰富程度的影响。Cheng et al.（2009）利用台湾地区调查数据得出结论：审计质量（用会计师事务所的品牌、规模衡量）受到人力资本的正向影响。

Guang-You Liu（2010）指出人力资本不仅直接影响企业的业绩，也经由过程资本、创新资本和顾客资本发挥对公司绩效的间接影响。人力资本确实对企业绩效有显著的影响（Vera、Steven and Arjen，2004；顾剑，2006）。刘笑霞和李明辉（2012）在研究会计师事务所人力资本和审计质量关系时进一步发现在我国本土会计师事务所中，注册会计师的年龄（代表工作经验丰富程度）和对培训的重视程度对抑制客户的正向盈余管理行为产生重要影响，可以通过改变这些因素来提升审计质量；但其未发现 CPA 比重以及 CPA 受教育程度与审计质量之间的显著关系。

较多的文献研究了会计师事务所行业专长、声誉和审计质量之间的关系，但未取得一致的结论。董秀琴和柳木华（2010）从投资者和财务报告视角，利用我国 2001—2006 年约 6 000 家上市公司样本数据，构造了盈余反应系数模型和操控性应计模型，发现行业专长促进了审计质量的提高，认为行业专长是审计师专业技能最重要的体现，也是审计师借以了解客户行业的经营特点、业务流程等的重要途径，能有效地帮助审计师搜集相关的审计证据，从而使审计师能够做出正确的审计结论，对客户的财务报表是否合法、公允做出客观评价，减少或避免偏差的出现。陈智和徐泓（2013）从审计费用的视角，发现上市公司不仅向国内会计师事务所支付了品牌声誉溢价，还支付了行业专长溢价，品牌与行业专长都与审计费用正相关，即与审计质量正相关。以上皆认为行业专长对审计质量有积极作用。国内也有很多学者的研究结论并不一致，比如蔡春和鲜文铎（2007）用会计师事务所的行业市场份额和行业组合份额的结合来作为行业专长的替代变量，采用异常应计（包括操控性应计利润和异常性营运成本）指标来度量审计质量，却发现会计师事务所的行业专长对审计质量不起积极的促进作用，反而会削弱审计质量。这是因为：一方面，我国会计师事务所对客户经济依赖性提高而导致独立性降低；另一方面，会计师事务所行业专门化发展进程较缓慢。同样，刘桂良和牟谦（2008）则根据2004—2005年的上市公司运营情况，运用调整后的KS模型进行研究，发现审计质量与行业专长负相关。与此相同的是，郁刚（2008）研究发现，审计师行业专长能抑制上市公司正向盈余管理，但对负向盈余管理的抑制作用不明显。陈丽红和张龙平（2010）运用中国上市公司2002—2007年的数据，采用多元回归模型，认为审计质量和审计师行业专门化投资程度呈"U"形函数关系，表现为先降后升，即在一定的范围内呈负相关，超出范围则呈正相关。蔡春和鲜文铎（2007）把行业市场份额为10%以上的会计师事务所界定为行业专家，计算出的拐点值高出10%的行业专家门槛，因此得出我国会计师事务所的行业专长并未产生高审计质量的结论。

陈辉发等（2012）研究发现，会计师事务所的声誉无论是政府认可产生的还是市场形成的口碑，其都能够有效地促进会计师事务所审计质量的提高。Dye（1993）断定财富更多的审计师一旦遭受"丑闻和诉讼风险"，其隐性成本会更高，因此这类审计师更会有提供高品质的服务以保护他们的声誉和财富的内在动力。而且，"富裕"的会计师事务所更有能力吸引行业内优秀的技术人才，并投入更多资源用以培训和研究，使他们能够在更高层次上提供服务。同样Shu（2000）也认为行业专家将会因为审计质量低下而失去更多未来收入的资金流和专业服务费用。因此，他们比非行业专家更有动力去维持高品质稽核，进而保持更高的独立性，以避免诉讼损害这种职业声誉。

纵览文献可以看出，现有文献缺乏从整体上对智力资本和审计质量两者间的关系进行的研究，尤其缺乏对结构资本、关系资本和审计质量之间关系的研究。因此，该领域的研究还比较薄弱，需进一步深入探索智力资本作用于审计质量的内在机理。人力资本作用的发挥离不开结构资本的支撑，结构资本具有整合企业内外部资源的能力，可以为人力资本发挥作用、创造价值提供平台，也就是说，从二元论的角度出发，智力资本能够对企业绩效有显著的影响。智力资本各方面的交互作用对企业绩效也具有正效应（李冬琴，2004）。蒋琰和茅宁（2008）研究发现人力资本需要通过关系资本和结构资本的传导才能对企业绩效发挥作用，智力资本对于企业绩效的可持续长期增长具有重要意义。

2.5 ——————— 研究述评 ———————

纵览国内外文献发现：

（1）关于会计师事务所合并经济后果的研究主要是从合并的宏观和微观经济后果角度来进行的。大多关注的是发达资本市场中会计师事务所合并的经济后果，而较少关注合并对审计质量的影响，特别是在新兴市场的背景下对这个问题的探索就更少了。这大概是因为西方自由经济制度下监管部门更为关注合并是否会削弱市场竞争进而造成垄断问题。此外，研究结论也未达成一致。

（2）我国学者对会计师事务所合并的研究主要集中在：合并对行业集中度的影响以及合并是否会提高审计师独立性问题（吴溪，2001；吴清在和曾玉琦，2008）；中国审计市场中会计师事务所合并行为的动因问题（余玉苗和詹俊，2000；李明辉，2010；房巧玲，2012）；制约会计师事务所合并效果的障碍因素分析（蒋尧明和赖妍，2006）以及会计师事务所合并对审计收费、审计效率的影响（李明辉，2012；蔡春，2011）等问题的研究。我国学者对合并经济后果的研究已经取得了一定的成果，然而研究较为分散，对在中国这样一个正在发展中的新兴市场会计师事务所合并经济后果的分析仍需系统化和深入化，进一步拓宽会计师事务所合并的研究视角。

（3）我国对会计师事务所合并和审计质量关系的研究，尚缺乏系统性，所提供的经验证据不足，尚未得出一致的结论，而且转型经济国家和发达国家会计师事务所合并动因的差异会带来合并经济后果的不同。关于本土会计师事务所合并对审计质量的影响及本土会计师事务所合并动因研究的文献也较为匮乏。

非市场化的合并动因使得我国的会计师事务所合并行为与西方基于市场化动因的会计师事务所合并有着本质上的不同，因此，我国会计师事务所合并的效果可能也与西方（包括我国台湾地区）不同。总体看来，目前在中国这样的新兴市场中会计师事务所合并对审计质量影响的研究尚不够充分和系统。

（4）现有文献鲜有从智力资本这一视角探索会计师事务所合并作用于审计质量内在机理的，需要进一步拓展会计师事务所合并的研究视角。智力资本被认为是21世纪个人、组织和国家的核心竞争力，是企业的无形战略资源，是企业价值的源泉与核心（Wigg，1997；Bounfour and Edvinsson，2005）。国内外学者对智力资本与企业价值的关系进行了深入的探索（Nick Bontis，1998；Steven Firer，2003；Ahmed Riahi-Belkaou，2003；Chen et al.，2005；原毅军，2005；万希，2006；傅传锐，2007）。纵览文献，国内外对于智力资本价值贡献的研究成果丰富而富有差异性，从丰富的实证研究中不难看到，对于企业价值提升来讲，智力资本已经被普遍认为是价值创造的源泉。

会计师事务所是一种"人合"的知识型企业，智力资本是其核心资源，是会计师事务所审计质量提升的关键驱动因素。而会计师事务所合并通过智力资本存量和增量的改变作用于审计质量，进而提升审计市场绩效，转化为企业的竞争优势。因此，基于智力资本层面进行分析，探索会计师事务所合并作用于审计质量的机制，这有助于进一步丰富审计质量影响因素的文献。

第 3 章

制度背景分析

与西方国家会计师事务所基于市场化动因的合并相比，中国会计师事务所的合并具有较浓的行政化色彩（李明辉，2011）。只有厘清这一特殊的制度背景，我们才能客观地分析会计师事务所合并对审计质量的影响。因此，本章从中国审计市场的特殊性出发，梳理我国会计师事务所三轮合并浪潮的历程，具体分析会计师事务所合并带来的审计市场结构变化，剖析会计师事务所合并的动因，比较国际审计市场和国内审计市场会计师事务所合并动因的差异，从制度背景层面为本书的理论分析和实证检验做出铺垫。

3.1 —————— 我国审计市场的特殊性分析 ——————

中国新兴审计市场具有特殊性，它既年轻，又发展迅速，与西方寡头垄断市场不同，它是一个更具有竞争力的市场，没有任何大型会计师事务所在该市场上占主导地位。从对高质量审计服务的需求来看，我国审计市场已产生了对高质量审计的需求。在20世纪90年代后期，中国资本市场逐步开放，保护中小投资者的法律也逐步完善，由于各种体制的变化，我国存在一些上市公司利用高质量审计来吸引外部融资并能够从外部投资者的投入中获得一定的利益。

3.1.1 政府主导下的审计市场的制度变迁

中国注册会计师行业出现于20世纪初,中华人民共和国成立后,历经30余年的求索,这一行业得以重建与恢复发展,在这一进程中政府在对审计市场的培养、发展和促进上扮演着重要角色。改革时期,中国还处于单一的公有制经济所有制下,每家会计师事务所在成立时,背后都有一个国家单位作为发起者,都要受制于挂靠单位,其服务对象也主要是国家控制的经济单位。然而这种挂靠体制有着严重的弊端:其不可避免地会导致政府干预企业决策,并使审计人员在独立性上有所妥协(DWL;Yang et al.,2001;Lin and Chen,2004)进而导致会计师事务所缺乏独立性和风险意识。此外,政府对会计师事务所和客户双方的所有权有利于保护主义的滋生,即政府部门可能要求在其控制下的会计师事务所去审计同样在其控制下的业务实体(Yang et al.,2001)。保护主义会阻碍对高审计质量的需求,因为它在激烈的竞争中保护了会计师事务所,把会计师事务所从提高审计质量的压力中解放出来。此外,它阻碍了大型会计师事务所声誉的获得,优质企业想要成长为更大的审计机构是非常困难的。最后,政府对会计师事务所的所有权也帮助会计师事务所有效地规避了业务风险和诉讼风险的威胁。因此,改革会计师事务所的体制,已成为发展中国注册会计师行业的当务之急。脱钩改制在1999年年底完成,共有107家被认可的会计师机构拥有了审计上市公司的资格。在切断与政府机构的联系后,脱钩改制的会计师事务所选择以合伙企业或有限责任公司的组织形式成立。脱钩改制以后,整个行业蓬勃发展,会计师事务所的内部运营机制发生了质的变化,注册会计师的独立性得到了显著的提升。会计师事务所在商业决策上享有更高程度的自由,但同时,它们可能面临更大的业务风险和诉讼风险。因此,会计师事务所更注重形成它们的声誉,因为它们将要面临的风险巨大。此外,脱钩改制为所有会计师事务所创建了更公平的竞争环境,增加市场份额的可能性使会计师事务所有建立和维护它们声誉的内在激励。Yang et al.(2001)提供的证据表明,脱钩改制之后,发布上市公司财务报告的非标准审计意见的数量和比例出现了戏剧性的增加。这些变化为脱钩改制对提升审计师独立性产生影响提供了有力的经验证据。

3.1.2　审计服务市场存在竞争性，市场集中度逐年提高

人们通常用市场集中度来考察市场的结构。对审计市场集中度进行计量的常用指标是 CR_n 指数（Concentration Ratio），CR_n 是指市场上最活跃的几个大会计师事务所以会计师事务所收入或客户资产规模为基础计算的市场占有率，这是市场结构度量指标中最常用、最简单易行的一种。国外习惯性取前四家或取前八家的数据来说明其市场的集中度。市场集中度具体计算公式为：

$$CR_n = \sum_{i=1}^{n} X_i \Big/ \sum_{i=1}^{N} X_i$$

其中，CR_n 表示行业中前 n 家最大企业的有关数值的行业比重，称为市场集中率或市场集中度；X_i 为第 i 个企业的有关数值；N 为行业中的企业总数。

本书根据《会计师事务所综合评价前百家信息》整理计算出我国 2005—2013 年审计市场集中度数据，见表 3-1。

表 3-1　　**我国证券审计市场集中度变化（2005—2013 年）**

2005 年

排序	会计师事务所名称	年度总收入（万元）	市场占有率	累计市场占有率
1	普华永道中天	180 296	9.8463%	9.8463%
2	安永华明	97 166	5.3064%	15.1527%
3	德勤华永	90 876	4.9629%	20.1157%
4	毕马威华振	91 478	4.9958%	25.1115%
5	前十国内会计师事务所（除"四大"）	89 947	4.9122%	30.0236%
6	国内百家会计师事务所（除前十）	1 281 337	69.9764%	100.0000%
7	行业总收入	1 831 100		

会计师事务所合并、智力资本与审计质量研究

2006 年

排序	会计师事务所名称	年度总收入（万元）	市场占有率	累计市场占有率
1	普华永道中天	203 762	9.2133%	9.2133%
2	安永华明	159 833	7.2270%	16.4404%
3	德勤华永	138 564	6.2653%	22.7057%
4	毕马威华振	123 747	5.5954%	28.3010%
5	前十国内会计师事务所（除"四大"）	113 955	5.1526%	33.4537%
6	国内其他会计师事务所（除前十）	1 471 739	66.5463%	100.0000%
7	行业总收入	2 211 600		

2007 年

排序	会计师事务所名称	年度总收入（万元）	市场占有率	累计市场占有率
1	普华永道中天	262 571	9.5017%	9.5017%
2	安永华明	231 581	8.3803%	17.8820%
3	德勤华永	212 428	7.6872%	25.5692%
4	毕马威华振	194 496	7.0383%	32.6075%
5	前十国内会计师事务所（除"四大"）	174 165	6.3026%	38.9101%
6	国内其他会计师事务所（除前十）	1 688 159	61.0899%	100.0000%
7	行业总收入	2 763 400		

2008 年

排序	会计师事务所名称	年度总收入（万元）	市场占有率	累计市场占有率
1	普华永道中天	275 518	8.8668%	8.8668%
2	安永华明	270 000	8.6892%	17.5560%
3	德勤华永	249 882	8.0418%	25.5978%
4	毕马威华振	243 517	7.8369%	33.4347%
5	前十国内会计师事务所（除"四大"）	260 687	8.3895%	41.8242%
6	国内其他会计师事务所（除前十）	1 807 696	58.1758%	100.0000%
7	行业总收入	3 107 300		

2009年

排序	会计师事务所名称	年度总收入（万元）	市场占有率	累计市场占有率
1	普华永道中天	257 843	8.1413%	8.1413%
2	安永华明	196 064	6.1906%	14.3319%
3	德勤华永	237 025	7.4840%	21.8159%
4	毕马威华振	222 110	7.0130%	28.8290%
5	前十国内会计师事务所（除"四大"）	360 498	11.3826%	40.2115%
6	国内其他会计师事务所（除前十）	1 893 560	59.7885%	100.0000%
7	行业总收入	3 167 100		

2010年

排序	会计师事务所名称	年度总收入（万元）	市场占有率	累计市场占有率
1	普华永道中天	296 065	7.8951%	7.8951%
2	安永华明	209 413	5.5843%	13.4794%
3	德勤华永	260 007	6.9335%	20.4129%
4	毕马威华振	186 203	4.9654%	25.3783%
5	前十国内会计师事务所（除"四大"）	441 285	11.7676%	37.1459%
6	国内其他会计师事务所（除前十）	2 357 027	62.8541%	100.0000%
7	行业总收入	3 750 000		

2011年

排序	会计师事务所名称	年度总收入（万元）	市场占有率	累计市场占有率
1	普华永道中天	295 674	6.7183%	6.7183%
2	安永华明	227 749	5.1749%	11.8933%
3	德勤华永	292 843	6.6540%	18.5473%
4	毕马威华振	192 842	4.3818%	22.9291%
5	前十国内会计师事务所（除"四大"）	626 050	14.2252%	37.1542%
6	国内其他会计师事务所（除前十）	2 765 842	62.8458%	100.0000%
7	行业总收入	4 401 000		

2012年

排序	会计师事务所名称	年度总收入（万元）	市场占有率	累计市场占有率
1	普华永道中天	322 629	6.3304%	6.3304%
2	安永华明	223 646	4.3882%	10.7186%
3	德勤华永	304 451	5.9737%	16.6924%
4	毕马威华振	213 578	4.1907%	20.8830%
5	前十国内会计师事务所（除"四大"）	873 049	17.1304%	38.0134%
6	国内其他会计师事务所（除前十）	3 159 147	61.9866%	100.0000%
7	行业总收入	5 096 500		

2013年

排序	会计师事务所名称	年度总收入（万元）	市场占有率	累计市场占有率
1	普华永道中天	335 141	5.9506%	5.9506%
2	安永华明	236 434	4.1980%	10.1485%
3	德勤华永	288 123	5.1157%	15.2643%
4	毕马威华振	234 717	4.1675%	19.4317%
5	前十国内会计师事务所（除"四大"）	1 014 009	18.0041%	37.4358%
6	国内其他会计师事务所（除前十）	3 523 676	62.5642%	100.0000%
7	行业总收入	5 632 100		

市场集中度常用于分析产业中企业的分布，集中度低说明企业分布过于分散，缺乏具有国际竞争力的大型企业。植草益是日本著名的产业组织专家，根据其对日本产业市场的调查，以不同的生产集中程度作为市场划分标准，他提出日本市场可以划分为两类不同的市场结构类型：竞争型市场结构和寡占型市场结构，以CR_8指标作为市场结构划分标准，对不同市场结构所做的分类见表3-2。

表 3-2　　　　　　　　　　　　**植草益的市场结构分类**

市场结构		CR$_8$值
粗分	细分	
寡占型	极高寡占型	CR$_8$＞70%
	高、中寡占型	40%＜CR$_8$＜70%
竞争型	低集中度竞争型	20%＜CR$_8$＜40%
	分散竞争型	CR$_8$＜20%

对照上述分类，我国审计市场存在竞争性，市场集中度逐年提高，但与国外成熟市场相比仍然较低，不存在寡占或垄断经营。尽管研究者使用的数据范围、衡量市场份额的标准有所不同，但总体上看，审计市场的发展方向应是趋于进一步集中。

3.1.3　审计市场逐渐产生对高质量审计的需求，仍存在审计需求异化现象

中国审计市场是一个正在发展中的新兴市场，这一市场的特点是制度变迁快速。在 20 世纪 90 年代中期，我国上市公司控股股东和经理缺乏对审计质量的要求，由于市场缺乏对高质量审计的需求，因此，当我国监管机构努力提高审计师的独立性时，上市的国内企业对审计人员的要求却从高质量变为了低质量。在缺乏高质量审计的情况下，只有少数独立的审计机构能存活下来并在长期的竞争中逐渐变为大型的审计机构。此时，会计师事务所的规模大并不能成为高审计质量的代言。然而，政府和监管机构在 20 世纪 90 年代推出了许多措施来提高会计师事务所审计独立性，同时改善上市公司的公司治理。20 世纪 90 年代末我国的资本市场经历了一系列的制度变迁，资本市场逐步开放，保护中小投资者的法律也逐步完善，各种体制的变化逐渐培养了潜在的对高审计质量的需求，某些上市公司可以利用高质量审计来吸引外部融资并能够从外部投资者的投入中获得一定的利益。因而，对高质量审计的需求取决于通过审计吸引外部融资的预期利益与从外部投资者处获取的预期利益间的平衡（Fan and Wong，2001）。

　　审计需求影响着审计市场，进而对资本市场的发展发挥重要的作用。国外学者提出过不同的审计需求理论，其中典型的理论有信号传递理论、委托-代理理论以及保险理论等，这些理论探究了产生对高质量审计的需求的原因和审计的市场价值。对高质量审计的需求能引导整个市场朝着良性方向发展，从而提高资源在市场中的配置效率，此外，对高品质审计的需求引领着注册会计师行业的蓬勃发展。Watts and Zimmerman（1983）通过研究发现审计的产生是基于市场的自发需求。

　　但是，国内资本市场在特定范围或者某一特定时期内，普遍存在审计需求的异化，这种异化现象是高质量审计需求不足的表现。异化现象包括审计需求的低质量偏好、审计需求的无所谓态度、审计需求的行政依赖三种（刘明辉和王恩山，2011）。审计市场需求存在低质量偏好是指，低质量市场需求一直存在使得高质量审计的竞争力低于低质量审计的竞争力，从而出现了"劣币驱逐良币"的现象。审计需求出现无所谓的态度是指，在实际工作中，很多上市公司在选择会计师事务所时，往往比较注重人缘、地缘关系，对审计质量持无所谓态度；对于会计师事务所来说，审计质量的高低对会计师事务所在上市公司审计市场中份额的高低并没有显著的影响。审计需求具有行政依赖性是指，在我国，政府的长期干预影响了企业的审计需求，对于很多上市公司来说，审计的目的不是为了给投资者提供真实的信息依据，而是为了迎合政府管制。随着经济的不断发展，对上市公司的审计监管越来越重要。可以说，当代社会对于审计产生原因的主流观点还是审计的产生源于社会经济发展的需求。而审计需求这一概念也在不断地进行演变，薛祖云等（2004）针对市场对审计需求的变化进行了研究，提出审计保险假说这一理论，其认为审计的需求不仅包括审计的鉴证价值，还包括审计的保险价值，即风险转移机制，也就是说，注册会计师要承担一定的财务信息风险。朱红军等（2004）通过对2001—2002年的上市公司的数据进行分析，研究了我国上市公司审计市场的需求特征，并得出以下结论：现阶段我国上市公司审计对政府管制便利政策、会计师事务所的规模、会计师事务所地缘关系都有一定的需求，表现为管制便利、规模较大、本地会计师事务所等因素更有利于扩大会计师事务所市场份额。而审计质量的高低，对会计师事务所在上市公司中市场份额的高低并没有显著的影响。

3.2　── 我国审计市场会计师事务所合并的演进历程 ──

总体来说，我国会计师事务所合并总共经过三个阶段：第一个阶段"脱钩改制"，改革挂靠制度，铲除会计师事务所扩大发展的产权障碍；第二个阶段的目标是使整体行业达到"高标准、上规模"，此轮合并极大地加快了会计师事务所扩大规模、提升自身审计水平及质量的步伐；第三个阶段就是要做大做强并与"四大"抗衡。

3.2.1　第一阶段── "脱钩改制"

在注册会计师行业进行重建的恢复期，从当时国内特殊的经济体制出发，政府部门出台了相应的政策，要求每一家会计师事务所都要挂靠到国家的有关部门，这就是学术界通常所说的挂靠制。在挂靠制下，我国会计师事务所还不具备独立行事的发展资质，它们所有的经济行为都要取得所挂靠单位的批准。所以，在此种体制下发展的会计师事务所并不具有独立性，并且还承受产权方面的制约。这些因素在很大程度上阻碍了会计师事务所的扩张速度，同时影响了会计师事务所对合并模式的选择。

随着我国经济的飞速发展，外资企业纷纷进驻我国的经济市场寻机发展，在中国的政策支持下，国际"四大"为了满足客户的需要、拓展中国的市场，也相继在中国设立分所抢占中国审计市场份额。我国的会计师事务所在建立伊始就受到来自国内和国际的双重压力，而国际会计师事务所带来的压力和威胁会更大些。因此，国内会计师事务所迫切需要通过合并扩张来扩大市场份额，只有这样，它们才能在我国的审计市场中挤占一席之地。

而在我国审计行业中相继爆发的原野、长城机电、海南中水国际、红光和琼民源的审计舞弊事件暴露了我国审计行业的弊端，也降低了我国注册会计师行业的信誉。鉴于国内出现了一系列审计丑闻，财政部要求所有会计师事务所与原来所挂靠的单位脱钩，改成合伙制，或者是有限责任制公司，从体制上根除会计师事务所的发展障碍。这项政策的出台，铲除了会计师事务所进行合并以及规模化扩展在产权方面的障碍。

3.2.2　第二阶段——"高标准、上规模"

随着市场经济的高速发展，国际金融市场发展极为迅猛，我国也迎来了资本高速累积的"金融时代"，各类大型国有企业也在迅速发展的资本市场中如火如荼地发展起来，随之而来的是大型国有企业及金融企业对专业审计服务的迫切需求。然而，上市公司及金融企业历来都是注册会计师行业内各会计师事务所相互争夺的重要客户资源，会计师事务所拥有这类客户的数量也代表着其在注册会计师行业中的综合实力，所以，在我国注册会计师行业中，急需一大批能够应对特殊业务的高水平人才以及能够承揽大型的审计项目的会计师事务所。经过第一阶段"脱钩改制"的大合并浪潮，我国的会计师事务所规模虽有所提高，但是我国的注册会计师行业仍然存在着起步晚、规模小、能力弱的硬件弱点，与国际注册会计师行业相比，还有着非常大的差距。鉴于国际"四大"挤占我国审计市场带来的巨大压力，我国的会计师事务所要想在这个行业里谋求进一步的发展面临很大的挑战，所以，我国的会计师事务所急需进一步扩大自己的规模，提高自身审计的质量与持续竞争能力，只有这样，它们才能在审计市场中占有一席之地。

为了推进我国注册会计师行业健康有序发展，保障我国的证券市场进展得有条不紊，2000年，中国人民银行和财政部印发《会计师事务所从事金融相关审计业务暂行办法》（银发〔2000〕228号），2003年有关部门施行了《注册会计师执行证券、期货相关业务许可证管理规定》（已于2016年由中华人民共和国财政部令第83号——《财政部关于公布废止和失效的财政规章和规范性文件目录（第十二批）的决定》——废止）等相关规定，我国政府对会计师事务所未来发展提出了高标准的要求，提升了进入相关审计市场的准入门槛，俗称"高门槛"政策。在此阶段颁布一系列政策，着重对会计师事务所的规模等方面提出了详细的要求及规定，财政部希望通过对注册会计师行业"高标准、上规模"的整改能够使我国审计市场"小、散、乱"的局面得到有效的改善，这一举措加快了我国注册会计师行业向高精准方向发展的步伐，有效提升了我国注册会计师行业的持久竞争能力。

　　为了能够在短期内获取证券及相关的执业资质，国内会计师事务所之间掀起了"联姻"的狂潮。在此阶段，由于政策的推动，会计师事务所在选择合并对象以及合并的目的方面都比较盲目，多数会计师事务所的合并存在着"拉郎配"的现象，会计师事务所在寻求合并对象时选取拥有证券业务准入资格的会计师事务所进行合并。原来上百家持有证券业务准入资格会计师事务所，经过这轮合并高潮以后，仅剩七十多家，在这个行业里面初步出现了一批规模较大的会计师事务所。此轮合并浪潮在"高门槛"政策的推动下虽在一定程度上改变了"小、散、乱"的行业局面，但是，随着银广夏审计丑闻的曝光，我国会计师事务所在合并时存在的盲目性也被暴露出来。本书认为在此阶段会计师事务所仓促合并导致失败的原因主要是：会计师事务所选择合并并非完全出于市场经济发展的需要，而主要是在国内的政策推动下进行的，其在选择合并对象时缺乏深入调查，合并之后仍然"各起炉灶"，缺少合并之后的磨合，并没有对各方的资源进行行之有效的整合，合并仅仅流于形式，没有充分发挥协同效应，这些因素导致了这一阶段会计师事务所合并的失败案例居多。

3.2.3　第三阶段——做大做强抗衡"四大"

　　这一轮合并主要是为了应对中国经济走向国际化所面临的挑战和竞争，适应中国经济在世界范围内崛起后企业对高审计质量的要求。加入WTO以后，国内的大型和特大型企业渐渐增多，同时，国外资本也迅速流入中国，越来越多的国际大型企业驻扎中国，这些企业对审计水平的要求也在逐步地提高，国际"四大"也加快了在中国抢占市场份额的脚步，"四大"凭借优良的品牌声誉、高水平的审计质量、覆盖全面的服务网络等方面的优势迅速在中国的审计市场中"攻城略地"。

　　我国注册会计师行业起步较晚，发展速度慢，审计的水准还不够高，再加上经历了前两轮仓促、盲目的合并，本土会计师事务所审计丑闻频频出现，如"郑百文"和"蓝田股份"等审计丑闻对注册会计师行业的声誉产生了巨大的损害。2001年12月，证监会颁布了《公开发行证券的公司信息披露编报规则第 16 号——A 股公司实行补充审计的暂行规定》（该规定已于 2007 年由证监会计字〔2007〕12 号文件命令废止），这个文件明文规定，已上市和拟发行上市 A 股公司在首次公开发行股票并上市，或上市后在证券市场再筹资时，应聘请具有执行证券、期货相关业务资格的国内会计师事务所，按中国独立审计准则对其依据中国会计准则、会计制度和信息披露规范编制的法定财务报告进行审计。此外，应聘请获中国证券监督管理委员会和财政部特别许可的国际会计师事务所，按国际通行的审计准则，对其按国际通行的会计和信息披露准则编制的补充财务报告进行审计。我国的银行业也推出了相对应的要求，规定要申请贷款的单位一定要经过国际会计师事务所进行的审计，才能获得所需的资金。这一系列规定都不利于本土会计师事务所的发展，而给"四大"在中国市场"攻城略地"提供了得天独厚的政策和市场优势。凭借品牌声誉、技术以及政策上的优势，"四大"坐稳了我国会计师事务所百强榜的前四位，拥有较强的市场势力。

面对"四大"的强势进军，纵向积累已经难以满足本土会计师事务所扩大规模的迫切需求，因此横向合并成为本土会计师事务所的不二选择。在 2007 年，中国注册会计师协会公布了《关于推动会计师事务所做大做强的意见》，这个文件的公布，极大地加快了我国会计师事务所进行合并的脚步。由于政策的支持，本土会计师事务所不断摸索和探究将会计师事务所做大做强与"四大"抗衡的途径，自此，我国会计师事务所在行业内掀起了又一轮大范围、大规模的合并浪潮。统计数据显示，2006—2008 年，我国总共有 24 起本土会计师事务所进行合并的案例。然而与前两轮大范围内的合并不同的是，此阶段的会计师事务所合并在合并方式的选择上与原来的会计师事务所有所不同，大多数选择的是新设合并的合并方式，并且多数是有针对性地选择合并对象。

通过对这三个阶段会计师事务所合并浪潮进行分析与总结，我们发现本土会计师事务所合并后有了比较强的竞争力，审计系统也相对完善，市场占有率也有了一定程度的提高，合并初步实现了"做大做强"的目标，但本土会计师事务所的审计质量是否也随着规模的扩张而有了很大程度的提高，对此还需要进行进一步的检验。

3.3 —— 会计师事务所合并带来审计市场结构变化的分析 ——

我国审计市场中会计师事务所的合并没有妨碍竞争，并未产生垄断势力。会计师事务所的合并是一种战略性的非价格行为，会计师事务所间横向合并的直接后果是促进产业集中。合并同样也是会计师事务所实现规模经济的最快捷的方式，并且有助于审计市场效率的提升。目前，会计师事务所间的合并使审计市场的集中度得以提高，使资源进一步向优势会计师事务所集中，从长期来看，其对规范我国审计市场会计师事务所间竞争行为必然将起到促进作用。本书从 2007—2013 年本土会计师事务所的合并案例中，选择了合并参与方均具有证券、期货相关业务许可证的 16 家会计师事务所为研究对象，分别计算了在合并前后这些会计师事务所占有的市场份额、市场集中度，以及会计师事务所的行业专长，分析会计师事务所合并带来的审计市场结构变化。

49

3.3.1　合并前后会计师事务所占有的市场份额的比较

对审计市场结构的描述可以采用审计客户数量、客户主营业务收入和客户资产总额各自占其相应市场总和的比重来进行，然后对合并前后的相关数据进行对比。从表 3-3 中可以发现，分别以审计客户数量、客户收入以及客户资产为基础计算的会计师事务所的市场份额在合并后均有所提高，审计的客户公司也涵盖我国上市公司中的一大部分。

表 3-3　　　　　　　　　　**合并前后审计市场份额的比较**

样本被审计客户数量占总体被审计客户数量的比率		样本被审计客户收入占总体被审计客户收入的比率		样本被审计客户资产占总体被审计客户资产的比率	
合并前	合并后	合并前	合并后	合并前	合并后
34.63%	67.10%	18.03%	33.23%	8.20%	11.26%

3.3.2　合并前后审计市场集中度的比较

审计市场集中度就是审计行业中市场份额较大的几家企业的市场份额

之和，本书衡量会计师事务所合并前后的市场集中度分别采用前4位和前8位会计师事务所的客户数量、客户收入和客户资产占各自对应的市场总值的比例，分别用CR_4和CR_8来表示。由表3-4可知，会计师事务所合并后分别以客户数量、客户收入以及客户资产为基础计算的CR_4和CR_8都比合并前有显著的提升，这说明会计师事务所的合并已经给审计市场带来了明显的经济后果，市场集中度逐渐提高，出现了一些较大的会计师事务所。

表3-4   **合并前后审计市场集中度变化**

项目	市场集中度	合并前	合并后
以客户数量衡量的审计市场集中度	CR_4	10.14%	23.92%
	CR_8	19.23%	41.53%
以客户收入衡量的审计市场集中度	CR_4	7.83%	15.63%
	CR_8	12.10%	23.26%
以客户资产衡量的审计市场集中度	CR_4	3.18%	5.78%
	CR_8	5.12%	8.12%

数据来源：中注协网站资料、中国上市公司资讯网以及上市公司发布的年度报告。

3.3.3   合并前后会计师事务所行业专长的比较

从表3-5中可以看出，合并之前，会计师事务所在12个行业中具有行业专长，合并之后，会计师事务所的行业专长拓展到14个行业。会计师事务所合并之后，在更多的行业中占有优势。此外，在不同的行业中，拥有行业专长的会计师事务所也明显增多，分析其原因，主要有以下两点：第一，在会计师事务所合并前，大多数会计师事务所的经营战略模糊多变，而合并之后，更多会计师事务所将行业专门化作为其发展战略，审慎挑选适应会计师事务所发展状况的客户、培育行业专长（王咏梅和邓舒文，2012）。合并后会计师事务所更加注重对行业专长的培养，并且在技术和资源上取长补短，从而增强了会计师事务所在某些行业中的审计优势。第二，具有不同行业专长的会计师事务所进行了合并。因此，2007年推进的会计师事务所合并浪潮为会计师事务所培育行业专长建立了基础，会计师事务所合并一方面使会计师事务所更加倾向于推进行业专门化战略，另一方面通过会计师事务所间的优质资源整合与共享，能够从整体上提高会计师事务所的行业专长水平。

表3-5

合并前后会计师事务所行业专长比较分析

行业	合并前年份	合并前会计师事务所	合并前IMS	合并年份	合并后会计师事务所	合并当年IMS	备注
A	2007	天健华证中洲	13.22%	2008	天健光华	18.72%	
A	2008	五联方圆	10.90%	2009	国富浩华	16.20%	
A	2007	亚太中汇	6.61%	2008	中审亚太	9.60%	2009年：13.52%
A	2011	天健正信	8.12%	2012	致同	14.19%	
A	2012	中瑞岳华	1.36%	2013	瑞华	29.03%	
B	2006	立信	0.00%	2007	立信	2.24%	2008年：16.32%
B	2011	立信	12.34%	2012	立信	14.80%	
B	2012	中瑞岳华	8.33%	2013	瑞华	16.45%	
C	2011	立信	9.71%	2012	立信	11.90%	
C	2012	中瑞岳华	7.04%	2013	瑞华	10.77%	
C0	2006	立信	4.73%	2007	立信	12.35%	
C1	2007	浙江天健	7.85%	2008	浙江天健东方	16.04%	
C8	2007	浙江天健	10.74%	2008	浙江天健东方	13.67%	
D	2006	岳华	7.84%	2007	中瑞岳华	9.58%	2008年：13.44%
D	2011	立信	4.65%	2012	立信	11.79%	
D	2012	中瑞岳华	33.27%	2013	瑞华	34.92%	
F	2006	岳华	1.68%	2007	中瑞岳华	2.21%	2008年：18.91%

续表

行业	合并前年份	合并前会计师事务所	合并前IMS	合并年份	合并后会计师事务所	合并当年IMS	备注
F	2006	立信	2.89%	2007	立信	5.37%	2008年:12.30%
F	2012	中瑞岳华	13.37%	2013	瑞华	15.64%	
G	2008	浙江天健东方	5.92%	2009	天健	12.20%	
G	2011	立信	11.71%	2012	立信	13.59%	
G	2011	天健正信	4.66%	2012	致同	11.88%	
G	2012	中瑞岳华	8.28%	2013	瑞华	13.10%	
H	2007	天健华证中洲	8.79%	2008	天健光华	10.51%	
H	2011	天健正信	9.18%	2012	致同	11.59%	
H	2011	立信	11.34%	2012	立信	12.24%	
J	2006	立信	6.72%	2007	立信	11.65%	
J	2011	立信	12.69%	2012	立信	13.70%	
J	2012	中瑞岳华	6.20%	2013	瑞华	11.80%	
K	2011	立信	9.93%	2012	立信	11.73%	
K	2012	中瑞岳华	6.39%	2013	瑞华	15.28%	
L	2011	立信	13.80%	2012	立信	20.56%	
L	2011	中瑞岳华	12.42%	2012	中瑞岳华	16.63%	
L	2012	中瑞岳华	16.63%	2013	瑞华	17.61%	
M	2011	中瑞岳华	9.34%	2012	中瑞岳华	12.56%	
M	2012	中瑞岳华	12.56%	2013	瑞华	13.48%	

3.4 ———————— 会计师事务所合并的动因分析 ————————

合并是企业获得成长和多样化业绩的最重要方式。对会计师事务所间合并行为的动机国内外的研究者已取得共识,认为会计师事务所的合并主要归因于:获取规模经济、提高会计师事务所效率、取得相对市场势力、获得竞争性的优势资源等。但对会计师事务所合并是否会妨碍竞争、是否能提高审计市场效率等方面的实证研究并未获得一致的结论。有些研究结论确认会计师事务所合并带来了市场份额和会计师事务所利润的双增加(Minyard and Tabor, 1991;Wooton et al., 1994;Francis et al., 1998)。而有的学者则认为会计师事务所合并不会影响审计市场的竞争(Copley,1992)。

3.4.1 国际审计市场会计师事务所合并的动因分析

(1)对规模经济的追求是合并的内在动机

规模经济是企业在发展过程中随着生产专业化水平的提高或企业规模的扩大,使得长期平均成本随着产量的增加而递减的经济,即规模经济最终带来的是效益的提高。而在审计活动中对"效益"的界定不同于在生产活动中的效益,因为审计活动是一种专业性的服务,缺乏可直观界定服务质量的衡量标准。对会计师事务所来说,若存在规模经济,那么对其"效益"的衡量,除了应考虑盈利能力外,还必须考虑到审计质量。因为注册会计师审计是为公众利益服务的,所以哪怕只是一家会计师事务所的审计质量出现问题,其都将为整个行业带来负面影响。因此,若会计师事务所能够通过合并获得规模经济,不考虑现实中诸多复杂因素,那么至少可以在理论上推定,会计师事务所合并将对审计质量产生正面影响。若不考虑市场中其他竞争对手的反应,单从会计师事务所自身考虑,会计师事务所合并在理论上是能够产生规模经济,进而提高审计质量的。

垄断市场结构是基于规模经济的存在而存在的。相关的实证支持主要有:会计师事务所的市场集中度与行业受管制程度、行业市场份额和是否

IPO 市场三个因素呈正相关关系。Colsen et al.（1988）、Palmrose（1986）、Simmunic（1980），以及 Turpin（1990）认为，在受管制行业里，如果会计师事务所能够收取相对其他会计师事务所更低的价格，往往意味着其可能存在规模经济。Francis and Wilson（1988）、Palmrose（1984）认为在只考虑"四大"时，行业经验是影响会计师事务所选择的重要因素，即规模经济可能只存在于大客户市场，这进一步表明了"四大"在大客户市场可能存在规模经济。在审计市场中，大规模会计师事务所盈利能力较强，服务质量水平较高，存在规模经济。因此，追求规模经济是会计师事务所合并的重要动力。

（2）建立有效市场结构的需求是合并的外在动力

一般而言，市场可以按其集中程度分为完全竞争型、垄断型、垄断竞争型和寡占型四种类型。其中，寡占型市场指行业中大多数产品只由几家厂商提供，每家厂商都占有相当大比重的市场份额，都有能力影响市场价格和产量，该市场的典型特征是厂商之间的行为相互影响。由于寡头垄断市场存在较高的进入壁垒，因此寡头厂商拥有较高的成本优势。

相比起小型会计师事务所而言，寡头型会计师事务所在审计资源投入方面具有明显的优势和保障。在执业过程中，与小型会计师事务所相比，寡头型会计师事务所的独立性更强，独立性是审计质量的一个重要影响因素。跟其拥有的大量客户资源相比，寡头型会计师事务所单个客户的审计收入比重较小，寡头型会计师事务所对单一客户的依赖程度较低。一般来说，一个业务量较大的客户在与大型会计师事务所谈判中的话语权会比其与小规模会计师事务所谈判中的话语权小。如果客户以终止委托威胁会计师事务所，要求其出具违规甚至违法的审计报告，大型会计师事务所即使拒绝这一不合理要求，其经济利益损失对自身带来的影响相对一个小型会计师事务所要小，这有利于其保持独立性；而小型会计师事务所很可能因惧怕从此失去其主要经济来源而倾向于放弃自身独立性，向客户妥协。大型会计师事务所更注重长期的发展，更珍惜自身的声誉，更加注重其审计产品的质量。寡头型会计师事务所为避免审计风险带来的损失，在执业过程中相比起小型会计师事务所将更谨慎，因此，寡头型会计师事务所的独立性更高。

一般而言，行业市场越成熟，越倾向于形成寡头垄断市场结构。美国的审计市场早已形成寡头垄断局面，并且其行业集中度还在不断提高。注册会计师行业发展的成熟之路一定伴随着寡占型审计市场结构的培育。而由于合并能够有效提高会计师事务所的竞争力，因而寡头型会计师事务所的形成在很大程度上依赖于会计师事务所的合并，这种寡占型审计市场结构的构建极大地加快了会计师事务所的规模化进程。

3.4.2 国内审计市场会计师事务所合并的动因分析

（1）提高市场占有率，增强审计市场集中度

在竞争型的市场上，在给定价格竞争和不存在需求价格弹性的条件下，行业市场集中度体现在生产者能够利用规模经济获取成本优势的程度上。在维持现有客户资源的基础上，合并能够使会计师事务所通过扩大规模吸引新的客户资源，提高自身的竞争力水平，提高相对市场占有率，扩大市场份额。小型会计师事务所由于受到自身能力的限制，难以接手一些大规模的审计项目，因而丧失了许多优质的大客户。合并能够帮助小型会计师事务所扩大规模，使其在原有客户的基础上获得承接大规模客户业务的能力。客户资源的不断增加将使会计师事务所的市场份额不断扩大，大大地提高了会计师事务所在业内的竞争力水平，同时也增加了审计市场的集中度。

（2）优化组织资源，寻求长远发展

不同会计师事务所的组织资源存在显著的差异性，优质的组织资源能够帮助会计师事务所在市场竞争中获取优势地位。而组织资源具有不可模仿性，它体现了一个会计师事务所的内在能力。若借助会计师事务所合并，与目标会计师事务所融合，通过合并高效配置优质的组织资源，将使会计师事务所的管理更有效率，有利于会计师事务所的发展。

（3）政策推动的结果

我国注册会计师行业发展史上共有三次规模巨大的会计师事务所合并浪潮。1988年的"脱钩改制"被称为第一次合并浪潮，注册会计师行业的独立性大大提高了，这种制度使得我国注册会计师行业通过合并实现规模化成为可能，继京都事务所和北会事务所自主联合后，我国其他会计师

事务所纷纷效仿。第二次大规模合并浪潮是在我国加入WTO后，我国财政部自2000年起先后颁布了一系列文件，规定了会计师事务所的注册资本和人数，提高了审计方面的准入资格，使得我国再次兴起会计师事务所合并浪潮。2007年中注协启动的第三次会计师事务所合并浪潮，鼓励会计师事务所通过合并的方式扩大自身规模。

这三次会计师事务所合并浪潮均是在政府积极推动下完成的，由最初的"做大做强"发展到今天的"做强做大"，可以说我国的会计师事务所合并是半市场化的，这与国外会计师事务所基于市场化的合并动因有着明显的差异。

3.4.3 国内外会计师事务所合并动因的差异分析

（1）合并的主导力量差异

国内外会计师事务所合并分别是由两种不同的力量驱使的，国外会计师事务所合并很大程度上是市场竞争发展的结果。企业在不断发展的道路上，必然要进行规模的扩张以适应环境与自身发展的需要，对于会计师事务所而言也是如此。而扩大规模最便捷的方式便是采取企业合并。因此，此种情形下的会计师事务所合并满足了会计师事务所的发展需求，是会计师事务所的自发性行为，体现出合并的主动性。

相比而言，我国会计师事务所合并多为政府主导下的合并。为了达到相关政策法规的要求，避免因从业人数不足等因素被吊销会计师事务所执照，小型会计师事务所被迫走上了合并扩张的道路。这种情况下的合并是会计师事务所为了生存而勉强做出的举措，因而会计师事务所不太关注合并后的整合与战略调整，合并的积极效应没有得到应有的体现。虽然2007年的合并浪潮与之前的两次相比，受到政府主导作用的影响减弱了，但合并初衷仍起源于政府为了建立寡占型审计市场而鼓励会计师事务所强强联合的外部环境。

（2）选择的合并对象的差异

若认真分析国际"四大"的合并道路可以看出，"四大"在选择合并对象时，不仅会考虑此次合并是否能够带来优势的互补，还会考虑合并方的组织体系、管理文化是否与自身具有内在的一致性，因为这种一致性影响着合并后的整合效率。"四大"在合并谈判时还会涉及具体的利润分配、人事安排、退休养老方案等细节，力求与被合并方达到相对的综合平衡，使方案处于双方均可接受的范围内。通常来说，"四大"在选择合并对象时很少会考虑与自身经营理念或文化相去甚远的会计师事务所。1989 年 6 月，就在德勤公司刚刚成立 48 天之时，安达信便与普华尝试探讨合并计划，但就是由于普华秉持的传统保守的作风与安达信追求的开拓创新的文化相去甚远，双方最终放弃了合并的意图。

相比而言，政府强制性是我国前两次合并浪潮最为显著的特征。会计师事务所为了达到执行证券、期货相关业务资格法定要求下的人员或资金条件，不得不在几个月的时间内紧急寻求合并对象，这种压力使会计师事务所在挑选合并对象时具有盲目性，会计师事务所根本没有时间与精力针对拟合并对象进行可行性研究，最终便体现出国内外会计师事务所合并动因的巨大差异。

3.4.4　国内外合并动因的差异导致经济后果的差异　　■ 57 ■

与在国际大型会计师事务所的规模化发展中所起的巨大推动作用相比，合并在对我国会计师事务所发展的促进上远未发挥出其应有的作用。我国本土会计师事务所的现实困境在于各会计师事务所不仅与"四大"存在人才、收入等方面的巨大差距，而且本土会计师事务所之间的过度竞争也阻碍着本土会计师事务所的健康发展。在这一困境下，中国审计市场尚无法建立有效的市场结构。现实困境的产生表明了本土会计师事务所与国际会计师事务所在合并效果上的显著差异，而这一差异则根源于其合并动因的差异。

放眼西方及我国港澳台地区，其会计师事务所合并多为市场环境中的自主选择，主要驱动力包括为了享有规模经济，为了满足国际化扩张的需求，为了提高市场竞争力等。但对于我国本土会计师事务所来说，其合并的最现实动因是满足行政法规等方面的要求。在政府的行政管制下，我国本土会计师事务所的合并动因总体上可以归结为：为满足不断提高的相关业务的准入门槛（如证券和期货业务资格、H 股企业审计资格）；为打破地区壁垒只能选择与当地会计师事务所合并以进入当地市场；通过自身规模化发展以期提高竞争力、抢占相对市场份额等。虽然这些动因中看似存在市场化的因素，然而政府与其主导的行业协会实质上拥有绝对的话语权。2000年以后的两轮会计师事务所合并在很大程度上都归功于监管部门相关政策的推动，甚至在一些地区出现了政府相关部门直接出手干预会计师事务所合并过程与合并对象选择的情形。由此可以看出，我国此类的会计师事务所合并透着浓浓的行政化色彩，从市场化程度来说可以被看作是政府主导下的非完全市场化的行为或者半市场化行为。由于动因影响后果，因此这种国内外的会计师事务所合并动因上的显著差异决定了我国会计师事务所合并与其他国家或地区会计师事务所合并具有显著差异，我们在研究时需注意国外的合并经济效果与经验可能在我国并不适用。

3.5 本章小结

本章分析了中国证券审计市场的特殊性，主要体现为：政府主导下的审计市场的制度变迁；审计市场集中度逐年提高，但与国外成熟市场相比仍然较低；审计市场逐渐形成对高质量审计的需求，但仍存在审计需求的异化。本章还阐述了我国三次合并浪潮的发展历程及会计师事务所合并带来的审计市场结构的变化，剖析了会计师事务所合并的动因，比较了国际审计市场和国内审计市场合并动因的差异，为后面的理论分析与实证检验做出铺垫。

第 4 章

会计师事务所合并、智力资本与审计质量的基本理论

本章从理论层面分析了会计师事务所合并、智力资本与审计质量之间的关系。在对会计师事务所合并、会计师事务所智力资本、审计质量等关键概念进行界定的基础上，本章介绍了本研究的理论基础，主要包括规模经济理论、声誉理论、保险理论、资源基础理论和智力资本理论。基于这些理论基础，本书从会计师事务所这一层面研究合并影响审计质量的资源路径，构建了审计市场—合并行为—资源（智力资本）—审计质量的理论框架，在这一理论框架的基础上，深入进行会计师事务所合并、智力资本与审计质量三者关系的内在机理研究，为实证检验智力资本是会计师事务所合并影响审计质量的内在资源动因提供理论基础。

4.1 ——————— 关键概念界定 ———————

4.1.1 会计师事务所合并

（1）会计师事务所合并的概念

合并是指在现代企业发展的经济环境中，一家企业为了取得另一家企业的经营管理权，通过购买或交换等方式取得另一家企业部分或全部产权的投资行为。

对于会计师事务所行业而言，合并是指行业中两家或两家以上的会计师事务所经过协商谈判，进行产权关系的转移与重新组合，将各合并方的资产进行合并重组，整合为一家会计师事务所的资产，进而将各合并方的经营服务集中于合并后一家会计师事务所的行为。会计师事务所是营利组织，其合并最重要的目的是希望借此抢占更好的客户资源，获取更优质的品牌和技术资源，扩大市场和增加利润，达成并享受规模经济效应，增强竞争优势。有效的资源整合，能够促使会计师事务所在合并后最大限度地发挥协同效应，促使合并各方的技术与管理优势得以充分利用，从而提升注册会计师的执业水平，促进审计质量的提高。

（2）会计师事务所合并的主要方式

我国的会计师事务所合并主要采用新设合并、吸收合并与会计师事务所集团等方式。会计师事务所在合并方式上选择的差异将影响合并效果。

①新设合并。新设合并也可称作创立合并，是指数家企业合并以后形成一个新的企业，合并之前的企业不再存在，而以新的企业进行经营。这些企业在合并前通常都是实力比较接近的企业，不存在谁占主导地位的问题。这种合并方式可以有效地实现优势互补、资源共享，最大化发挥合并的协同效应。

新设合并是强强联合，适用于实力相当的企业间的合并，它们在合并以后可以继续保持之前在技术、品牌、声誉等各方面的优势，进而形成竞争优势。但如果新设合并后资源和文化整合不好，则它最终会影响合并效果。不论是在国外还是国内，大型会计师事务所通常都是选择新设合并方式来进行合并的。中瑞华恒信会计师事务所与岳华会计师事务所通过新设合并方式进行合并与重组，合并后的中瑞岳华会计师事务所一跃成为本土最大规模的会计师事务所，然而此种合并方式是否使会计师事务所在规模做大的基础上实现做强，对此还有待进一步的研究与验证。

②吸收合并。吸收合并是指两家或者两家以上的会计师事务所之间进行合并，成立一家新的会计师事务所，被吸收方（通常是实力较弱的一方）将失去法人地位。这种合并主要是强弱的联合，多数是在实力相差比较大的会计师事务所之间进行的。这种合并可分为两种情况：一种是大型会计师事务所吸收合并小型会计师事务所；另一种是大的会计师事务所吸

收合并大的会计师事务所，通过改造使其成为分所或者是形成国际的分支机构。这种形式的合并扩大了会计师事务所的规模，但对合并后的效果仍需进一步进行实证研究。

③会计师事务所集团。会计师事务所集团代指几家联系紧密、共享利益目标的会计师事务所围绕其中一家实力雄厚的会计师事务所组成的会计师事务所群。此种形式是一种规模化的高层次联合体，是会计师事务所实现多元化发展的有效途径之一，此种模式能够有效地打破制约会计师事务所跨地域发展的障碍，且能将会计师事务所分散的资源有效地融为一体，提升其核心竞争能力。会计师事务所集团发展的明显特征是跨地域性与业务的多元化，其能够聚集并吸引多元化的人才，形成人力与客户资源上的优势，但此种模式的合并不利于资源的整合和整体效应的有效发挥。我国最初对八家会计师事务所施行了集团化发展，目前发展较为突出的是立信会计师事务所，立信系通过品牌联盟的方式进行规模的扩张，联盟后加盟小会计师事务所的审计质量有所提高，但是立信系的整体审计质量却下降了，这主要是由于在联盟模式下整合程度较弱，整体审计水平难以提升。由于此种合并方式具有特殊性，因而本书在选取合并样本时暂不考虑以立信系为代表的会计师事务所集团。

4.1.2　智力资本

（1）智力资本的内涵

智力资本是企业自身长期积累的战略资源，它能够让企业在激烈的市场竞争中保持优势，它是促进企业成长的内生力量，企业的发展需要智力资本为其提供不竭的动力支持。Senior（1836）最早提出智力资本（Intellectual Capital，IC）这一概念。智力资本概念的提出具有深远意义，它以知识形态存在和运动，给知识型企业带来高于账面价值的市场价值。在知识经济时代，越来越多的企业更加依赖智力资本而不是物质资本，它们将智力资本作为企业价值创造的源泉。很多学者对智力资本的内涵进行了探索，主要有下列具有代表性的观点：IC是难以捉摸的，但一旦被发现和利用，它可以提供一个新的资源基础用以竞争并取得胜利（Bontis，1996）；IC这一术语是描述一系列能够保证公司实现其功能的无形资产结

合体，如市场、智能资产，以人为中心和基础构架（Brooking，1996）；IC
包含了全部的过程和通常不在资产负债表中列示的资产以及所有无形资产
（商标、专利和品牌），它包括全部员工的知识储备总和以及他们对知识的
实践转换（Roos et al.，1997）；IC是知识、信息、智能资产、经验等可以
用来创造组织财富的一系列智力元素（Stewart，1997）；IC是追求知识的
有效利用（Bontis，1998）；IC被认为是公司市场价值的一个元素，也被
认为是市场溢价（Olve et al.，1999）。其中，智力资本被广泛认可的概念
是由Stewart（1997）提出的，其认为智力资本能为企业增加财富，带来
竞争优势，智力资本集合了信息、知识、经验及智能资产的部分，强调个
人在企业竞争中的作用，认为个人知识及能力是企业获得竞争优势的关
键。Stewart第一次明确指出智力资本是个人、组织和国家的核心竞争力，
是企业的无形战略资源与企业价值的源泉与核心。虽然学者们对智力资本
的定义不完全相同，但该领域的研究已显现出对智力资本内涵界定的趋同
化。所有这些智力资本学派的开创者都强调了人力资本的重要性，Brook-
ing尤其强调管理技能和领导风格是人力资本的重要组成部分。Brooking
也指出，结构资本可以分为两部分：基础设施资产和智能资产。智能资产
是指在一定的基础设施资产的条件下，企业建立的包括所有使企业能正常
运营的技术和流程。Roos在智力资本中增加了文化的重要性。

（2）智力资本的特征

Barney（1991）提出战略资产是"一组难以交易和模仿的、稀缺的、
可占用的专门资源和赋予企业竞争优势的能力"（Amit and Shoemaker，
1993）。因此作为战略资源，其必须具有的特征是价值性、稀缺性、难以
交易和模仿性、难以替代性。智力资本是具备战略资产这些特征的。

近年来，大量的企业战略研究工作已经揭示出智力资本成为产生企业
持续竞争优势的主导力量。根据资源基础观（Barney，1986，1991，
1995），企业形成可持续竞争优势只能通过运用罕见的以及竞争对手难以
模仿的价值创造方式。虽然传统的竞争优势来源，如自然资源、技术、规
模经济等，可以创造价值，但以资源为本的争论是，这些来源也越来越容
易被模仿，尤其是在比较复杂的社会结构中。如果是这样的话，人力资源
战略可能是获得可持续竞争优势的一个特别重要的来源（Lado and Wil-

son，1994；Pfeffer，1994；Wright and McMahan，1992）。

（3）智力资本的分类

对智力资本构成要素的分类，不同学者有不同的观点。本书对智力资本维度的划分借鉴 Stewart（1997）的三因素论，我们将智力资本划分为人力资本、结构资本和关系资本三个维度。

①人力资本

人力资本代表了员工为其组织提供的个人知识存量（Bontis et al.，2001）。Roos et al.（1997）认为，员工通过他们的能力、态度和他们的智力敏捷性创造智力资本。能力包括技能和教育，而态度涵盖了员工工作的行为成分。智力敏捷性使人能够改变实践，思考问题的创新解决方案。即使员工被认为是学习型组织最重要的企业资产，但他们不属于组织。对于员工新知识的产生是否属于公司仍存在争议。Hudson（1993）将人力资本定义为：基因遗传、教育、对生活和事业的经验和态度。Bontis（1998）将人力资本描述为企业的集合能力，通过这种能力企业可以从个人的知识中寻求最好的解决方法。糟糕的是，人们的离职可能会导致企业记忆丧失，从而对团体形成威胁。然而有学派则认为，一些人的离开可能被认为对公司的发展是有利的，因为它迫使公司从更换员工的角度思考新的更有活力的人力资源。Bontis（1999）认为人力资本是最重要的，因为它是组织革新和战略创新的源泉，人力资本的本质是组织中人员的纯粹的智慧。

②结构资本

结构资本存在于组织内部，能够促进组织内部信息流动。结构资本包括所有的人类知识仓库组织，其中包括企业的组织结构、制度规范、企业文化数据库、组织图表、流程手册、惯例以及任何对公司价值高于其物质价值的东西。Roos et al.（1997）将结构资本描述为"员工夜晚回家后仍保留在公司的东西"。结构资本源于流程和组织的价值，折射出公司内外发展的重点，对公司的未来具有革新和发展的价值。根据 Bontis（1998），如果一个组织没有完善的结构资本系统和流程设计来控制组织行动，那么整体的智力资本将无法发挥其最大潜能。具有较强结构资本的组织应该形成一个为组织发展提供支持作用的文化系统，允许个人尝试新的事物，去学习，去失败。因而结构资本是在组织层面计量智力资本的关键环节。

63

人力资本不能单独作用于企业价值,只有在一定的组织结构下,人力资本才能发挥作用,即只有借助于结构资本的传导,人力资本的作用才能得以发挥。企业建立和发展的基础部分是结构资本,它提供了利用知识和现有条件创造价值的环境。结构资本可以被归纳为企业一整套的能力和系统,包括企业促进创新的能力、提高和创造自身价值的能力,以及使得员工更有效地享用公司知识和经验的能力。只有具备严谨、规范、高效的结构资本,公司才能够获取竞争优势,进而实现价值的增加。

③关系资本

最初 Hubert Saint-Onge 提出客户资本这一概念,主要是嵌入在一个组织通过开展业务发展的营销渠道和客户关系中。客户资本代表了公司的一种潜能(Bontis,1999)。现在学者对客户资本的定义已经扩大到关系资本的范畴,反映的是组织与其外部之间的关系。关系资本主要包括企业的外部关系网络,如与客户、政府以及其他战略合作伙伴之间的关系等。

近年来,在服务利润链领域的研究强调了员工满意度、客户满意度、客户忠诚度和财务绩效之间的因果关系(Kaplan and Norton,1996)。进一步的研究表明客户忠诚度的计量可以通过计量员工忠诚度来实现。这些研究都为关系资本成为组织智力资本一部分的重要性提供了经验证据。

关系资本是人力资本、结构资本发挥作用的主要条件。Edvinsson and Malone(1997)将关系资本称为外部资本,指组织与其他组织或顾客往来的关系,是智力资本中最能直接转换为财务利益的一部分。

这三类资本交互作用,发挥智力资本驱动企业价值增长的源泉作用,最终实现企业价值。

4.1.3 审计质量

(1)审计质量的内涵

审计是企业管理中必不可少的一部分,在委托-代理关系中起着极其重要的监督作用(Eilifsen and Messier,2000)。然而,这种监督功能的有效性,最重要的是取决于审计质量。研究会计师事务所合并与审计质量的关系问题,首先应当明确审计质量的内涵。审计质量问题是审计领域研究中的核心问题,但由于审计质量的不可感知性,学术界对审计质量的内涵也未形成一致的认识。

在西方学者的研究中，被广泛认可的是 DeAngelo（1981）提出的审计质量这一经典概念，它指的是会计师事务所发现客户违规行为及发现后对其进行披露的联合概率，这说明影响审计质量的因素可以分为两个维度，其中发现客户违规行为的能力代表着审计师的专业胜任能力，而在发现后决定对其进行披露则代表着审计师的独立性。后续的研究者沿用这一思路，主要围绕影响审计质量的审计师专业技术能力和审计师的独立性两个维度因素进行研究。Watkins（2004）从感知审计质量和实际审计质量这两个视角展开对审计质量内涵的研究，分别基于注册会计师和信息使用者的立场研究对公司财务信息真实性和公允性的评价。

而在国内的理论界，存在着两种不同的审计质量观。一种观点是将会计师事务所出具的审计报告直接看作审计质量的结果观，另一种是认为审计质量涵盖整个审计流程中各项审计活动质量的过程观（张龙平，1994）。由于审计过程的不可见性，在研究审计质量时一般只能针对其结果进行研究，因而本书采用结果观，并依据 DeAngelo 对审计质量定义的两个维度——胜任能力与独立性——进一步展开讨论。在讨论审计质量时，本书主要基于会计师事务所层面来研究其审计质量。

（2）审计质量的量化

审计质量如何量化一直是审计研究中热点话题（AICPA，1987；GAO，1985）。学者们进行审计研究，必然绕不开审计质量。研究审计的一个本质问题就是审计质量。审计质量又是一个抽象的概念，是审计过程和审计结果的结合体，是衡量审计成果的重要指标，不仅会计师事务所关注、被审计单位关注，更重要的是利益相关者、公众投资者最为关注作为第三方鉴证的独立审计质量。独立审计质量的高低将成为影响投资者行为的重要风向标。因此审计质量的量化问题一直是学者们关注的重要研究领域。

由于审计质量的不可见性，关于审计质量的量化标准一直处于探讨中，学界主要从会计师事务所规模、审计意见、审计收费、盈余质量、会计稳健性、审计诉讼等视角对审计质量进行评价。

①会计师事务所规模的视角

国际审计市场常常把大规模会计师事务所作为高审计质量的代名词。Watts and Zimmerman（1981）、DeAngelo（1981）认为规模大的会计师事务所倾向于提供更优质的审计服务，许多实证研究直接用会计师事务所规模大小来作为审计质量的代表（Krishnan，2003；Clarkson and Simunic，1994）。从理论上分析，会计师事务所的规模效应对审计质量具有调节作用，规模越大，其分摊在每一个客户身上的准租金就相对越小，会计师事务所出于成本效益原则考虑，便不会轻易为客户冒风险采取机会主义行为，从而使会计师事务所的总体审计质量得到保证。相对而言，规模较小的会计师事务所由于对客户较强的经济依赖性与较弱的执业能力，其对审计质量的保证程度不容乐观。事实上，在国内的研究中，有许多学者将国际"四大"作为高审计质量的替代变量也是基于此种考虑，因为国际"四大"的大规模及其在我国审计市场中的绝对优势，其不会轻易丧失独立性，进而保证了较高的审计质量（Choi and Wong，2007；周中胜，2008；朱小平和刘西友，2009；蔡春，2011）。

②审计意见的视角

审计意见是审计师在实施完整套审计流程之后，对被审计对象所发表的客观意见。具体到财务报表审计方面，审计意见是评价财务报表是否按照会计准则的规定编制，能否在所有重大方面公允地反映被审单位的财务状况、经营成果和现金流量。注册会计师的审计意见能够降低信息不对称的负面影响，并且可以降低投资风险所导致的损失。具体而言，审计意见包括标准无保留意见和非标准无保留意见。其中非标准无保留意见又包括带强调事项段的无保留意见、保留意见、否定意见和无法表示意见。

由于审计质量的不可感知性，我们很难在提供审计服务前对其进行有效计量。审计意见是审计鉴证服务输出的唯一可观测的产品，实证研究中常用发表非标准审计意见的概率来做审计质量的代理变量。如果审计师在审计客户财务报告时发现审计风险高于会计师事务所的承受范围，那么出具非标准审计意见的审计报告便体现了会计师事务所对其审计质量的坚持。DeAngelo（1981）指出，大规模的会计师事务所对其声誉更为看重，出具不实审计意见被查处所遭受的损失也会更大，因而其会出具更为公允的审计意见。Chow and Rice（1982）研究发现，企业被出具非标准审计意见可能会导致其更换审计师，但更换审计师后，企业在接下来的一年似乎并不能获得经过改善的审计意见类型。Jaggi and Tsui（1999）以 1991—1993 年的 393 家我国香港公司为研究样本，发现上市公司年报披露滞后与该公司偏高的财务风险紧紧相连，相对而言被出具非标准审计意见的比率更高。综上所述，国内外学者的研究均发现出具非标准审计意见的数量及比例能够反映会计师事务所的审计质量，由此将其作为衡量会计师事务所审计质量的替代指标（Lim and Tan，2008）。

③审计收费的视角

在考虑将审计收费作为审计质量的替代变量时，有两种不同的观点。一种观点认为，由于实施完整的审计程序是需要耗费人力、时间等各项资源的，耗费这些资源产生的成本必然要在审计收费中得到补偿，因而可以认为审计程序越完整，审计质量就越能够得到保证，同时具有高审计质量的会计师事务所一般会索取审计溢价。因此，较高的审计收费意味着较高的审计质量（刘丹，2006；肖作平，2006；张奇峰，2007）。而低审计费的会计师事务所更容易因为节约成本而减少审计程序，进而损害审计质量。但是另一种观点认为，收取高审计费用可能导致客户对会计师事务所的重要性增强，这种经济依赖会导致会计师事务所在审计中丧失其独立性而选择合谋，反而降低了其审计质量。

因此，用审计收费来计量审计质量有一定缺陷：第一，虽然最基本的观点认同如果会计师事务所提供更高质量的服务，那么它们就应该享受收费溢价，即提高审计收费，但大型会计师事务所比小型会计师事务所收取更高的审计服务费用可能代表了自己的经济租金，而这个经济租金是来源于垄断市场的力量而不是它们更高的审计质量。第二，用审计收费来计量审计质量，这其中隐含了一个假设就是，审计收费越低代表审计质量越低，这种方式显然是不严谨的。第三，审计收费溢价是基于一系列严格假设之上的，涵盖市场是否具备充分竞争、高效率的市场监管、足够的审计风险和开放的信息渠道。西方成熟资本市场基本能满足这些假设，而我国尚不具备满足这些假设的条件。直到 2001 年，我国才出台披露上市公司审计费用信息这一强制性要求，但这种披露可能只是为了满足形式上的需要，因而审计收费信息的真实性和可比性值得怀疑。因此，审计费用这一指标的高低是否反映出我国审计质量的高低，对此还需进一步进行实证检验。

④盈余质量的视角

当前采用最广泛的审计质量的替代指标是会计盈余质量（Chang，2009；王良成和韩洪灵，2009；郭照藏，2011）。企业粉饰会计信息，最常用的手段是进行盈余管理，这种盈余管理损害了财务报告中会计信息的真实性，是审计师在审计中应该尽力发现并予以纠正的。因此，衡量审计质量最直接有效的方法是计算被审报表中盈余管理的程度。目前西方最常用的盈余管理计量方法是应计利润分离法，而其中修正的Jones模型是使用较为广泛的计量盈余管理的模型。修正的Jones模型的原理在于：首先计算非可操控性应计利润，为消除规模差异的影响，引入企业总资产作为变量的除数；考虑到应计项目的变动将对应计利润产生影响，选用固定资产和销售收入变化两个指标；考虑到赊销收入的增加额往往是由盈余管理行为产生的，在销售收入增加额中扣除赊销收入增加额。根据此模型，如果企业销售收入、赊销额、固定资产规模发生变化，则它将会影响非操控性应计利润，因此成功控制了公司经济环境变化对非操控性应计利润的影响。在计算出非可操控性应计利润以后，便可利用总体应计利润与其之间的差额求出可操控性应计利润，用来代表企业的盈余管理水平。

⑤会计稳健性的视角

被审客户会计稳健性也是考察审计质量的一个替代指标，被审客户会计稳健性越高，意味着被审客户审计质量越高。Basu（1997）在研究会计稳健性时，主要研究了会计盈余对"好消息""坏消息"的反应程度，基本模型如下：

$$X_{it}/P_{it-1} = \alpha_0 + \alpha_1 \times DR_{it} + \beta_0 \times R_{it} + \beta_1 \times R_{it} \times DR_{it} + \varepsilon$$

$$R_{it} = \frac{P_{it} - P_{it-1}}{P_{it-1}}$$

其中，X_{it}指第t年i企业每股盈余，即每股利润；R_{it}指第t年i企业股票回报率；P_{it-1}指第t年i企业股票期初价格；DR_{it}为虚拟变量，当$R_{it}<1$时，$DR_{it}=1$，否则，$DR_{it}=0$。

会计稳健性主要表现在模型中的系数 β_1 上，β_1 如果显著为正，则说明了该企业会计的稳健性强。要考察会计师事务所合并是否对审计质量产生影响，可以从会计稳健性的角度出发，借鉴 Basu（2001）和 Krishnan（2005）的模型处理方法，在 Basu（1997）的模型中加入会计师事务所合并这个交叉变量。从而得到如下模型：

$$X_{it}/P_{it-1} = \alpha_0 + \alpha_1 \times DR_{it} + \alpha_2 \times MERGE + \alpha_3 \times MERGE \times DR + \beta_0 \times R_{it} + \beta_1 \times R_{it} \times DR_{it} + \beta_2 \times R_{it} \times MERGE + \beta_3 \times R_{it} \times DR_{it} \times MERGE + \varepsilon$$

其中，MERGE 这个自变量通过哑变量来衡量，如果样本为合并前则为0，样本为合并后则为1；样本是未发生合并的会计师事务所审计的则为0，样本是发生合并的会计师事务所审计的则为1。从会计稳健性角度考虑，β_3 显著为正时，意味着发生合并的会计师事务所，无论是进行纵向对比还是与同期未合并的会计师事务所进行横向对比，都能显著提升其审计质量。

国内关于会计稳健性与审计质量的实证研究比较典型的有刘峰（2007），其从会计稳健性的角度对国内"四大"与"非四大"审计质量差异进行实证检验，其提出的模型和研究方法主要是借鉴 Basu（1997，2001）和 Krishnan（2005）的研究方法。

⑥审计诉讼的视角

Anderson（1984）、Palmrose（1988）的研究表明规模大的会计师事务所审计师遭到诉讼的概率比较小，其审计质量也是比较高的。因此，度量会计师事务所的审计质量就可以采用会计师事务所遭受的法律诉讼这一指标。但 Dye（1993）认为在另一方面，大型会计师事务所遭受的诉讼风险更高，是因为它们有更多的财富，产生了"深口袋"效应。大型的会计师事务所更容易发生诉讼，尽管它们的审计报告可能有卓越的精确性。这一研究结果违背了声誉假说，但是与深口袋假说是保持一致的。

因此，对审计质量的高低用审计诉讼的多寡来衡量是存在争议的，这种衡量必须建立在一定前提条件的基础上，强有力的行业监管、社会大众较高的法律意识、健全的法制环境都是必要的条件，而中国的现实条件并不完全满足这些前提。我国目前审计市场结构仍需进一步完善，法律制度尚不健全，国家相关部门的监管不到位，对会计师事务所的处罚很少涉及刑事责任，社会公众法律意识淡薄，公众很少用法律武器来保护自己的合法权益，加之市场对高质量审计报告的需求不高，所以在我国并不适合用审计诉讼来衡量审计质量。

除了以上研究视角，还有许多学者采用如会计师事务所声誉、会计师事务所行业专长等指标对审计质量进行衡量。事实上，上述很多指标由于都是基于会计师事务所特征提出的，所以研究者更多是将它们作为会计师事务所审计质量的影响因素来进行广泛研究的，因此从根本上来说将它们作为审计质量的替代指标并不恰当。

（3）中国制度环境下审计质量量化的选择

国内外对审计质量量化的研究方法不外乎以审计费用、会计师事务所规模、盈余管理、会计稳健性、审计意见、违法处罚等可获取数据来替代审计质量。随着中国经济的崛起，很多国外学者也开始对中国制度环境下的经济现象感兴趣，如 Firth（2005，2012）、Chen（2001）等均以中国上市公司作为研究对象，对审计研究领域的盈余管理、非标准审计意见、上市公司违法处罚等审计行为进行实际分析。国内学者关于审计质量的研究主要是借鉴国外实证研究方法，但往往忽视了国内外制度环境下审计质量的差异。因此，应该在借鉴国外研究方法的基础上，提出适合中国制度环境的审计质量量化的研究方法。

①审计质量的替代指标

本书基于以下原因没有选择审计意见作为衡量审计质量的变量：审计意见类型并不能完全衡量审计质量。非标准审计意见不仅与审计师的审计质量相关，还和客户的特征相关。有一部分非标准审计意见是由于管理层拒绝接受审计师的调整建议而形成的，部分标准审计意见的发布反映出正是在高质量审计的压力下管理层接受了调整建议。在更一般的意义上，异常的操控性应计数会诱导审计质量信息真实性，只有在少数极端的情况下会计师事务所才会出具非标准审计意见，因此对不同行业的公司不易区分它们的审计质量（Myers et al.，2003）。此外，审计意见的变化较小，这使得本书很难在实证测试中检测和统计。目前国外在盈余管理中对可操控性应计利润进行的研究较为深入，因而很多研究开始以可操控性应计利润来替代审计质量。会计盈余质量是从会计信息角度出发的当前最被广泛认可的指标，计算出来的数值具有综合性，能够较为全面地反映各种因素作用下最终的会计师事务所审计质量，因此较为科学合理。基于此，本书将从盈余质量和会计稳健性这两个视角来系统考察会计师事务所合并对审计质量的影响。

②模型中控制变量的选择

中国制度环境下对审计质量进行量化研究，研究者在考虑控制变量时应该首先考虑制度影响因素，特别是政治背景等影响因素。因为在中国证券市场，不同上市公司的政治背景、高管背景、股权结构都有明显不同，而这些不同背景因素往往成为影响上市公司会计信息质量和审计质量的重要因素。

4.2 —— 会计师事务所合并、智力资本与审计质量关系的理论基础 ——

规模经济理论、声誉理论和保险理论、资源基础理论和智力资本理论是本书解释会计师事务所合并、智力资本和审计质量三者之间关系的理论基础。

4.2.1 规模经济理论

（1）规模经济理论的内容

如若某一行业的企业可以在扩大营业规模的基础上实现平均成本的降低或者平均收益的提升，则代表着这一行业存在规模经济（Christensen and Greene，1976）。规模经济是在企业发展过程中随着生产专业化水平的提高或企业规模的扩大，企业的平均成本下降，效益提高，从而形成企业的长期平均成本随着产量的增加而递减。企业产生规模经济主要源自于其对总成本最小化、利润最大化的追求。最早关于规模经济的研究发生在物质生产领域中，它的创始人——亚当·斯密——的理论为规模经济理论提供了古典经济学解释，经济学家马歇尔从内、外部规模经济两种形成途径进一步阐述了规模经济。

（2）会计师事务所合并的"规模经济效应"分析

规模经济理论揭示出"规模经济效应"这一现象，表现为企业平均成

71

本下降、效益不断提高（李树华，2000）。合并是会计师事务所实现规模扩张的重要途径。会计师事务所的规模最具备传递声誉和审计服务质量的信号效应，亦即规模大的会计师事务所的声誉和审计质量通常要优于规模小的会计师事务所。这一推论可以通过对审计师的专业胜任能力和审计独立性的具体分析得到（Watts and Zimmerman，1986）。

　　会计师事务所合并会导致会计师事务所规模的扩大，进而产生规模经济效应。Banker et al.（2003）选取美国前64大会计师事务所1995年到1999年数据进行研究，发现会计师事务所具有显著的规模经济效应，证实会计师事务所规模扩大确实能够带来运营效率的有效提升。规模经济这种现象一般是由于企业生产专业化水平的提高而形成的。会计师事务所作为利用专业技能与知识提供服务的企业，其规模经济的形成更加与其专业化水平密切相关。会计师事务所能够通过对某行业进行特定投资、积累审计经验而获取行业专长，进而吸引行业内更多的客户，扩大业务量，因此形成规模经济。Habib（2011）研究发现，会计师事务所形成行业专长会增加企业对其审计与非审计服务的需求，进而促进了会计师事务所规模经济的形成。陈胜蓝和马慧（2013）研究发现具有行业专长的会计师事务所表现出更强的规模经济性传递效应，且行业专长是会计师事务所产生规模经济的重要条件。行业专长水平的提高会带来规模经济效应下的低成本，使会计师事务所获得成本优势。王芸（2010）指出，会计师事务所行业专长形成规模经济，能够使会计师事务所在定价方面获得主动权，且造成潜在进入者的进入壁垒。从市场竞争的角度来看，在拥有规模经济获得低成本优势以后，一方面，会计师事务所想要维持其竞争优势，必须进一步确保其规模经济效益，即通过提高胜任能力增强其对行业客户的吸引力；另一方面，低成本的优势使会计师事务所有条件在保证收益水平的基础上针对特定行业加强投资、聘请行业技术专家，由此会计师事务所的胜任能力便能够得到进一步的提升。对两方面进行统一考虑，继续加强行业投资、发展行业专长，既是会计师事务所能力范围内的选择，也是会计师事务所维持竞争优势的渠道。由此，在行业专长的发展与培育方面便形成了良性循环，而这将有利于保证和提高审计质量。

　　会计师事务所通过合并可以使得优质的客户资源流入，能够提供更专业的审计服务，能够吸引更多的优秀人才，从而实现企业发展的良性循环。由此可以看出，成功的会计师事务所并购必然会产生规模经济，会计师事务所合并的过程就是协同效应发生的过程。

理论上分析，会计师事务所合并的规模经济效应会对审计质量产生积极的作用。会计师事务所合并后，会计师事务所规模得以扩大，审计成本进一步降低，审计效率也得到极大的提高；同时能够集聚更多的优秀人才，形成行业专家，培育会计师事务所的行业专长，进而提供更专业化的服务；规模扩大后的会计师事务所更有条件给员工提供较多的培训机会，开发先进的质量控制体系，完善内部治理机制，使得会计师事务所的整体执业水平得以提高，有能力承接更多的更复杂的业务，吸引更优质的客户资源，进而能够获得市场竞争优势，最终带来审计市场绩效（审计质量）的提升。

4.2.2 声誉理论和保险理论

合并是会计师事务所实现规模扩张的重要途径。DeAngelo（1981）认为会计师事务所规模与审计质量存在正相关关系。西方许多经验研究也发现会计师事务所规模与审计质量之间存在显著正向关系的证据，大规模会计师事务所常常成为高质量审计服务的代名词，解释这一结论的理论基础主要有声誉理论和保险理论。

声誉理论和保险理论在研究会计师事务所规模和审计质量正相关关系上提供了两种不同的解释。两种理论都认同规模越大的会计师事务所的审计质量越高的经验结论。但对大规模会计师事务所提供更高质量审计服务的动因解释不同。声誉理论认为正是声誉驱动大规模会计师事务所有保持审计服务高质量的内在动力，而保险理论则认为是诉讼风险的威胁迫使大规模会计师事务所更有动力去提供准确的审计报告，执业时保持谨慎，提供更高质量的审计服务。

声誉理论主要由准租理论和品牌投资理论构成。DeAngelo（1981）提出的准租理论认为，来自客户的准租金可以作为抑制会计师事务所机会主义行为的抵押品。一方面，会计师事务所从特定客户处收取的准租金会降低对该特定客户的独立性，因为会计师事务所将会为了在未来一段时间内留住该客户而降低审计质量来获益。但是，会计师事务所从其他特定客户处收取准租金将会使降低审计质量变得无利可图，而且一旦会计师事务所降低审计质量这种机会主义行为被市场发现了，其势必会流失掉其他客户或继续与会计师事务所保持业务关系的客户，进而损失更多的准租金。因此，合并后拥有更多客户的会计师事务所因某一特定客户丧失独立性会导致损失其他客户的准租金更多。

品牌投资模型（Klein and Leffler，1981）预测审计师更愿意维持高审计质量来保证他们苦心经营的品牌。声誉的发展与品牌的形成被认为是极其昂贵的财富，往往需要时间、资源、经验的投入和积累，而高声誉的会计师事务所也可以凭借其收取更高的审计费用，进而获得市场地位。一般市场上都是通过规模这一信号传递机制来区分会计师事务所拥有的声誉和品牌的。规模大的会计师事务所一般更会拥有良好的声誉和品牌，一旦独立性降低，这种声誉和品牌受损给会计师事务所带来的破坏也更为严重，甚至威胁到会计师事务所的生存与发展。因此规模效应也解释了大型会计师事务所对客户的依赖程度较低而更容易保持其独立性，进而能获得较高的审计质量。

综上所述，声誉理论认为声誉好的大型会计师事务所更有提供高质量审计服务的内在激励。该理论为大规模会计师事务所拥有高质量的审计服务提供了合理的解释。

保险理论（亦称"深口袋"理论）则是从诉讼威胁的角度解释大规模的会计师事务所更有提高审计质量的内在动因——规避诉讼风险。该理论认为大型会计师事务所遭受的诉讼风险更高是因为它们有更多的财富，产生了"深口袋"效应。大型的会计师事务所更容易发生诉讼，尽管它们的审计报告可能有卓越的精确性（Dye，1993）。"深口袋"效应揭示出会计师事务所规模越大就越有提供高质量审计服务的动机。一方面，因为这些拥有良好声誉和品牌的大规模会计师事务所常常是被起诉的对象，极高的诉讼风险迫使它们要始终保持执业的谨慎性，否则审计失败带来的损失是极高的。另一方面，由于审计具有"保险"价值，大规模会计师事务所丰厚的财力也常常使其成为企业挑选的转嫁风险的对象，因此为了规避较高的诉讼风险，大会计师事务所更应保持较高的审计质量。

4.2.3　资源基础理论

（1）资源基础理论的内涵

资源基础理论已成为最具影响力的战略管理理论之一。它希望解释公司的持续性竞争优势的内在源泉。其核心命题是：如果一个公司具有持续性竞争优势，它必须获取和控制具有独一无二性、无法复制性、持久性、非交易性、不确定性和不可替代性的资源和能力。

资源基础理论在20世纪90年代中期获得了很大的发展。从Wernerfelt（1984）开创性地提出了这一观点后，很多学者，如Rumelt（1984），Barney（1986，1991），Dierickx and Cool（1989），Conner（1991），Helfat（1991），Kogut and Zander（1992），Amit and Schoemaker（1993），Peteraf（1993），Teece et al.（1997），都为发展资源理论做出了贡献，资源基础理论已被广泛应用于信息系统、组织网络领域。

概括地讲，竞争优势的资源型模型，应该满足四个条件：资源异质性产生李嘉图或垄断租金；维持租金的事后限制竞争是必要的；资源的非流动性保证了公司势必和它共享租金；事前限制竞争防止抵销了租金成本。资源的异质性是最基本的条件，是竞争优势的必要条件和战略管理的基本概念。该模型告诉我们：异质性是必要的持续优势；但租金能得以持续，我们需要事后限制竞争；我们能够想象没有事后限制竞争的异质性，可能是短暂的，不可持续的。

战略管理的资源基础观检验了资源和企业能力。一个企业的能力可以使企业产生高于正常水平的回报率和拥有可持续的竞争优势。根据这个观点，企业在获得和利用资源和能力上的差异性可用来解释经济租金的产生。

资源基础观关注于资源的特性以及可以获得它们的战略劳动力市场，从而解释企业异质性和持续性优势。资源基础观认为资源的选择和积累是企业内部决策制定和外部战略因素共同作用的结果。企业内部边际化的选择是受到了经济理性论和效率、效果和盈利能力的动力的指导。外部战略因素的影响指的是影响企业的战略性行业因素，包括买方和卖方的能力、竞争的强度和生产市场的结构。这些因素都会对选择什么样的资源、怎样选择和利用这些资源造成影响。

战略管理领域的根本问题是企业如何获得和保持竞争优势。Teece（1997）提出的动态能力框架分析了企业在快速技术变革的环境下创造财富的来源和方法。其将公司的动态能力定义为"组织整合、建立、重组内外部竞争力、以应对环境快速变化的能力"。"动态"是指能力的更新能力，从而适应不断变化的业务环境，需要一定的创新反应。"能力"强调战略管理，适当地调整、整合和重新配置内部和外部的组织技能、资源和功能。因此动态能力反映一个组织的能力，即在给定路径依赖和市场地位的情况下，组织获取新颖的创新性竞争优势的能力（Leonard-Barton，1992）。

动态能力观强调公司利用现有的内部和外部的特定能力，以适应不断变化的环境。这种方法强调管理能力的发展、难以模仿的组织、功能和技术技能的组合，它整合了 R&D 管理、产品和工艺的开发、技术转让、知识产权、制造、人力资源以及组织学习等领域的研究。这些领域通常被视为在传统的战略边界之外，大部分的研究还没有被纳入到现有研究战略事项的经济方法中，因此，动态能力可以被看作是一个新兴的和潜在的企业获取竞争优势的来源。

资源基础理论是一种竞争优势的内生理论，该理论指出企业是异质的，其长期竞争优势的来源在于内部资源与能力的差异，且这种资源与能力在不同企业间是不可流动的，因此企业若能够形成独特的、不可替代的（异质的）资源或能力，便能够依此形成企业的竞争优势。竞争优势的资源基础模型的一大贡献是，它解释了公司的盈利能力上长期存在的差异不能归因于行业状况的差异。事实上有相当多的证据表明，这种差异没有得到很好的行业解释。

（2）基于资源观的会计师事务所合并动因分析

传统产业组织理论解释会计师事务所合并动因的重点放在审计市场结构—会计师事务所合并行为—审计市场绩效范式上，将会计师事务所绩效的决定因素归结为外部的行业结构。与产业组织观相反，资源基础观（Resource-Based View，简称 RBV 理论）试图探寻产生企业持续性战略优势的内部资源，以期解释为什么同一行业的企业会有不同的绩效。因此，

RBV 理论不仅不会代替产业组织理论，相反，它已发展成为产业组织理论的一种有益补充。RBV 理论为会计师事务所合并动机提供了合理的解释，企业的特质性资源是使其获得竞争优势的关键性要素。

　　RBV 理论揭示出企业可以通过学习、知识管理以及建立外部网络来配置异质性资源。其中，建立外部网络是指通过建立战略联盟、知识联盟等方式，帮助企业更加快速地学习知识和技能。从本质上看，会计师事务所合并就是通过建立外部网络以获取异质性资源的一种方式，不同的是比起战略联盟或知识联盟，合并组成的关系更加稳定可靠，更有利于会计师事务所间的相互学习与资源共享，而合并方相互之间的优势互补与协同作用的水平更是松散的联盟关系所无法达到的。王凯（2009）、马笑芳（2011）指出，合并能使会计师事务所在管理、制度、人员和技术等方面发挥优势互补，在此基础上提高行业专长水平。李明辉（2011）研究认为，会计师事务所合并是会计师事务所间进行资源整合、达成资源共享和实现优势互补的有力途径。李书旭（2014）研究认为，由于会计师事务所的核心竞争力来源于无形资产，而会计师事务所合并下的规模化会通过对无形资源的整合达到 1+1>2 的积极效果。

　　因此，基于资源基础理论，会计师事务所合并提供了一种培育异质性资源的有效途径，进而可以获得竞争优势。

4.2.4　智力资本理论

（1）智力资本理论的内容

　　智力资本理论是在知识经济日益成熟发展的背景下，企业战略管理专家从知识管理的视角探寻企业竞争优势的根源和企业价值驱动力源泉时发展起来的理论，该理论回答了战略管理领域的根本问题：企业如何获得和保持竞争优势？智力资本是企业竞争优势的根源和企业价值驱动力的源泉，智力资本也是企业在不断变化的环境中产生持续性战略优势的重要资源（Sullivan，2002）。资源基础理论提出了异质性资源是企业竞争优势的源泉，但什么是组织具有竞争性的战略资源以及如何培育、使用这些竞争性的战略资源以适应动态变化的环境进而转化为组织的竞争优势等问题并没有得到解决。智力资本理论是对资源理论的扬弃，从关注有形资产的影响到关注智力资本等无形资产的影响；从关注内部资源的影响到关注外部资源的影响；从关注传统的竞争优势来源，如自然资源、技术、规模经济，到关注新的驱动价值增长的源泉，如企业员工知识、信息、知识产权、经验、流程、组织结构、员工满意度、客户满意度、客户忠诚度以及营销渠道。智力资本理论为本研究智力资本是会计师事务所合并作用于审计质量的主要资源动因这一假说提供了最直接的理论基础和研究思路。

智力资本是组织获得和保持竞争优势的战略资源和驱动组织价值创造的源泉，加强智力资本的管理（ICM）至关重要。ICM面临的挑战是如何管理基于价值创造的智力资本聚集发展的过程，获取和利用共享知识来创造价值。其目标是通过更有效地运用知识来提高公司的价值创造能力。集聚知识资本的目标是通过识别、获取和利用智力资本来提高公司创造价值的能力，包括价值创造和价值提取。随着高科技的迅猛发展，在企业价值创造方面，智力资本引发了学者们的关注，成为驱动企业价值提升的关键源泉，研究者开始探索其对企业价值创造的贡献程度，以此丰富对智力资本管理的实践，从而进一步提升企业价值水平。

智力资本理论的内容主要涵盖智力资本的概念、构成要素，以及智力资本对企业价值贡献的研究。

智力资本概念的提出具有深远意义，它以知识形态存在和运动，给知识型企业带来高于账面价值的市场价值。在知识经济时代，越来越多的企业更加依赖智力资本而不是物质资本，将智力资本作为企业价值创造的源泉。

关于智力资本的构成要素，长久以来形成了不同的观点，目前主要有二因素论、三因素论和多因素论，具体观点如下：

①二因素论

Edvinsson and Malone（1997）是二因素论的代表性人物，从人力资本和结构资本两个维度划分智力资本，客户资本和组织资本组成结构资本。二因素论的智力资本构架如图4-1所示。Edvinsson and Sullivin（1996）认为结构性资本和人力资本构成智力资本的全部。人力资本代表了员工为其组织提供的个人知识存量（Bontis et al.，2001）。结构资本是保证企业能够稳定发展的资产，根据这些资产的特性，可将其细分为有形因素和无形因素。有形因素就是指基础设施、设备等一些具有有形价值的项目。无形因素指企业文化、规章制度、数据库、组织图表、流程手册等。Roos（1997）认为从战略角度看，智力资本是用来创建和使用知识以提升公司价值的，他将智力资本划分为人力资本、结构资本。经济合作与发展组织（OECD，1999）将智力资本描述为"公司的两类无形资产的经济价值"——组织（结构性）资本和人力资本。

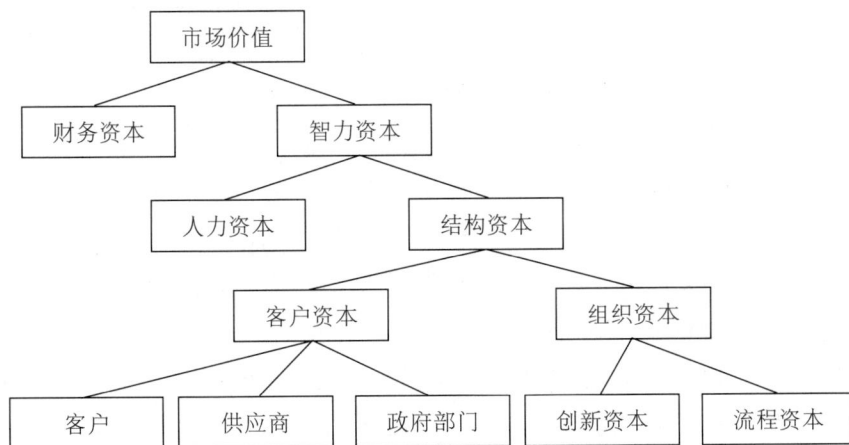

图4-1　Skandia市场价值图

②三因素论

　　智力资本是知识、信息、知识产权、经验等可以用来创造组织财富的一系列智力元素（Stewart，1997）。Stewart认同智力资本由三因素构成，包括人力资本、结构资本以及顾客资本三个维度。人力资本代表了员工为其组织提供的个人知识存量，在三因素中处于基础地位；结构资本则存在于组织内部，能够促进组织内部信息流动，主要是企业的规章制度、组织结构及组织文化等；顾客资本是企业在经营过程中形成的无形资产，如企业的信誉、销售渠道、客户对企业的忠诚度等。Bontis（1998）也认为企业的智力资本由人力资本、结构资本和关系资本构成。Johnson（1999）对Edvinsson and Malone（1997）的市场价值结构进行了说明和细化，他提出一个公司的市场价值主要体现在财务资本和智力资本两个方面，智力资本可以分为人力资本、关系资本和结构资本三个部分，他提出的智力资本框架如图4-2所示。

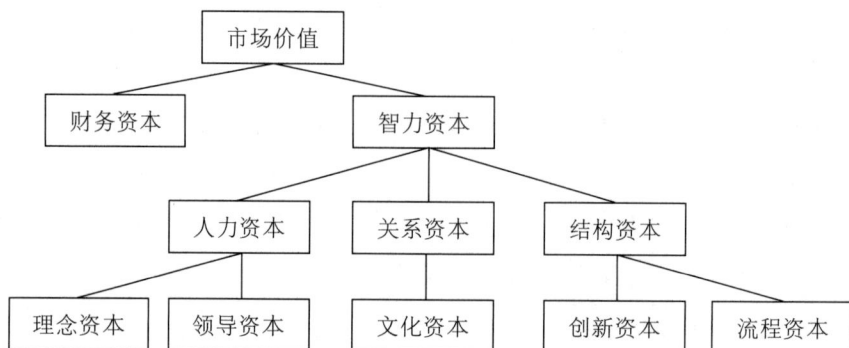

图4-2　三因素论的智力资本构架图

③多因素论

Bassi and Van Buren（1999）基于平衡计分卡的基本原理将智力资本划分为五个维度：人力资本、顾客资本、创新资本、结构资本以及流程资本，该多因素论的智力资本构架如图4-3所示。其指出人力资本是员工和组织管理层的技能、知识和经验；创新资本包括创新能力、创新产品等；顾客资本是顾客和公司的关系；结构资本包括品牌形象、商标、专利、组织规则等；流程资本是专业技能、业务流程等。

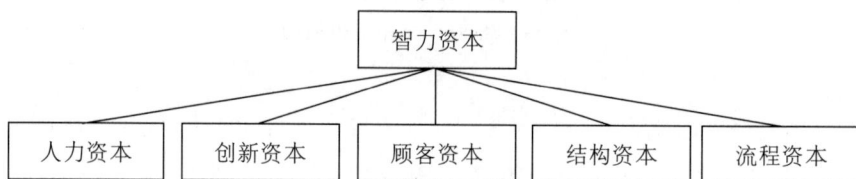

图4-3　多因素论的智力资本构架图

Brooking（1996）认为，智力资本包含四个维度，分别是知识产权资本、市场资产、基础设施资产和人力资本。知识产权资本是企业所有的商标、版权、专利权以及专利技术等，也包含一些商业秘密，同时还包含企业组织的法律保护程序；市场资产与市场不可分割，如消费者认可度等；人力资本是指企业所有员工拥有的技能经验、学识才能等；基础设施资产则包括规章制度、技术方法等。Guenther and Beyer（2003）将智力资本划分为人力资本、结构资本、创新资本以及客户资本四个构成部分。

综上所述，智力资本的分类中三因素理论较为合理，即智力资本可以分为三个维度。这种分类观点满足了差异性原则和全面性原则，而且具有容易识别和记忆、结构清晰的优点。因此，本书对智力资本维度的划分认同 Stewart（1997）的观点，采用了三因素论，并将智力资本划分为人力资本、关系资本和结构资本三个维度，作为后续构建会计师事务所智力资本测评体系的基础。

长期以来，国内外学者对智力资本与企业价值的关系进行了不懈的研究。学者们都普遍认同在激烈竞争和动态变化的环境中，智力资本是驱动价值创造和保持企业可持续竞争优势的战略资源。

（2）会计师事务所的智力资本特性分析

会计师事务所是典型的具备"智力资本"特性的知识型企业，它不像其他的产业组织拥有大量的厂房、设备、土地、存货等物质资本，会计师事务所作为知识密集型企业，它是一种以"智力资本"为核心对外提供服务的产业组织，资源基础理论和智力资本理论都很好地诠释了"智力资本"这一能够使企业在行业竞争中成功的关键因素。会计师事务所拥有的资源有其独特性，人力资本是提升审计质量的最核心资源，严谨、合理、规范的结构资本（包括企业的组织结构、制度、企业文化等）为人力资本价值的充分发挥创造了良好的组织保障，而与客户、政府以及市场其他战略合作者等利益主体之间形成的关系资本则为实现会计师事务所高审计质量这一市场绩效提供了有力的保障。

因此，会计师事务所是"智力资本"的集合体，智力资本是会计师事务所的一种异质性资源。人力资本是获得竞争优势的核心和基础；结构资本是支撑，能充分发挥提升企业价值的杠杆作用；关系资本是实现高质量审计服务的保障。会计师事务所通过三要素的相互作用和影响最终形成竞争优势，进而提升审计质量。

4.3 — 会计师事务所合并、智力资本与审计质量的内在机理分析 —

4.3.1 会计师事务所合并影响审计质量的机理分析—— 会计师事务所合并的宏观经济后果分析

审计质量是审计师发现并报告客户会计系统中错误的联合概率，这说明影响审计质量的因素可以分为两个维度，其中，发现客户违规行为的能力代表着审计师的专业胜任能力，而在发现后决定将其进行披露则代表着审计师的独立性（DeAngelo，1981）。从提高会计师事务所专业胜任能力的角度来看，一方面，会计师事务所在合并后会相对拥有更多的可支配资源，从而在能力培养和审计质量控制上有余力多加投入。拥有行业专长的人力资本将更加集中，注册会计师的行业专长将更加细化、突出，行业专家的增加提高了审计质量。相对集中的具有行业专长的高水平注册会计师的专业交流，可以更进一步优化和提高合并会计师事务所的注册会计师的执业能力。另一方面，合并为会计师事务所实施行业专门化战略提供了基础，加大了会计师事务所对专业化投资的力度（Sullivan，2002），合并有助于培育会计师事务所的行业专长，进而提升发现客户财务报告系统中错弊的能力。Dye（1993）认为，合并后的会计师事务所更有能力吸引行业内优秀的技术人才，并投入更多资源用以培训和研究，使会计师事务所能够在更高层次上提供服务。

从独立性角度来分析，研究者发现合并对会计师事务所规模与准租金的确有明显的影响。因此，合并对审计质量的提升可以主要归功于独立性。会计师事务所合并可以通过提高准租金来增强独立性。DeAngelo（1981）提出的准租理论认为，来自客户的准租金可以作为抑制其机会主义行为的抵押品。合并后拥有更多客户的会计师事务所因丧失独立性导致审计失败损失的准租金会更多，因而会计师事务所不会为某一特定客户而牺牲其独立性。

此外，声誉效应也为合并后的会计师事务所有更高的审计质量提供了一个合理的解释。一方面，声誉越好的审计师越有更强的提供高质量审计服务的内在激励。因此，会计师事务所合并后有了更好的声誉，为了维护声誉，其会保持比之前更高的审计质量。同时，合并后会计师事务所规模的扩大可以降低其对特定客户的经济依赖度，增强抵抗诉讼风险威胁的能力，因此其不太可能为某一客户牺牲长久集聚的声誉。另一方面，由于审计质量的提升必须以增加审计资源的投入为基础，审计成本会大大增加，审计收费过低势必会使得会计师事务所削减审计资源投入和简化审计程序进而降低审计质量。因此，从这个角度分析，合并通过提升会计师事务所的市场势力，加大其在审计定价中的"谈判筹码"，取得审计溢价，从而解决了"低价揽客"问题，保证了审计质量的提高。

合并可以产生规模经济效应以及协同效应。合并各方可以通过对资源进行有效的整合，实现优势互补，最大限度地发挥协同效应并促进审计效率的提高；合并后会计师事务所的整体规模与经济实力都得到提升，这有利于会计师事务所进行行业专门化投资，提高从业人员的执业水准。因此，在合并过程中，会计师事务所对资源的整合与利用程度的高低影响着合并后会计师事务所审计质量水平的高低。

4.3.2 会计师事务所合并对智力资本产生的影响——会计师事务所合并的微观经济后果分析

在全球经济体系中，兼并和收购（M&A）已经成为执行公司战略和重新分配资源的一个重要手段。从资源观的角度，兼并和收购行为也可以被看作是促使公司快速进行资源组合的途径，获取无形资源则成为越来越多兼并和收购行为背后的关键动机（Barney，1991）。资源基础理论指出企业的长期竞争优势来源于内部异质性资源与能力。会计师事务所合并提供了一种培育异质性资源和能力的有效途径。从本质上看，会计师事务所合并就是通过建立外部网络以获取异质性资源的一种方式。李明辉（2011）研究认为，会计师事务所合并是会计师事务所间进行资源整合、达成资源共享和实现优势互补的有力途径。李书旭（2014）研究认为，会计师事务所合并下的规模化会通过对无形资源的整合产生1+1>2的协同效应。王凯（2009）、马笑芳（2011）指出，合并能使会计师事务所在管理、制度、人员和技术等方面发挥优势互补，在此基础上提高行业专长水平。

从智力资本的角度分析，合并的协同作用可以被定义为从先前两个或更多的主权组织的知识资源间的相互作用，它将促使价值创造和竞争能力的联合效益大于它们各自独立产生效益的总和。实现协同作用的关键是实现资源的互动。会计师事务所作为一种"人合"的知识型企业，智力资本是其核心资源，是提升审计质量的关键驱动因素。会计师事务所合并能增加智力资本存量和增量，进而转化为企业的竞争优势，直接表现为审计质量的提高。随着会计师事务所合并带来的规模扩大，拥有相同专长的人力资本将更加集中；会计师事务所内部的结构资本可以有条件得到优化；同时会计师事务所合并对提高行业专长有着积极的作用，注册会计师的行业专长将更加细化、突出；优质的客户资源会流向合并后的会计师事务所。会计师事务所合并造成规模的快速扩大使得会计师事务所有能力投入更多的资源实行技术培育、质量控制和优化流程设计以改善审计质量。因此，基于以上分析，合并会给会计师事务所带来微观经济后果，会改变会计师事务所智力资本的存量和增量水平，进而通过智力资本提升审计质量。

4.3.3 会计师事务所智力资本影响审计质量的内在机理

基于智力资本的内涵，当前的研究结论越来越支持智力资本是有利于推动企业长远发展和提升竞争优势的推力（Stewart，1997）。智力资本的价值体现在它是一个组织实现其目标、提升市场竞争力、增加自身价值的根本动因，是组织可持续发展、获取价值增值的源泉。智力资本是一种潜在的能提高组织价值的力量。智力资本是企业所拥有的一种获取其他稀缺资源的资源和能力。

郭颖和柯大刚（2008）认为会计师事务所的核心资源在于以注册会计师为代表的人力资本。他们认为注册会计师会通过其积极性与创造性影响会计师事务所的审计质量，降低经营风险，进而影响会计师事务所的整体竞争力。史忠良和王芸（2008）以资源基础观为理论基础，指出企业是各种资源的集合体，这个集合体的竞争优势主要来源于其中的异质性资源，并提出对于会计师事务所而言，其核心资源便是人力资本。

通过研读智力资本理论，本书分析认为：会计师事务所的特质使其成为一种提供智力服务的知识型企业，因而智力资本决定着其核心竞争力。智力资本在会计师事务所中的作用是无可替代的，在会计师事务所的执业过程中，其始终都需要将智力资本的隐性部分和显性部分进行相互融合。隐性部分体现在会计师事务所的执业需要投入大量的脑力劳动，这个过程中需要注册会计师的智力投入，即需要注册会计师运用通常所说的专业胜任能力，进行职业判断。而显性部分则体现在会计师事务所通过投入注册会计师的隐性智力劳动后，只需要运用较少的货币资本或实物资本，就能够产出显性智力产品（指注册会计师的审计报告）。

运用资源基础观来进行解读，能够作为核心资源帮助会计师事务所形成持久竞争优势的资源是智力资本。智力资本是企业价值创造的源泉和驱动力这一研究结论已越来越得到学者们的共识。会计师事务所拥有丰富的无形资源，而无形资源来源于企业拥有的智力资本，无形资源的特征包括信息的不对称性、人员的流动性、知识的依赖性和权益的交叉性等。这些特征与智力资本的特征密切贴合，由此可以看出会计师事务所提升竞争力的本质就是智力资本在会计师事务所内部发挥作用的过程。在当前知识经济时代，特别对于知识密集型企业而言，智力资本已成为其赢取价值增值和竞争优势的源泉。基于智力资本的维度划分，人力资本是其中的核心，奠定了达成价值增值和获取竞争优势的基础；结构资本是支撑，为人力资本发挥作用提供必要支持；关系资本是保障，保证了人力资本与结构资本的相互作用最终体现在审计质量这一结果上。会计师事务所智力资本三要素是不可分割、紧密相连的，三要素之间相互作用，共同助力于会计师事务所的发展，因此想要在竞争激烈的市场中脱颖而出，会计师事务所的主要竞争优势能否形成便取决于其拥有的异质性资源——智力资本——的质量。

4.3.4　会计师事务所合并影响审计质量的内在资源动因——智力资本

竞争优势的资源观模型和智力资本理论揭示出智力资本已成为产生企业持续竞争优势的主导力量。会计师事务所获得可持续竞争优势的一个特别重要的来源就是会计师事务所层面的智力资本，会计师事务所尤其需要依靠内部资源获取与发展竞争优势。会计师事务所的生产效率差异是由其核心资源的差异造成的，这种效率的差异最终会导致各会计师事务所间效益的差异。

从资产构成方面来说，会计师事务所的有形资产通常都不多，真正构成其核心竞争力的是它们的无形资产，即人力资源、品牌资源、客户资源和行业专长等，这些方面的优势真正构成了会计师事务所的核心竞争力。

会计师事务所是一种"人合"的知识型企业，智力资本这一核心资源成为会计师事务所审计质量提升的关键驱动因素。可以说，要实现会计师事务所行业的快速发展，获得强有力的智力资本的推动是前提。而会计师事务所合并有利于资源的集聚和重组，有利于智力资本规模的扩大，有利于优化会计师事务所的人力资源、组织架构和目标客户等，使各种资源得到合理配置并产生协同效应，从而促进会计师事务所审计质量的提高。基于以上分析，会计师事务所的智力资本会在合并影响审计质量的关系中起到中介作用。

基于此，本书在传统的基于产业分析的企业竞争力理论中嵌入企业资源理论和智力资本理论，突破传统产业组织理论将合并影响会计师事务所绩效的决定因素归结为审计市场的行业结构，构建出审计市场—会计师事务所合并行为—资源（智力资本）—审计质量的理论框架，从会计师事务所这一微观层面探寻合并作用于审计质量进而产生持续性战略优势的内部资源，并发现智力资本这一异质性资源是解释具有不同智力资本优势的会计师事务所合并产生审计质量差异这一客观现象的关键资源。

从智力资本这一核心战略资源观的视角可以揭示出会计师事务所合并行为背后的动机，为本书发现会计师事务所合并通过智力资本作用于审计质量这一市场绩效的内在机理奠定了理论基础。中国审计市场中会计师事务所的合并提供了获取智力资本这一异质性资源的便捷途径，从理论上分析，会计师事务所进行合并，主要是为了能够获得更多的竞争性核心资源（智力资本），实现资源优势互补与优化配置，从而形成持续竞争优势，最终表现为会计师事务所最根本的绩效——审计质量——的提高。

基于以上分析，本书基本可以构建出审计市场—会计师事务所合并行为—资源（智力资本）—审计质量的理论框架，来解释会计师事务所合并、智力资本和审计质量三者之间的关系。

4.4　本章小结

本章在对会计师事务所合并、会计师事务所智力资本、审计质量等相关概念进行界定的基础上，介绍了本研究的理论基础，主要包括规模经济理论、声誉理论、保险理论、资源基础理论和智力资本理论。基于这些理论，从会计师事务所这一微观层面探寻合并作用于审计质量进而产生持续性战略优势的内部资源，构建出审计市场—会计师事务所合并行为—资源（智力资本）—审计质量的理论框架，来解释会计师事务所合并、智力资本和审计质量三者之间的关系。在此基础上，进一步从四个方面展开对会计师事务所合并、智力资本以及审计质量三者关系的内在机理的分析，为实证研究部分检验智力资本是合并影响审计质量的内在资源动因提供了理论基础。

第 5 章

会计师事务所合并与审计质量关系的实证研究

本章选取我国第三次会计师事务所合并浪潮中发生的合并案例作为样本，基于盈余质量和会计稳健性两个视角度量审计质量，从横向和纵向、会计师事务所合并方式等层面，通过划分不稳定样本、稳定样本，采用总体回归和分年回归等方式，系统探究我国审计市场中会计师事务所合并与审计质量之间的关系。

5.1 ———————————— 理论分析和研究假设 ————————————

5.1.1 会计师事务所合并对审计质量的影响

会计师事务所合并后规模的扩大是显而易见的，这有利于规模经济效益的产生，规模的扩大就意味着从业人员的增多，同时意味着会计师事务所承接业务的能力越来越强，承接业务的范围越来越广，并且合并后的会计师事务所可以通过对资源进行整合和优化，发挥自身优势，增强自身整体综合实力。规模的扩大也意味着相应市场份额的提高，这种市场地位的提升使会计师事务所在与客户的谈判中能够掌握更多的话语权，以高质量的审计服务满足客户差异化的需求。会计师事务所通过合并走规模化发展道路，使得其在成本节约的前提下有能力加大在人员培育与激励机制上的投资，将更多的优秀人才吸纳到行业中来，提高从业人员的整体业务能力和水平，保证审计质量的不断提升。

良好的声誉往往意味着更多的客户、更强的权威性与更高的审计溢价。会计师事务所在进行合并后，最显著的效果便是其规模的扩大，这种规模的扩大使其有能力承接更多更复杂的业务，而在业务的承接上，会计师事务所的声誉便会起到至关重要的影响作用，好的声誉能够为会计师事务所招揽更多的客户，获取更高的审计溢价；而声誉一旦受损，失去的客户及潜在流失的客户数量会大大增加，并会使会计师事务所丧失议价能力。因此，与合并前相比，合并后的会计师事务所更不愿承担声誉受损造成的损失，由此在选择客户时倾向于回避高风险客户，在执行审计程序时也表现得更加谨慎，这种独立性的提高对会计师事务所审计质量的提高必然有着积极的作用。

事实上，DeAngelo（1981）、Watts and Zimmerman（1983）均指出，大规模会计师事务所比小规模会计师事务所更有提高审计质量的内在动力，其对客户的经济依赖度也比小规模会计师事务所低。拥有大量客户的大规模会计师事务所很少会依赖一个特定的客户群，因此，它们更能抵制客户的压力而不出具不合理的审计报告，因此，大规模会计师事务所常常成为高质量的代名词，在此基础上应能以符合逻辑的方式推演出会计师事务所合并后实现的规模扩大可以对审计质量产生积极作用。基于以上分析，本书提出如下假设：

假设5.1：在其他条件相同的情况下，会计师事务所发生合并后能够显著提高其审计质量。

假设5.2：在其他条件相同的情况下，发生合并的会计师事务所比同期未发生合并的会计师事务所能显著提高审计质量。

5.1.2　会计师事务所合并方式对审计质量的影响

李凯（2010）选取中瑞岳华、中准、京都天华、中审亚太等四起合并案，基于会计稳健性和异常性营运资本视角来度量审计质量，研究发现合并后的审计质量并未显著高于合并前；进一步比较吸收合并方式和新设合并方式对审计质量的影响，发现吸收合并后审计质量得到了显著提升。刘启亮等（2011）认为我国当前会计师事务所规模扩张可以划分为四种方式：国际"四大"兼并、本土大会计师事务所合并、本土大会计师事务所兼并、品牌联盟。在这四种方式中，国际"四大"兼并国内会计师事务所以后，审计质量整体上有明显改善，并且在兼并后的三年间，审计质量明显逐年提高，尤其是被兼并的国内会计师事务所对客户进行审计的质量逐年显著提高；但在本土会计师事务所合并方式下，仅在合并后的第三年发现审计质量有显著提高；本土大会计师事务所兼并以及品牌联盟两种方式并没有带来审计质量的改善。

会计师事务所披露合并文件时通常按照合并方式披露当前合并是吸收合并还是新设合并，判别合并方式的类型主要取决于参与合并的会计师事务所之间规模与能力的差距。若是参与合并各方势均力敌，不存在占据主导地位的一方，则常为新设合并，通常表现为合并后会计师事务所的重新命名。对于新设合并而言，由于规模相似，合并方之间不构成主导合并和被动合并关系，这种合并需要经过一个较长的整合过程才能使会计师事务所达到行业主管部门的要求，而且成功的合并往往意味着将合并方不同的会计师事务所文化理念进行融合后重新取得一致认同。合并后的整合过程既需要对参与合并的不同会计师事务所的资源进行有效整合和优化配置，也需要重塑新的会计师事务所的文化理念，这在一定程度上抵消了合并可能带来的审计质量的提高。而若是参与合并方存在着明显的实力、规模差距，则通常为吸收合并，表现为合并后统一以主并方的名称从业。对于吸收合并而言，由于是大所合并小所，合并方中有一个居于主导地位，其他则居于被动地位，因此在整合过程中基本上是以主导会计师事务所的文化理念取代被合并会计师事务所的文化理念，整合程序简单，整合过程需要的时间相对要短得多。同时，由于被整合的会计师事务所规模不大，缺乏较高的独立性，审计质量相对较低，因此一旦被整合后，被合并会计师事务所统一遵守大会计师事务所的质量控制标准，且规模扩大带来了独立性的提高，将表现为审计质量的明显提高。因此，提出以下假设：

假设5.3：新设合并下，会计师事务所合并后审计质量并没有显著变化。

假设5.4：吸收合并下，会计师事务所合并后审计质量有显著提高。

5.2 ———————— 数据来源与样本选取 ————————

2007年注册会计师行业"做大做强"战略的全面启动，开启了我国会计师事务所合并的第三次浪潮。为了系统考察此轮合并浪潮的经济后果，本书选取2007—2013年合并前后均具有证券业务从业资格的会计师事务所合并案进行研究，合并样本见表5-1。样本之所以选取具有证券业务从业资格的会计师事务所合并案是因为监管层在认定证券业务从业资格时对会计师事务所的注册会计师数量和专业能力有更高要求，因此这类具有证券业务从业资格的会计师事务所是我国注册会计师行业中的标杆企业。

本书所选取的合并样本中，2008年有9起会计师事务所合并案，2009年有5起，而2012年和2013年各有1起。参与合并的会计师事务所排名在国内前十的有6家会计师事务所，合并后的会计师事务所排名在国内前十的有8家[①]，表5-1显示了参与合并会计师事务所的总体状况（其中安永华明是国际"四大"中国合作所的合并）。从表5-1中可以看到，绝大部分会计师事务所经过合并后，以主合并方为代表在全国百强会计师事务所的排名都有显著提升，只有主合并方为中审亚太的会计师事务所在合并后名次有所下滑。安永华明、天健、瑞华会计师事务所在合并前后的名次没有变化。2007年到2013年发生的这些会计师事务所合并，其最显著的特点是通过合并实现"做大做强"的政策背景，"做大做强"的成效也较显著。结果是大量地方性会计师事务所，通过合并而上升为全国性会计师事务所，在百家排行榜上的位次有显著提升；通过合并具有行业专长的会计师事务所的市场份额也有显著增加。可以说2007年中注协启动的这次合并浪潮是一轮全国性的、大范围的、效果良好的合并。

在选择会计师事务所客户样本时，本书进行了如下筛选：

（1）由于金融保险业的应计利润具有自身的特殊性，因此在选取的样本中剔除金融和保险行业的公司。

（2）由于ST上市公司亏损严重，财务状况或其他状况出现异常，持

---

① 会计师事务所合并前后的排名均取自中注协每年发布的《会计师事务所综合评价前百家信息》中的数据。

表5-1　　2008—2013年证券审计市场的会计师事务所合并样本

合并年份	合并前会计师事务所简称	合并后会计师事务所简称	合并前主合并方排名	合并后主合并方排名	合并方式
2008	中瑞华恒信，岳华	中瑞岳华	9	5	新设合并
2008	中准，大连华连	中准	34	18	吸收合并
2008	天健华证中洲，重庆天健	天健光华	16	12	新设合并
2008	万隆，北京亚洲	万隆亚洲	10	7	新设合并
2008	深圳大华天诚，广东恒信	广东大华德律	38	21	新设合并
2008	浙江天健，浙江东方	浙江天健东方	13	8	新设合并
2008	北京京都，天华	北京京都天华	17	14	新设合并
2008	安永华明，安永大华	安永华明	2	2	吸收合并
2008	中审、亚太中汇	中审亚太	11	14	新设合并
2009	万隆亚洲，中磊，北京五联方圆	国富浩华	20	9	新设合并
2009	广东大华德律，北京立信	立信大华	21	11	新设合并
2009	浙江天健东方，开元信德	天健	8	8	新设合并
2009	天健光华，中和正信	天健正信	15	13	新设合并
2009	信永中和，四川君和	信永中和	10	7	吸收合并
2012	京都天华，天健正信	致同	14	12	吸收合并
2013	中瑞岳华，国富浩华	瑞华	3	3	新设合并

数据来源：合并案例资料摘自中国注册会计师网站《审计快报》，会计师事务所排名取自2007—2015年《会计师事务所综合评价前百家信息》。

续经营能力具有不确定性，加之其股票交易已进行了特别处理，选取其作为研究样本和数据来源，不能保证这些公司数据的可靠性。因此在样本选择时剔除ST上市公司。

（3）剔除数据缺失的样本。数据缺失的样本很可能造成统计分析的偏差，会影响回归系数的准确性，最后可能会影响检验结果，因此剔除这类样本。

会计师事务所相关数据来自2007—2015年的《会计师事务所综合评价前百家信息》，采用的资本市场中的上市公司样本数据源自CSMAR数据库、上市公司年度报告以及中注协网站（www.cicpa.org.cn）公布的有关资料。在此基础上，剔除数据不全的企业及金融行业，共得到16个会计师事务所合并案，见表5-1，涉及的上市公司样本共有4 417个。本书采用SPSS 19.0进行数据处理。

5.3 ——————— 变量定义与模型设定 ———————

5.3.1　关键变量定义

（1）自变量

本书以 MERGE 作为会计师事务所合并的测试变量，与以往研究中多以 0、1 哑变量作为合并的测试变量不同，本书以时间序列对 MERGE 进行赋值，合并前一年取−1，合并当年取 0，合并后第一年取 1，依此类推，一直取值到 5。这种赋值方式能够对样本进行准确的分组，探究合并后第几年其才会对审计质量产生显著的影响。而且需要指出的是，尽管采取时间序列的赋值方式，本书仍对 MERGE 以 0、1 哑变量做稳健性测试，两者在分组回归中的作用是一致的，赋值的不同并不会改变系数的显著性状况。

需要说明的是，本书依据上市公司年报中披露的审计事务所名称来判断会计师事务所是否已发生合并。例如中瑞华恒信、岳华于 2008 年 1 月合并为中瑞岳华，因而其客户 2007 年年报披露的审计事务所是中瑞岳华，为了使上市公司的数据与 MERGE 的取值相对应，因而将 2007 年作为中瑞岳华合并的当年，MERGE 取 0。

（2）因变量

为了检验会计师事务所合并对审计质量的影响，本书在测试模型中的因变量是会计盈余质量 DA，DA 代表可操纵性应计利润，是当前最为常用的审计质量的替代指标，它是从会计信息角度出发的，计算出来的数值具有综合性，能够较为全面地反映各种因素作用下最终的会计师事务所审计质量，DA 的绝对值越大，则审计质量越低。因此本书采用会计盈余质量，利用修正的 Jones 模型对审计质量进行替代。

在修正的 Jones 模型下，可操纵性应计利润 DA 的计算分为以下三步：

总体应计利润：

$$\frac{TA_t}{A_{t-1}} = a_1 \times \frac{1}{A_{t-1}} + a_2 \times \frac{\Delta REV_t}{A_{t-1}} + a_3 \times \frac{PPE_t}{A_{t-1}} + \varepsilon_t \tag{1}$$

其中，TA_t 是公司第 t 年的总体应计利润，等于当年净利润减去经营现金流量；A_{t-1} 是第 $t-1$ 年总资产；ΔREV_t 是第 t 年营业收入的变动额；PPE_t 是第 t 年固定资产数额。

非可操纵性应计利润：

$$\frac{NDA_t}{A_{t-1}} = a_1 \times \frac{1}{A_{t-1}} + a_2 \times \frac{\Delta REV_t - \Delta REC_t}{A_{t-1}} + a_3 \times \frac{PPE_t}{A_{t-1}} \tag{2}$$

其中，a_1、a_2、a_3 均取自（1）式；$\triangle REC_t$ 代表第 t 年应收账款的变动额。

可操纵性应计利润：

$$DA = \left| \frac{TA_t}{A_{t-1}} - \frac{NDA_t}{A_{t-1}} \right|$$

（3）控制变量的含义

本章选取的控制变量包括 OPI、LEV、GROWTH、SIZE、CFO、Indu 和 Year。

①OPI 代表会计师事务所为上市公司出具的审计意见，是一个虚拟变量，当会计师事务所出具标准的审计意见时界定 OPI=0，否则为 1。当会计师事务所对上市公司出具非标准的审计意见，说明该上市公司的盈余管理程度较高，所以加入审计意见这个控制变量可以控制审计意见对盈余管理的影响。

②LEV 代表资产负债率，用当期的负债总额除以资产总额计算得出。资产负债率也能反映公司的盈余管理水平，负债高的公司，财务风险也高，公司经理人有盈余管理动机来降低公司财务风险（DeFond and Jiambalvo，1994），将该变量作为控制变量纳入模型，用以控制其对因变量的影响。

③GROWTH 代表上市公司的营业收入增长率，由本期和上期的营业收入之差与上期的营业收入的比值计算得出。GROWTH 可以反映公司的成长性。成长性高的公司，公司的未来现金流好，公司经理人为了提高公司价值或个人薪酬有动机通过盈余管理来平滑利润（Healy and Wahlen，1999），将该变量纳入模型，有助于控制其对因变量的影响。

④SIZE 代表资产规模，取自然对数。规模大的公司容易受到市场的

关注，并且大公司的政治成本高（Watts and Zimmerman，1978），所以大公司盈余管理的动机比较小，将该变量作为控制变量纳入模型，用以控制其对因变量的影响。

⑤CFO代表经营活动净现金流，用上年末的总资产调整。公司的经营活动净现金流越高，表示公司的业绩可能越好，并且公司应计利润与经营活动净现金流负相关（Dechow，1994），将该变量纳入模型，有助于控制其对因变量的影响。

⑥Indu和Year是指行业控制哑变量和年度控制哑变量，用以控制行业和年度的影响。

此外，在中国证券市场的上市公司研究中选取控制变量还应考虑政治背景和股权结构等制度影响因素，因此加入了CR_{10}和STA来控制其对因变量的影响。变量衡量指标见表5-2。

表5-2　　　　　　　　　　　　变量衡量指标

变量名称	变量符号	变量定义	相关文献
可操纵性应计利润	|DA|	可操纵性应计利润的绝对值	Johnson et al.（2002）；Myers et al.（2003）；夏立军（2003）；刘启亮和唐建新（2009）；Chen et al.（2010）；Firth et al.（2011）
会计师事务所合并	MERGE	哑变量，如果观察值处于合并前一年取-1，合并当年取0，合并后第一年取1，依此类推	曾亚敏和张俊生（2010）；Chan and Wu（2011）；Ding and Jia（2012）；Wang et al.（2011）；李明辉（2011）；李明辉（2012）；贺晋和曹丽梅（2012）；林宗辉和戚务君（2007）；吴清在和曾玉琦（2008）
企业规模	SIZE	Ln（企业总资产）	蔡春和鲜文铎（2007）；王良成和韩洪灵（2009）；陈丽红和张龙平（2010）；马士振等（2012）；刘文军（2012）；李思飞等（2014）

变量名称	变量符号	变量定义	相关文献
资产负债率	LEV	总负债/总资产	王良成和韩洪灵（2009）；陈丽红和张龙平（2010）；谢盛纹和孙俊奇（2010）；马士振等（2012）；刘文军（2012）；李思飞等（2014）
成长性	GROWTH	营业收入增长比	王良成和韩洪灵（2009）；陈丽红和张龙平（2010）；马士振等（2012）；刘文军（2012）；李思飞等（2014）；刘斌和王雷（2014）
现金流量比率	CFO	经营活动净现金流/总资产	蔡春和鲜文铎（2007）；王良成和韩洪灵（2009）；陈丽红和张龙平（2010）；刘文军（2012）；李思飞等（2014）；刘斌和王雷（2014）
审计意见	OPI	标准无保留意见，取0；此外取1	刘桂良和牟谦（2008）；李薇和卢茜（2010）；郭照蕊（2011）；李思飞等（2014）；邓川和杨文莺（2014）；乔贵涛和赵耀（2014）
股权集中度	CR_{10}	前十大股东持股比	雷光勇和刘慧龙（2006）；张兆国等（2009）；曾亚敏和张俊生（2010）；李明辉和刘笑霞（2015）
国有股占比	STA	国有股/总股本	雷光勇和刘慧龙（2006）；薄仙慧和吴联生（2009）；郭照蕊（2011）；王琰等（2014）；乔贵涛和赵耀（2014）；李明辉和刘笑霞（2015）
年份	Year	虚拟变量，属于该年度赋值为1，其余为0，控制年度影响	
行业	Indu	虚拟变量，属于该行业赋值为1，其余为0，控制行业影响	

5.3.2　研究模型的设定

本书设立了盈余质量和会计稳健性两个模型来分别考察会计师事务所合并对审计质量的影响。

（1）盈余质量模型

本书构建盈余质量模型来检验会计师事务所合并对审计质量的影响。

$$DA=a_0+a_1\times MERGE+a_2\times SIZE+a_3\times LEV+a_4\times GROWTH+a_5\times CFO+a_6\times OPI+a_7\times CR_{10}+a_8\times$$

$$STA+a_9\times Year+a_{10}\times Indu+\varepsilon \tag{模型5.1}$$

其中，DA 为可操纵性应计利润，是审计质量的替代变量，高质量的审计服务抑制客户盈余管理的能力较强，因此现有研究中常常以 DA 来作为审计质量的度量标准，DA 的绝对值越低，说明经审计后的财务报表盈余管理程度较低，审计质量就越高。MERGE 是会计师事务所合并的哑变量，其余为控制变量。

对盈余质量模型进行回归之前，依照相关文献的理论研究，可以首先预计出部分回归变量的回归系数对客户盈余管理水平的作用方向：如果合并有利于审计质量的提高，那么合并将降低客户盈余管理水平的绝对值，即回归方程中变量 MERGE 的回归系数将为负，相反，若合并无法发挥改善审计质量的作用，则 MERGE 的回归系数将为正；在客户拥有足够多的现金流保证获利质量的情况下，对应变量 CFO/A_{t-1} 与客户盈余管理水平将呈现出负相关关系；资产负债率是企业举债经营的指标，资产负债率越高，债务人越有财务舞弊动机，因此 LEV 的回归系数可能为正。

（2）会计稳健性模型

为验证会计师事务所合并对审计质量是否有显著影响，本书还建立了会计稳健性模型来进一步分析：

$$\frac{EPS}{P_{t-1}}=\beta_0+\beta_1\times DR+\beta_2\times RET+\beta_3\times RET\times DR+\beta_4\times MERGE1+\beta_5\times MERGE1\times RET+\beta_6\times$$

$$MERGE1\times DR+\beta_7\times MERGE1\times RET\times DR+\varepsilon \tag{模型5.2}$$

其中，EPS 表示公司在 t 年度的每股收益；P_{t-1} 表示公司在 t 年初的股票开盘价；RET 表示公司在 t 年度的股票报酬率，其正负分别代表"好消息"和"坏消息"；DR 为虚拟变量，当 RET<0 时取值为1，否则为0；ε 表示

随机误差。

在上述模型中，若 β_7 系数显著为正，则代表会计师事务所合并促进了被审计公司会计稳健性的提高，即会计师事务所合并对审计质量有积极影响。

5.4 　会计师事务所合并后审计质量变化：盈余质量模型检验

本节运用盈余质量模型 5.1 度量审计质量，通过划分不稳定样本、稳定样本进行总体和分年回归，系统考察我国会计师事务所合并对审计质量的影响。

5.4.1　不稳定样本分析

不稳定样本考虑了会计师事务所合并后客户流失与客户新增的情况，因此不稳定样本包括参与合并的各会计师事务所合并前与合并后都在审计的客户，以及合并后的会计师事务所审计的客户。

（1）描述性统计

通过表 5-3 可以看出，在不同合并期间，DA 均值呈现出了明显的差异。合并后第二年的 DA 均值（0.109513）高于合并前（0.089928），而合并后第四年的均值（0.072512）、合并后第五年的均值（0.065129）又低于合并前。但是进一步分析可以看出，合并后第二年均值的提高可能是由于出现了异常的极大值（2.8946），且合并后第二年的标准差（0.1780144）也较其余年份更高，因此对于合并后第二年审计质量的变化尚没有定论。而对于合并后第四年、第五年来说，其在 DA 均值下降的同时，DA 的标准差也在减小，说明这两年 DA 普遍都比合并前要小，且数值分布均匀，由此可以预期合并后第四年、第五年，审计质量出现了明显的改善。

由于人们普遍认可国际"四大"代表较高的审计质量，而选取样本中含有"四大"的合并事件，这种审计质量的差异性可能会影响此后的研究分析结果，因此首先对"四大"与"非四大"样本进行描述性统计，验证两者存在的差异性。

表5-3 　　　　　　　　　　**DA 的描述性统计**

描述统计量

MERGE	N	极小值	极大值	均值	标准差
−1	903	0.0001	1.6561	0.089928	0.1191366
0	915	0	2.3128	0.082195	0.1183953
1	583	0	0.6210	0.088677	0.0908003
2	538	0.0004	2.8946	0.109513	0.1780144
3	677	0.0001	2.6464	0.085926	0.1306310
4	582	0.0001	1.2417	0.072512	0.0895256
5	219	0.0001	0.4931	0.065129	0.0660516

从表5-4与表5-5可以看出，"四大"与"非四大"的客户存在差异性。首先，从审计质量来看，"四大"的客户的 DA 均值为 0.0760，显著低于"非四大"的客户 DA 均值 0.0868，这说明"四大"的审计质量的确高于"非四大"会计师事务所的审计质量；同时，"四大"的客户 DA 的标准差也小于"非四大"，这说明"四大"的审计质量更加稳定。其次，从客户的公司特征来看，"四大"的客户的平均规模（23.5343）大于"非四大"的客户的规模（21.7232）；在资产负债率方面，"四大"的客户的平均资产负债率（0.5188）低于"非四大"的客户的资产负债率（0.7896），这说明"四大"的客户的偿债能力更高，风险相对更低；在成长性方面，尽管"四大"的客户的成长性均值低于"非四大"的客户，但是考虑到"非四大"的客户在成长性方面的标准差过大，因而此方面的均值并不存在可比性；在现金流量比率方面，"四大"的客户的均值（0.0669）也显著高于"非四大"的客户（0.0403），这说明"四大"的客户能够产生更多的经营现金流，其运营效率与盈利能力要优于"非四大"的客户；从股权集中度来看，"四大"的客户的均值高于"非四大"的客户，这说明"四大"的客户的股权集中更加明显。最后，从国有股占比看，"四大"的客户的均值（0.1272）略高于"非四大"的客户（0.1061）。

表5-4 不含"四大"的描述性统计

描述统计量					
统计量	N	极小值	极大值	均值	标准差
DA	4 276	0	2.89	0.0868	0.12244
SIZE	4 276	14.76	26.40	21.7232	1.26433
LEV	4 276	0.01	647.70	0.7896	10.30388
GROWTH	4 276	0	14 884.06	5.0527	227.76579
CFO	4 276	−3.08	0.91	0.0403	0.11342
OPI	4 276	0	1.00	0.0498	0.21758
CR_{10}	4 276	11.44	99.19	57.0542	15.84441
STA	4 276	0	0.97	0.1061	0.19579

有效的 N（列表状态）：4 276

表5-5 "四大"描述性统计

描述统计量					
统计量	N	极小值	极大值	均值	标准差
DA	141	0	0.57	0.0760	0.08425
SIZE	141	20.14	27.04	23.5343	1.43849
LEV	141	0.08	0.86	0.5188	0.16049
GROWTH	141	0.48	3.63	1.1838	0.37833
CFO	141	−0.29	0.41	0.0669	0.08089
OPI	141	0	0	0	0
CR_{10}	141	36.25	95.17	65.9597	15.56614
STA	141	0	0.70	0.1272	0.22078

有效的 N（列表状态）：141

总体来看，"四大"的审计质量显著高于"非四大"，且较"非四大"更为稳定；此外，"四大"在客户选择方面也较"非四大"更为谨慎，标准更高，由此造成了"四大"与"非四大"的审计质量差异。由于此种审计质量与客户特征差异的存在，因此，在下文的回归分析中，在进行总样本回归分析的基础上，有必要进行剔除"四大"样本的回归分析，以考察我国本土会计师事务所在合并事件中的变化。

（2）相关性分析

在描述性统计的基础上，为了检验各变量之间的相关性，首先进行 Pearson 相关性检验，见表 5-6。

表 5-6　　　　　　　　　　　全样本总体相关分析

Pearson 相关性

变量	MERGE	DA	SIZE	LEV	GROWTH	CFO	OPI	CR_{10}
DA	-0.030*							
SIZE	0.094***	-0.051***						
LEV	-0.003	0.012	-0.114***					
GROWTH	0.006	0.026*	0.032**	0				
CFO	-0.030	-0.205***	0.079***	-0.024	-0.018			
OPI	-0.045***	0.125***	-0.227***	0.121***	-0.004	-0.167***		
CR_{10}	0.045***	0.036**	0.183***	-0.009	0.022	0.063***	-0.120***	
STA	-0.180***	0.009	0.163***	-0.003	-0.008	0.040***	-0.035**	0.218***

注：*代表在 10% 的显著性水平显著，**代表在 5% 的显著性水平显著，***代表在 1% 的显著性水平显著。

从表 5-6 可以看出，对于总体样本来说，MERGE 系数与 DA 在 10% 的显著性水平相关，说明自变量与因变量之间存在一定的相关性，为此后回归分析的结果提供了一个合理的预期。除此之外，与因变量 DA 有显著相关关系的控制变量包括公司规模（SIZE）、成长性（GROWTH）、现金流量比率（CFO）、审计意见（OPI）、股权集中度（CR_{10}），说明控制变量的选择较为科学合理。此外，通过检验与 MERGE 存在显著相关关系的变量，可以发现合并后会计师事务所客户的特征变化，如客户的规模变大（1% 正相关），审计意见更倾向于标准无保留意见（1% 负相关），股权更加集中（1% 正相关），以及客户国有股比例的下降（1% 负相关）。值得注意的是，不同控制变量之间也存在较为显著的相关关系，例如公司规模（SIZE）与其余控制变量都在 5% 及 1% 的显著性水平相关，因而在进行回归分析时应利用 VIF 检验变量之间是否存在严重的共线性。根据此后的

VIF 检验可以看出，VIF 值均在 2 以下，远低于严重共线性的标准（10），说明模型中不存在严重的共线性。

从表 5-7 可以看出，在剔除"四大"的样本后对剩余样本进行相关性分析发现，MERGE 与 DA 的相关性增强（由 10% 改善为 5% 的显著性水平），相关系数也有所增强（由 -0.03 变为 -0.033），说明剔除"四大"样本后，合并与审计质量间的相关关系更加明显，由此可以看出"四大"与"非四大"的区别，以及在此后分析中剔除"四大"样本的必要性。

表 5-7　　　　　　　　　剔除"四大"样本相关分析

Pearson 相关性

	MERGE	DA	SIZE	LEV	GROWTH	CFO	OPI	CR$_{10}$
DA	-0.033**							
SIZE	0.122***	-0.056***						
LEV	-0.004	0.012	-0.109***					
GROWTH	0.005	0.026	0.030**	0				
CFO	-0.028*	-0.205***	0.079***	-0.025	-0.018			
OPI	-0.048***	0.124***	-0.225***	0.121***	-0.004	-0.167***		
CR$_{10}$	0.059***	0.029	0.208***	-0.009	0.021	0.068***	-0.121***	
STA	-0.184***	0.007	0.162***	-0.003	-0.008	0.040***	-0.035**	0.217***

注：*代表在 10% 的显著性水平显著，**代表在 5% 的显著性水平显著，***代表在 1% 的显著性水平显著。

表 5-8 报告了"四大"样本相关性分析结果，发现 MERGE 与 DA 并不显著相关，而与 DA 有显著相关关系的只有公司规模（SIZE）、现金流量比率（CFO）和股权集中度（CR$_{10}$）。这说明对于"四大"而言，其审计质量主要与其客户的公司特征相关。需要说明的是，由于样本中"四大"出具的均为标准无保留审计意见，因此与审计意见的相关系数均不可得，在表中体现为空缺。

表 5-8　　　　　　　　　　　　　　"四大"样本相关分析

	MERGE	DA	SIZE	LEV	GROWTH	CFO	OPI	CR$_{10}$
DA	-0.113							
SIZE	0.277***	-0.146*						
LEV	0.247***	-0.073	0.590***					
GROWTH	-0.128	0.065	-0.046	-0.007				
CFO	-0.136	-0.180**	-0.224***	-0.281***	0.189**			
OPI								
CR$_{10}$	0.180**	-0.196**	0.392***	-0.018	-0.076	0.132		
STA	-0.371***	-0.080	0.127	-0.064	0.064	0.027		0.171**

Pearson 相关性

注：*代表在 10%的显著性水平显著，**代表在 5%的显著性水平显著，***代表在
1%的显著性水平显著。

（3）总体回归

通过描述性统计可以看出，合并后第四年、第五年的 DA 均值比合并
前 DA 均值显著减小；通过相关分析可以看出，不论是否剔除"四大"样
本，MERGE 系数都与 DA 存在显著的相关关系。在此基础上，对全样本
总体与剔除"四大"样本总体进行线性回归，以验证 MERGE 系数与 DA
是否存在显著的线性相关关系。

从表 5-9 可以看出，对全样本进行总体回归，模型的显著性非常强
（F 值为 19.704，P=0.01），残差符合正态性、异方差、独立性，通过了检
验，由于篇幅有限，没有放到本书中，后面进行同样处理，不再赘述。在
共线性检验方面，自变量与控制变量的 VIF 值均在 1 左右，远小于存在共
线性的临界值（10），说明本模型中并不存在严重的共线性。回归结果表
明 MERGE 的系数在 5%的显著性水平为负，说明合并对审计质量的提升
作用已显现出来。此外，在整体回归下，公司规模、现金流量比率、审计
意见、股权集中度都会对 DA 产生显著影响，与此后分组回归中的显著变
量不尽相同，验证了控制变量的选取具有一定的全面性。

表 5-9   模型 5.1 全样本总体回归结果

		非标准化系数		标准系数			共线性统计量	
模型		B	标准误差	试用版	t	Sig.	容差	VIF
	（常量）	0.131	0.032		4.134	0		
自变量	MERGE	-0.002**	0.001	-0.033	-2.168	0.030	0.946	1.058
	SIZE	-0.003**	0.001	-0.033	-2.062	0.039	0.888	1.126
	LEV	-8.67E-05	0	-0.007	-0.489	0.625	0.977	1.024
	GROWTH	1.16E-05	0	0.021	1.459	0.145	0.998	1.002
控制 变量	CFO	-0.210***	0.016	-0.194	-13.036	0	0.966	1.035
	OPI	0.053***	0.009	0.094	6.097	0	0.911	1.098
	CR_{10}	0.002***	0.001	0.220	2.908	0.004	0.918	1.090
	STA	0.002	0.010	0.004	0.233	0.816	0.896	1.117
	Year	控制						
	Indu	控制						

系数（a）

a. 因变量：DA

F 值 =19.704***

Ad-R^2=0.122[①]

注：*代表在 10% 的显著性水平显著，**代表在 5% 的显著性水平显著，***代表在 1% 的显著性水平显著。

在剔除"四大"样本后，其回归结果见表 5-10，合并事件能够对审计质量产生积极影响，此外相关控制变量的显著性也大致相同，且 VIF 显示模型不存在严重的共线性，此处不再赘述。

[①] 此类研究会计师事务所合并对审计质量影响的文献中模型的拟合优度都比较低，李明辉（2015）研究中得出的拟合优度是 0.0609，曾亚敏和张俊生（2010）研究得出的拟合优度是 0.009，原因大概是影响审计质量 DA 的因素纷繁复杂，有些并不知晓，因此无法全部控制住这些变量。但模型的显著性非常强，相伴概率与 0 非常接近，说明选取的变量能很好地解释审计质量。

表5-10　　　　　　　　　模型5.1剔除"四大"总体回归结果

系数（a）

模型		非标准化系数		标准系数			共线性统计量	
		B	标准误差	试用版	t	Sig.	容差	VIF
	（常量）	0.124	0.034		3.666	0		
自变量	MERGE	−0.002**	0.001	−0.031	−2.004	0.045	0.946	1.058
控制变量	SIZE	−0.003*	0.002	−0.029	−1.782	0.075	0.888	1.126
	LEV	−8.40E−05	0	−0.007	−0.470	0.639	0.977	1.024
	GROWTH	1.14E−05	0	0.021	1.427	0.154	0.998	1.002
	CFO	−0.210***	0.016	−0.194	−12.827	0	0.966	1.035
	OPI	0.054***	0.009	0.095	6.115	0	0.911	1.098
	CR_{10}	0.002***	0.001	0.229	3.001	0.003	0.918	1.090
	STA	0.004	0.010	0.006	0.378	0.706	0.896	1.117
	Year	控制						
	Indu	控制						

a.因变量：DA

F值=18.787***

Ad-R^2=0.121

注：*代表在10%的显著性水平显著，**代表在5%的显著性水平显著，***代表在1%的显著性水平显著。

将"四大"的样本单独进行线性回归，从表5-11中可以看出，MERGE的系数并不显著，说明对于"四大"样本来说，合并对审计质量并不能产生显著的影响。这一结论与相关性分析中MERGE与DA的相关系数不显著是一致的。考虑到"四大"样本的合并方式为吸收合并，结合描述性统计中"四大"DA的均值低于"非四大"，可以预期合并方在合并后必将以自身的高质量标准对被并方进行统一要求，被并方审计质量提高更快，因此合并前后审计质量差异不大，在回归检验中看不到审计质量的显著改善也是可以理解的。鉴于"四大"样本研究显示MERGE与DA并不存在显著相关关系，今后的研究中将不再取"四大"样本进行单独研究。

表5-11 模型5.1"四大"样本总体回归

系数（a）

模型		非标准化系数		标准系数			共线性统计量	
		B	标准误差	试用版	t	Sig.	容差	VIF
	（常量）	0.228	0.139		1.645	0.102		
自变量	MERGE	−0.005	0.004	−0.117	−1.214	0.227	0.721	1.387
控制变量	SIZE	−0.004	0.007	−0.063	−0.516	0.607	0.458	2.183
	LEV	−0.042	0.058	−0.080	−0.730	0.466	0.556	1.800
	GROWTH	0.020	0.019	0.090	1.058	0.292	0.940	1.064
	CFO	−0.243***	0.093	−0.234	−2.604	0.010	0.838	1.193
	CR_{10}	−0.001	0.001	−0.096	−0.973	0.332	0.687	1.455
	STA	−0.040	0.036	−0.104	−1.110	0.269	0.770	1.299
	Year	控制						
	Indu	控制						

a. 因变量：DA

F值=3.185***

Ad-R^2=0.397

注：*代表在10%的显著性水平显著，**代表在5%的显著性水平显著，***代表在1%的显著性水平显著。

（4）分组回归

在总体回归的基础上，进行分组回归，以具体探究会计师事务所合并后审计质量的变化。

在分组回归中，通过将合并前的样本分别与合并当年、合并后第一年，直至合并后第五年的样本进行回归，试图分析合并对审计质量的影响会在合并后第几年呈现，其对审计质量到底存在着怎样的影响。表5-12与表5-15分别是总样本的分组回归与剔除"四大"样本的分组回归。

表5-12　　　　　　　　　　　　模型5.1总样本分组回归

系数（a）							
MERGE		(-1, 0)	(-1, 1)	(-1, 2)	(-1, 3)	(-1, 4)	(-1, 5)
	（常量）	0.136***	0.113**	0.064	0.222***	0.139***	0.129**
自变量	MERGE	-0.007	-0.001	0.005*	0	-0.003**	-0.004***
控制变量	SIZE	-0.004	-0.002	0	-0.006**	-0.003	-0.003
	LEV	-0.003***	-0.002***	-5.60E-06	0	-0.002*	-0.002**
	GROWTH	0.001**	0.009***	9.56E-06	0	0.001**	0.007***
	CFO	-0.205***	-0.171***	-0.277***	-0.260***	-0.205***	-0.204***
	OPI	0.069***	0.069***	0.077***	0.093***	0.076***	0.085***
	CR_{10}	0.001	-7.63E-05	0.001	0	0.001	0
	STA	0.003	0.009	-0.027	0.010	0.018	0.002
	Year	控制	控制	控制	控制	控制	控制
	Indu	控制	控制	控制	控制	控制	控制
Ad-R^2		0.118	0.154	0.151	0.148	0.130	0.136
F值		7.961***	8.543***	8.383***	9.319***	7.493***	5.933***

a.因变量：DA

注：*代表在10%的显著性水平显著，**代表在5%的显著性水平显著，***代表在1%的显著性水平显著。

从表5-12可以看出，在合并后的第二年，MERGE的系数在10%的显著性水平显著为正（0.005），说明在合并后第二年的审计质量反而显著低于合并前；但是在合并后的第四年与第五年，MERGE的系数分别在5%及1%的显著性水平显著为负（-0.003及-0.004），说明在合并后的第四年与第五年，审计质量都显著高于合并前。其余年份的审计质量与合并前并没有显著的差异。此外，资产负债率、成长性、现金流量比率、审计意见都与DA显著相关，说明DA的相关影响变量得到了有效控制。回归结果说明，合并事件能够提高审计质量，但是这种积极影响可能需要四五年的时间才能够显现出来，并且在此过程中由于合并初期参与合并的会计师事务所之间的资源整合不力以及文化融合的困难等因素可能会首先对审计质量产生不利的影响。

为了对以上结果进行进一步的验证，同样以分组的思路对 DA 进行独立样本 t 检验以及 Mann-Whitney U 检验，见表 5-13 和表 5-14，期望能够得到与线性回归相一致的结论。

表 5-13　　　　　　　　　　　　**总样本分组 t 检验**

独立样本 t 检验									
方差方程的 Levene 检验			均值方程的 t 检验						
MERGE	F	Sig.	t	df	Sig.（双侧）	均值差值	标准误差值	差分的95%置信区间	
								下限	上限
(-1, 0)	1.968	0.161	-1.388	1816	0.165	-0.008	0.006	-0.019	0.003
(-1, 1)	2.091	0.148	-0.216	1484	0.829	-0.001	0.006	-0.013	0.010
(-1, 2)	4.749	0.029	2.498**	1439	0.013	0.020	0.008	0.004	0.035
(-1, 3)	0.652	0.420	-0.634	1578	0.526	-0.004	0.006	-0.016	0.008
(-1, 4)	10.511	0.001	-3.020***	1483	0.003	-0.017	0.006	-0.029	-0.006
(-1, 5)	10.493	0.001	-2.971***	1120	0.003	-0.025	0.008	-0.041	-0.008

原假设：方差相等

注：*代表在10%的显著性水平显著，**代表在5%的显著性水平显著，***代表在1%的显著性水平显著。

表 5-14　　　　　　　　　　**总样本分组 Mann-Whitney U 检验**

独立样本 Mann-Whitney U 检验		
MERGE	Sig.	决策者
(-1, 0)	0.124	保留原假设
(-1, 1)	0.202	保留原假设
(-1, 2)	0.002	拒绝原假设
(-1, 3)	0.664	保留原假设
(-1, 4)	0.002	拒绝原假设
(-1, 5)	0.002	拒绝原假设

原假设：DA 的分布在 MERGE 类别上相同

通过独立样本 t 检验（见表 5-13）可以看出，（-1，2）、（-1，4）、（-1，5）三组在均值方程的 t 检验中，其 Sig 值均小于 0.05，说明在 5% 的显著性水平拒绝原假设，即对于这三组而言，DA 由于 MERGE 的不同存在显著差异。独立样本 Mann-Whitney U 检验（见表 5-14）也在（-1，2）、（-1，4）、（-1，5）三组得出了拒绝原假设的结论，即 DA 的分布在 MERGE 的类别上有显著差异。这两个检验的结论与表 5-12 是一致的，因为在表 5-12 中，正好出现了（-1，2）、（-1，4）、（-1，5）这三个组别的 MERGE 回归系数分别在 10%、5%、1% 的显著性水平显著。由此可以得出结论，经过多方面的检验，合并前第一年的审计质量与合并后第二年、第四年、第五年有显著差异，不同的是第二年表现在审计质量的下降（DA 的上升），第四年、第五年表现为审计质量的上升（DA 的下降）。

由于"四大"样本与"非四大"样本有显著差异，所以，以下将"四大"样本剔除后进一步进行分组回归，见表 5-15。

表 5-15　　　　　　　　　**模型 5.1"非四大"样本分组回归**

		(-1, 0)	(-1, 1)	(-1, 2)	(-1, 3)	(-1, 4)	(-1, 5)
MERGE				系数（a）			
自变量	（常量）	0.129^{**}	0.105^{**}	0.058	0.233^{***}	0.123^{**}	0.117^{*}
	MERGE	-0.007	-0.001	0.005^{*}	-0.001	-0.003^{**}	-0.003^{**}
控制变量	SIZE	-0.003	-0.002	-8.62E-05	-0.007^{**}	-0.003	-0.003
	LEV	-0.003^{***}	-0.002^{**}	-6.40E-06	-0.001	-0.002^{*}	-0.002^{**}
	GROWTH	0.001^{**}	0.008^{***}	9.52E-06	0	0.001^{**}	0.007^{***}
	CFO	-0.209^{***}	-0.173^{***}	-0.271^{***}	-0.265^{***}	-0.216^{***}	-0.210^{***}
	OPI	0.069^{***}	0.069^{***}	0.078^{***}	0.093^{***}	0.076^{***}	0.085^{***}
	CR_{10}	0.001	-4.85E-05	0.001	-9.67E-05	0.001	0
	STA	0.004	0.010	-0.025	0.010	0.021	0.001
	Year	控制	控制	控制	控制	控制	控制
	Indu	控制	控制	控制	控制	控制	控制
Ad-R^2		0.117	0.154	0.148	0.146	0.131	0.135
F 值		7.780^{***}	8.364^{***}	7.966^{***}	8.910^{***}	7.354^{***}	5.655^{***}

a. 因变量：DA

注：* 代表在 10% 的显著性水平显著，** 代表在 5% 的显著性水平显著，*** 代表在 1% 的显著性水平显著。

表5-15剔除"四大"样本后，其回归结果实质上与表5-12相同，即合并后第二年存在审计质量的显著下降，但是在第四年与第五年能够看到审计质量的显著提高。这说明尽管"四大"与"非四大"的审计质量与客户特征不尽相同，却并不影响合并事件对审计质量影响的方向与效果。

同样对"非四大"样本进行独立样本t检验与Mann-Whitney U检验，以验证线性回归中得到的检验结论，见表5-16和表5-17。

表5-16 　　　　　　　　　剔除"四大"分组t检验

独立样本t检验									
方差方程的Levene检验			均值方程的t检验						
MERGE	F	Sig.	t	df	Sig.（双侧）	均值差值	标准误差值	差分的95%置信区间	
								下限	上限
(−1, 0)	1.844	0.175	−1.359	1 785	0.174	−0.007	0.005	−0.018	0.003
(−1, 1)	2.114	0.146	−0.269	1 451	0.788	−0.001	0.005	−0.013	0.009
(−1, 2)	4.159	0.042	2.312**	1 409	0.021	0.018	0.007	0.002	0.034
(−1, 3)	1.058	0.304	−0.772	1 540	0.440	−0.004	0.006	−0.017	0.007
(−1, 4)	9.735	0.002	−2.859***	1 442	0.004	−0.016	0.005	−0.028	−0.005
(−1, 5)	8.157	0.004	−2.486**	1 078	0.013	−0.022	0.008	−0.039	−0.004

原假设：方差相等

表5-17 　　　　剔除"四大"分组Mann-Whitney U检验

独立样本Mann-Whitney U检验		
MERGE	Sig.	决策者
(−1, 0)	0.127	保留原假设
(−1, 1)	0.230	保留原假设
(−1, 2)	0.004	拒绝原假设
(−1, 3)	0.634	保留原假设
(−1, 4)	0.005	拒绝原假设
(−1, 5)	0.018	拒绝原假设

原假设：DA的分布在MERGE类别上相同

在独立样本 t 检验中，(-1，2)、(-1，4)、(-1，5) 三组分别在 5%、1%、1% 的显著性水平拒绝原假设，即组中 DA 由于 MERGE 值而存在显著的差异；同样的，在独立样本 Mann-Whitney U 检验中，这三组的决策为拒绝原假设，说明 DA 的分布在 MERGE 类别上存在显著差别。上述两种检验得出的结论不仅与剔除"四大"样本的分组线性回归中的结论相同，也与总样本的结论一致。这说明不管是否剔除"四大"样本，审计质量都会在合并后第二年有显著的下降，而在合并后第四年、第五年有显著的上升。

5.4.2 稳定样本分析

用不稳定样本考察会计师事务所合并前后审计质量的变化，其优点与不足都在于这种情况已默认考虑了会计师事务所合并后客户流失与客户新增的情况，但是研究结论的不同可能是因为合并前后公司的不同而导致的，而非合并效应导致的。因此，如果要从连续性的角度考虑合并对审计质量的影响，那么就应该选取合并前后都被同一会计师事务所持续审计的客户来进行审计质量的对比。为了证明本书的结论，进一步建立了一个稳定样本群，以考察合并使会计师事务所对同一客户审计质量的把控变化。

在对稳定样本进行样本筛选时，本书是以合并前各上市公司与其聘任的会计师事务所为依据，分年筛选出与此"上市公司-会计师事务所"匹配情况相同的样本，因此虽然筛选出的合并前一年与此年的上市公司样本相同，却造成了分年筛选下每年的稳定样本都有所不同的情况。这种情况导致在稳定样本的分析方面，只能按照合并后的年份进行分组，与合并前进行审计质量的对比，而若将合并后的稳定样本汇总进行分析将失去实际意义。因此，在此后的描述性统计、相关分析、回归分析中，本书对稳定样本都采用分组的方式进行描述与分析，以探究合并后稳定样本审计质量的变化。

（1）描述性统计

结合六张描述性统计表（表 5-18 至表 5-23）可以看出，随着合并事件过后时间的推移，会计师事务所的稳定客户呈现出一定的变化。首先，从样本数量来看，合并发生后时间越久，会计师事务所维持与合并前一年

111

相同的客户越来越少，说明会计师事务所在合并后，其客户将会发生重大的变化。这种情况的产生一方面受到合并后各年份不稳定样本数量的影响，例如当前已处于合并后第五年的会计师事务所本身就寥寥无几，因而客户样本数与合并当年有巨大差异，这种差异也会直接反映在稳定样本的数量上；另一方面，稳定客户受限于强制审计师更换，这种强制的更换会计师事务所的要求也会影响会计师事务所对稳定客户的维持。其次，从分组统计的 DA 均值来看，六组的均值分别为 0.0816、0.0903、0.0958、0.0859、0.0772、0.0802，说明相对而言，合并当年、合并后第四年、合并后第五年的稳定样本审计质量较高，而合并后第一年至合并后第三年的稳定样本审计质量较低。但是由于分组 DA 中既含有合并前的 DA，也含有合并后的 DA，因而仅凭此暂时无法判断合并是否对审计质量产生了影响，因为各组 DA 均值的差异也可能来源于各组中合并前样本中 DA 的差异，而并不是合并后样本差异。基于描述性统计的局限性，下文从相关性与线性回归入手，探究合并对稳定客户审计质量的真正影响。

表 5-18 　　　　　　　　　　（-1，0）的描述性统计

（-1，0）描述统计量

统计量	N	极小值	极大值	均值	标准差
DA	1 390	0	1.66	0.0816	0.10026
SIZE	1 390	15.04	26.40	21.6842	1.26926
LEV	1 390	0.02	96.96	0.6684	3.49472
GROWTH	1 390	0	175.90	1.3569	4.80619
CFO	1 390	-2.31	0.42	0.0476	0.11178
OPI	1 390	0	1	0.0500	0.21400
CR_{10}	1 390	11.44	99.19	56.2306	15.62999
STA	1 390	0	0.97	0.1278	0.20561

有效的 N（列表状态）：1 390

表5-19　　　　　　　　（-1，1）的描述性统计

（-1，1）描述统计量

统计量	N	极小值	极大值	均值	标准差
DA	682	0	0.88	0.0903	0.10193
SIZE	682	14.76	26.03	21.7791	1.31308
LEV	682	0.01	96.96	0.8502	4.44563
GROWTH	682	0	4.57	1.2108	0.42890
CFO	682	-3.08	0.37	0.0384	0.17782
OPI	682	0	1	0.0500	0.20800
CR_{10}	682	19.26	93.34	56.0776	14.82568
STA	682	0	0.80	0.1568	0.21735

有效的N（列表状态）：682

113

表5-20　　　　　　　　（-1，2）的描述性统计

（-1，2）描述统计量

统计量	N	极小值	极大值	均值	标准差
DA	458	0	1.34	0.0958	0.11430
SIZE	458	16.70	25.30	21.7586	1.21287
LEV	458	0.01	96.96	0.7254	4.51449
GROWTH	458	0	4.57	1.1782	0.37061
CFO	458	-0.40	0.37	0.0413	0.09399
OPI	458	0	1	0.0300	0.17800
CR_{10}	458	19.42	93.52	53.7329	15.03377
STA	458	0	0.80	0.1497	0.20978

有效的N（列表状态）：458

表 5-21　　　　　　　　　　(-1，3) 的描述性统计

| | | | (-1，3) 描述统计量 | | |
统计量	N	极小值	极大值	均值	标准差
DA	382	0	0.88	0.0859	0.09627
SIZE	382	16.12	25.73	21.8152	1.25482
LEV	382	0.02	38.15	0.6427	2.14605
GROWTH	382	0	368.53	2.2258	18.82432
CFO	382	−1.17	0.37	0.0447	0.11000
OPI	382	0	1	0.0300	0.17500
CR_{10}	382	19.07	93.52	53.5342	15.12916
STA	382	0	0.84	0.1436	0.20460

有效的 N（列表状态）：382

表 5-22　　　　　　　　　　(-1，4) 的描述性统计

| | | | (-1，4) 描述统计量 | | |
统计量	N	极小值	极大值	均值	标准差
DA	294	0	0.88	0.0772	0.08258
SIZE	294	19.19	25.93	21.8736	1.18097
LEV	294	0.06	3.04	0.5023	0.25347
GROWTH	294	0.25	31.09	1.2685	1.78633
CFO	294	−0.40	0.37	0.0463	0.08646
OPI	294	0	1	0.0200	0.15300
CR_{10}	294	20.04	93.34	52.7890	14.46007
STA	294	0	0.80	0.1240	0.18930

有效的 N（列表状态）：294

表 5-23　　　　　　　　　　(-1，5) 的描述性统计

| | | | (-1，5) 描述统计量 | | |
统计量	N	极小值	极大值	均值	标准差
DA	80	0	0.88	0.0802	0.10985
SIZE	80	19.94	26.06	22.2859	1.29262
LEV	80	0.10	2.35	0.5289	0.27228
GROWTH	80	0.30	3.71	1.2711	0.51215
CFO	80	−0.12	0.35	0.0617	0.07502
OPI	80	0	1	0.0400	0.19100
CR_{10}	80	20.26	93.34	53.7856	14.92210
STA	80	0	0.80	0.1863	0.23185

有效的 N（列表状态）：80

（2）相关性分析

从表5-24至表5-29相关性分析的结果来看，在（-1，0）、（-1，1）、（-1，4）三组中，DA与MERGE的相关系数分别在5%、10%、5%的显著性水平显著为负，说明对于稳定客户而言，合并当年、合并后第一年、合并后第四年这三年的审计质量相对合并前一年有显著的提高。而对于其余年份而言，两者的相关系数并不显著。这一结果与前文描述性统计中DA均值在合并当年、合并后第四年、合并后第五年较低存在出入，说明描述性统计中DA均值的确受到了合并前DA差异的影响。

表5-24　　　　　　　　　（-1，0）相关性分析

					(-1, 0) 相关性			
统计量	MERGE	DA	SIZE	LEV	GROWTH	CFO	OPI	CR_{10}
DA	-0.056**							
SIZE	0.051*	-0.067**						
LEV	0.011	0.006	-0.195***					
GROWTH	0.017	0.046*	0.003	-0.004				
CFO	0.032	-0.147***	0.127***	-0.337***	0.012			
OPI	0.010	0.134***	-0.243***	0.260***	-0.015	-0.203***		
CR_{10}	-0.037	0.035	0.203***	-0.002	0.038	0.069***	-0.121***	
STA	-0.101***	-0.020	0.140***	0.014	-0.003	0.033	-0.023	0.203***

注：*代表在10%的显著性水平显著，**代表在5%的显著性水平显著，***代表在1%的显著性水平显著。

表5-25　　　　　　　　　**（-1，1）相关性分析**

					(-1, 1) 相关性			
统计量	MERGE	DA	SIZE	LEV	GROWTH	CFO	OPI	CR_{10}
DA	-0.065*							
SIZE	0.105***	0.015						
LEV	0.007	0.018	-0.252***					
GROWTH	-0.050	0.023	0.126***	-0.071*				
CFO	-0.016	-0.246***	0.192***	-0.324***	0.190***			
OPI	0.021	0.191***	-0.296***	0.321***	-0.132***	-0.299***		
CR_{10}	-0.073*	0.035	0.171***	-0.006	0.059	0.089**	-0.083**	
STA	-0.214***	-0.005	0.195***	-0.046	0.041	0.049	-0.032	0.262***

注：*代表在10%的显著性水平显著，**代表在5%的显著性水平显著，***代表在1%的显著性水平显著。

表5-26　　　　　　　　　　（-1，2）相关性分析

（-1，2）相关性

统计量	MERGE	DA	SIZE	LEV	GROWTH	CFO	OPI	CR_{10}
DA	0.033							
SIZE	0.180***	-0.019						
LEV	-0.043	-0.024	-0.185***					
GROWTH	-0.066	0.085*	0.110**	-0.032				
CFO	-0.117**	-0.213***	0.030	-0.046	0.182***			
OPI	-0.037	0.124***	-0.235***	0.273***	-0.127***	-0.132***		
CR_{10}	-0.114**	0.025	0.175***	0.041	0.029	0.100**	0.003	
STA	-0.371***	-0.058	0.182***	-0.035	-0.031	0.103**	-0.001	0.312***

注：*代表在10%的显著性水平显著，**代表在5%的显著性水平显著，***代表在1%的显著性水平显著。

表5-27　　　　　　　　　　（-1，3）相关性分析

（-1，3）相关性

统计量	MERGE	DA	SIZE	LEV	GROWTH	CFO	OPI	CR_{10}
DA	-0.001							
SIZE	0.246***	-0.082						
LEV	0.028	0.092*	-0.279***					
GROWTH	0.054	0.003	-0.026	0.003				
CFO	-0.050	-0.111**	0.197***	-0.334***	-0.019			
OPI	-0.030	0.150***	-0.128**	0.135***	0.001	-0.218***		
CR_{10}	-0.110**	0.042	0.229***	-0.060	0.018	0.149***	-0.006	
STA	-0.390***	0.019	0.152***	-0.031	-0.033	0.090*	0.003	0.251***

注：*代表在10%的显著性水平显著，**代表在5%的显著性水平显著，***代表在1%的显著性水平显著。

表 5-28　　　　　　　　　　　(-1, 4) 相关性分析

(-1, 4) 相关性

统计量	MERGE	DA	SIZE	LEV	GROWTH	CFO	OPI	CR$_{10}$
DA	-0.132**							
SIZE	0.312***	-0.060						
LEV	0.027	0.075	0.344***					
GROWTH	0.040	0.098*	-0.101*	0.098*				
CFO	-0.076	-0.107*	-0.008	-0.167***	-0.110*			
OPI	0.067	0.238***	-0.095	0.172***	0.338***	-0.162***		
CR$_{10}$	-0.163***	0.146**	0.163***	-0.044	-0.071	0.095	0.006	
STA	-0.465***	0.162***	0.037	0.044	-0.017	0	-0.016	0.193***

注：*代表在 10% 的显著性水平显著，**代表在 5% 的显著性水平显著，***代表在 1% 的显著性水平显著。

■■ 117 ■■

表 5-29　　　　　　　　　　　(-1, 5) 相关性分析

(-1,5) 相关性

统计量	MERGE	DA	SIZE	LEV	GROWTH	CFO	OPI	CR$_{10}$
DA	-0.177							
SIZE	0.325***	-0.232**						
LEV	0.141	0.085	0.343***					
GROWTH	-0.140	0.059	0.004	0.044				
CFO	0.016	0.047	-0.019	0.015	0.131			
OPI	0.066	0.537***	-0.045	0.116	-0.051	-0.290***		
CR$_{10}$	-0.164	0.149	0.116	0.124	-0.147	0.153	-0.038	
STA	-0.601***	0.252**	-0.047	0.029	0.036	-0.061	0.041	0.327***

注：*代表在 10% 的显著性水平显著，**代表在 5% 的显著性水平显著，***代表在 1% 的显著性水平显著。

（3）分组回归

从表 5-30 可以看出，对于稳定客户而言，与合并前相比，合并当年

与合并第一年存在审计质量的明显上升（分别在10%、5%的显著性水平系数显著为负），但是此后的审计质量与合并前并不存在显著的差异，说明对稳定客户而言，会计师事务所对审计质量的关注仅在合并初期存在短期效应。这一结论与相关分析的结论存在差异，即对于（-1，4）组而言，尽管相关分析中DA与MERGE系数显著为负，却并没有在线性回归中发现合并对审计质量的显著作用。这可能是由于相关分析为双变量相关，并没有控制其余变量对DA的影响，而在线性回归控制了相关变量的影响后，发现相关分析中MERGE对DA的影响实际上更多是由控制变量造成的，其自身对DA的影响并不显著。此外，这一结论与表5-12的回归结果也存在显著的差异，说明不稳定客户合并后第四年、第五年审计质量的提升与稳定客户并无关联，因为稳定客户在合并后第四年、第五年的DA与合并前并无显著差别。这个结论从侧面说明合并对审计质量的积极作用来源于会计师事务所对合并后新客户了解加深导致的审计质量提高，而会计师事务所对稳定客户的谨慎性仅在合并初期存在短期效应。

表5-30   稳定样本分组回归结果

		系数（a）					
MERGE		(-1, 0)	(-1, 1)	(-1, 2)	(-1, 3)	(-1, 4)	(-1, 5)
自变量	（常量）	0.116**	-0.115	0.076	0.184*	0.136	0.408**
	MERGE	-0.010*	-0.009**	0.001	0.002	-0.002	-0.001
控制变量	SIZE	-0.003	0.008**	-0.002	-0.006	-0.005	-0.021**
	LEV	-0.002***	-0.002**	-0.002	0.002	0.016	0.034
	GROWTH	0.001*	0.017*	0.043***	2.03E-05	0.001	0.013
	CFO	-0.130***	-0.147***	-0.277***	-0.071	-0.081	0.276
	OPI	0.057***	0.093***	0.082***	0.068**	0.111***	0.329***
	CR_{10}	0	0	0.002	0.004**	0.001	0.004
	STA	-0.008	-0.022	-0.025	0.019	0.045	0.086
	Year	控制	控制	控制	控制	控制	控制
	Indu	控制	控制	控制	控制	控制	控制
Ad-R^2		0.105	0.108	0.082	0.069	0.113	0.446
F值		8.811***	10.223***	5.029***	1.875*	4.543***	7.146***

a. 因变量：DA

注：*代表在10%的显著性水平显著，**代表在5%的显著性水平显著，***代表在1%的显著性水平显著。

剔除"四大"客户后进行稳定客户的分组回归，见表 5-31，回归结论与表 5-30 相同，即与合并前相比，会计师事务所对稳定客户的关注仅在合并当年和次年有所提升。

表 5-31　　　　　　　　　　剔除"四大"稳定回归结果

MERGE		(-1, 0)	(-1, 1)	(-1, 2)	(-1, 3)	(-1, 4)	(-1, 5)
		系数（a）					
自变量	（常量）	0.113**	-0.132*	0.082	0.184*	0.141	0.441**
	MERGE	-0.010*	-0.009**	0	0.001	-0.002	-0.001
控制变量	SIZE	-0.003	0.009***	-0.002	-0.006	-0.005	-0.023**
	LEV	-0.002***	-0.002**	-0.002	0.002	0.018	0.033
	GROWTH	0.001*	0.015	0.034**	2.21E-05	0	0.014
	CFO	-0.134***	-0.148***	-0.256***	-0.071	-0.106*	0.335*
	OPI	0.057***	0.093***	0.082***	0.069***	0.111***	0.333***
	CR_{10}	0	0	0.002	0.005***	0.002	0.006
	STA	-0.009	-0.020	-0.026	0.022	0.047	0.086
	Year	控制	控制	控制	控制	控制	控制
	Indu	控制	控制	控制	控制	控制	控制
Ad-R^2		0.105	0.113	0.070	0.055	0.124	0.461
F 值		8.891***	10.409***	4.122***	2.078**	4.782***	6.316***

a. 因变量：DA

注：*代表在 10% 的显著性水平显著，**代表在 5% 的显著性水平显著，***代表在1% 的显著性水平显著。

5.5 — 会计师事务所合并后审计质量变化：会计稳健性模型检验 —

为了加强实验结论的可信程度，弥补在我国运用盈余管理指标作为审计效果替代指标的不足，本书引入会计稳健性模型，用市场反应代替盈余管理程度，以验证会计师事务所合并对公司市场表现的影响程度。本书采纳的会计稳健性模型来自于 Basu（1997），由于模型中会计师事务所合并需要采用哑变量，此处将用 MERGE1 替代 MERGE，MERGE1 设置为哑变量，即会计师事务所合并前取 0，合并后取 1。基本模型如下：

$$\frac{EPS}{P_{t-1}} = \beta_0 + \beta_1*DR + \beta_2*RET + \beta_3*RET*DR + \beta_4*MERGE1 + \beta_5*MERGE1*RET + \beta_6*MERGE1*DR + \beta_7*MERGE1*RET*DR + \varepsilon$$

在此基础上添加本书选取的控制变量，模型扩充为：

$$\frac{EPS}{P_{t-1}} = \beta_0 + \beta_1*DR + \beta_2*RET + \beta_3*RET*DR + \beta_4*MERGE1 + \beta_5*MERGE1*RET + \beta_6*MERGE1*DR + \beta_7*MERGE1*RET*DR + \beta_8*SIZE + \beta_9*SIZE*RET + \beta_{10}*SIZE*DR + \beta_{11}*SIZE*RET*DR + \beta_{12}*LEV + \beta_{13}*LEV*RET + \beta_{14}*LEV*DR + \beta_{15}*LEV*RET*DR + \beta_{16}*GROWTH + \beta_{17}*GROWTH*RET + \beta_{18}*GROWTH*DR + \beta_{19}*GROWTH*RET*DR + \beta_{20}*CFO + \beta_{21}*CFO*RET + \beta_{22}*CFO*DR + \beta_{23}*CFO*RET*DR + \beta_{24}*OPI + \beta_{25}*OPI*RET + \beta_{26}*OPI*DR + \beta_{27}*OPI*DR*RET + \beta_{28}*CR_{10} + \beta_{29}*CR_{10}*RET + \beta_{30}*CR_{10}*DR + \beta_{31}*CR_{10}*RET*DR + \beta_{32}*STA + \beta_{33}*STA*RET + \beta_{34}*STA*DR + \beta_{35}*STA*RET*DR + \varepsilon$$

其中，EPS 表示公司在 t 年度的每股收益；P_{t-1} 表示公司在 t 年初的股票开盘价；RET 表示公司在 t 年度的股票报酬率，其正负分别代表"好消息"和"坏消息"；DR 为虚拟变量，当 RET<0 时取值为 1，否则为 0；ε 表示随机误差。

在上述模型中，若 β_7 系数显著为正，则代表会计师事务所合并促进了被审计公司会计稳健性的提高，即会计师事务所合并对审计质量有积极影响。

本书用分层回归方法检验会计师事务所合并对会计稳健性的影响。通过表 5-32 可以看出，不论是否在模型中加入控制变量，或是否排除"四大"样本，MERGE1*RET*DR 的系数都在 1% 的显著性水平为正，说明会计师事务所合并能够对被审计方的会计稳健性产生有利影响，即提高了审计质量，这一结论与表 5-9、表 5-10 中盈余质量模型线性回归的结果相同，说明会计师事务所合并的确能够从整体上提高审计质量。

表 5-32　　　　　　　　　　**总体样本模型5.2会计稳健性回归结果**

模型	统计量	系数（a）			
		不含 "四大"	含 "四大"	不含 "四大"	含 "四大"
1	（常量）	0.007	0.008	−0.241***	−0.246***
	RET	0.023***	0.023***	−0.031	−0.018
	DR	−0.005	−0.005	0.162**	0.172**
	DR*RET	−0.029*	−0.029**	−0.017	−0.014
	MERGE1	0.021**	0.021***	0.016*	0.016*
	MERGE1*RET	−0.017***	−0.017***	−0.017***	−0.016***
	MERGE1*DR	0.004	0.004	0.009	0.009
	MERGE1*RET*DR	0.057***	0.056***	0.057***	0.056***
	SIZE			0.012***	0.012***
	SIZE*RET			0.002	0.001
	SIZE*DR			−0.008**	−0.009**
	SIZE*RET*DR			0	−0.001
	LEV			0.002	0.002
	LEV*RET			−0.026***	−0.026***
	LEV*DR			−0.001	−0.001
	LEV*RET*DR			0.031***	0.030***
	GROWTH			−1.77E−05	−2.06E−05
	GROWTH*RET			8.61E−05	9.85E−05
	GROWTH*DR			0.007*	0.008**
	GROWTH*RET*DR			0.016*	0.016*
	CFO			0.027	0.029
	CFO*RET			0.067**	0.066**
	CFO*DR			0.109**	0.101**
	CFO*RET*DR			0.074	0.067
	OPI			−0.068***	−0.067***
	OPI*RET			0.020*	0.019*
	OPI*DR			−0.05**	−0.050**
	OPI*DR*RET			−0.150***	−0.149***
	CR_{10}			7.12E−05	8.23E−05
	CR_{10}*RET			0.001***	0.001***
	CR_{10}*DR			−1.47E−05	−3.39E−05
	CR_{10}*RET*DR			−0.001	−0.001
	STA			−0.038**	−0.038**
	STA*RET			−0.011	−0.010
	STA*DR			−0.020	−0.015
	STA*RET*DR			−0.065	−0.058
	R方	0.019	0.020	0.087	0.088
	F值	11.919	12.981	11.405	11.999

a. 因变量：Y

注：*代表在10%的显著性水平显著，**代表在5%的显著性水平显著，***代表在1%的显著性水平显著。

通过盈余质量模型和会计稳健性模型的检验，我们可以得出两个结论：第一个结论是，会计师事务所合并对审计质量的积极影响逐年显著；第二个结论是，在合并后第四年、第五年，会计师事务所的审计质量相比合并前一年有了显著的提高，说明合并能够提高审计质量，由此验证假设5.1，更进一步而言，研究结论表明会计师事务所合并对审计质量的提升作用要经历一定的整合期才能显现。

5.6 ———— 不同合并方式下合并后果①的检验 ————

5.6.1 描述性统计

对比表5-33与表5-34可以发现，新设合并与吸收合并两种方式存在着差异。从 DA 的均值来看，新设合并的 DA 均值（0.0864）高于吸收合并的 DA 均值（0.0830）；从审计意见类型来看，新设合并下的非标准无保留意见比例（0.0511）也高于吸收合并下的非标准无保留意见比例（0.0403），说明总体来说新设合并下的审计质量不如吸收合并下的审计质量。从客户特征来看，新设合并的客户规模较小，资产负债率较高，但是成长性和现金流量比率较好，股权集中度较高，国有股占比较高。

表5-33 　　　　　　　　　　新设合并下描述性统计

描述统计量					
统计量	N	极小值	极大值	均值	标准差
DA	3 226	0	2.89	0.0864	0.12086
SIZE	3 226	15.38	26.40	21.7060	1.23294
LEV	3 226	0.01	647.70	0.8459	11.78450
GROWTH	3 226	0	14 884.06	6.0875	262.12473
CFO	3 226	−3.08	0.91	0.0434	0.10418
OPI	3 226	0	1	0.0511	0.22033
CR_{10}	3 226	11.44	99.19	57.6181	15.71625
STA	3 226	0	0.97	0.1126	0.20233

有效的 N（列表状态）：3 226

---

① 本书对合并后果的检验是基于审计质量的视角的。

表 5–34 　　　　　　　　　　　　　　**吸收合并描述性统计**

统计量	N	极小值	极大值	均值	标准差
			描述统计量		
DA	1 191	0	2.31	0.0830	0.12236
SIZE	1 191	14.76	27.04	21.9839	1.47855
LEV	1 191	0.04	58.08	0.6051	2.23973
GROWTH	1 191	0	368.53	1.7917	12.07665
CFO	1 191	−2.31	0.53	0.0351	0.13266
OPI	1 191	0	1	0.0403	0.19675
CR_{10}	1 191	14.28	95.17	56.5813	16.41006
STA	1 191	0	0.82	0.0911	0.17946

有效的 N（列表状态）：1 191

5.6.2　相关分析

从表 5–35 可以看出，在新设合并下，MERGE 与 DA 并不存在显著关系，说明此种合并方式下合并无法对审计质量产生显著的影响。这一结论与不区分合并方式下的相关性结论不同，说明了区分合并方式研究合并效果的必要性。同时，与 DA 存在显著相关性的变量包括公司规模、成长性、现金流量比率、审计意见。由于自变量之间存在较为显著的相关性，在此后的回归分析中将进行共线性检验，以保证模型中不存在严重的共线性。

表 5–35 　　　　　　　　　　　　　　**新设合并相关性**

统计量	MERGE	DA	SIZE	LEV	GROWTH	CFO	OPI	CR_{10}
				相关性				
DA	−0.021							
SIZE	0.104***	−0.071***						
LEV	−0.003	0.014	−0.119***					
GROWTH	0.005	0.030*	0.038**	0				
CFO	−0.037**	−0.215***	0.018	0.027	−0.023			
OPI	−0.052***	0.131***	−0.215***	0.125***	−0.004	−0.130***		
CR_{10}	0.057**	0.031	0.183***	−0.006	0.025	0.061***	−0.121***	
STA	−0.183**	0.004	0.164***	−0.003	−0.010	0.042**	−0.043**	0.216***

注：*代表在 10% 的显著性水平显著，**代表在 5% 的显著性水平显著，***代表在 1% 的显著性水平显著。

从表5-36中可以看出，在吸收合并方式下，MERGE与DA在5%的水平显著负相关（系数为-0.068），说明吸收合并对审计质量的积极作用较明显。此结论与不区分合并方式下的相关性检验结论相同，结合新设合并中不存在显著相关性的结论，可以认为不区分合并方式下的显著相关关系主要来源于吸收合并方式下相关性的贡献，因而若不区分合并方式进行研究，容易笼统地得出MERGE均与DA存在显著相关性的错误结论。同样，为了验证模型的合理性，将在线性回归中进行共线性检验。

表5-36 　　　　　　　　　　　**吸收合并相关性**

统计量	MERGE	DA	SIZE	LEV	GROWTH	CFO	OPI	CR$_{10}$
DA	−0.068**							
SIZE	0.168***	−0.022						
LEV	−0.016	0.011	−0.202***					
GROWTH	0.035	0.017	−0.015	0.001				
CFO	−0.009	−0.189***	0.196***	−0.657***	0.001			
OPI	−0.038	0.105***	−0.254***	0.211***	0.003	−0.268***		
CR$_{10}$	0.063**	0.025	0.276***	−0.063**	0.031	0.081***	−0.126***	
STA	−0.188***	0.015	0.180***	−0.013	−0.012	0.033	−0.015	0.218***

注：*代表在10%的显著性水平显著，**代表在5%的显著性水平显著，***代表在1%的显著性水平显著。

5.6.3 总体回归分析

在前人的实证研究中，为了检验不同合并方式下合并后果的差异，一般采取在模型中增加交乘项的方式，若交乘项的系数显著，说明合并方式的不同对合并后果会产生影响。但是在使用交乘项时，仅能够得出不同合并方式是否对合并后果有影响的结论，却无法对比不同合并方式下的具体合并后果。因此，本书将在总体回归的基础上进一步采用分组回归的方式，以便探究不同合并方式下，合并后第几年会出现审计质量的显著差异。

从表5-37可以看出，对新设合并样本总体进行回归，MERGE的系数并不显著，总体而言合并对审计质量的改善并没有显著的作用，与此同时，审计质量与公司规模、现金流量比率、审计意见类型、股权集中度相关。

表5-37　　　　　　　　**新设合并下盈余质量模型总体回归结果**

系数（a）

模型		非标准化系数		标准系数			共线性统计量	
		B	标准误差	试用版	t	Sig.	容差	VIF
	（常量）	0.191***	0.038		5.016	0		
自变量	MERGE	−0.001	0.001	−0.019	−1.094	0.274	0.939	1.064
控制变量	SIZE	−0.006***	0.002	−0.059	−3.238	0.001	0.891	1.123
	LEV	3.74E−06	0	0	0.021	0.983	0.973	1.028
	GROWTH	1.23E−05	0	0.027	1.563	0.118	0.997	1.003
	CFO	−0.238***	0.020	−0.205	−11.897	0	0.976	1.024
	OPI	0.054***	0.010	0.099	5.558	0	0.920	1.087
	CR_{10}	0***	0	0.064	3.594	0	0.916	1.092
	STA	0.006	0.011	0.010	0.538	0.590	0.893	1.120
	Year	控制						
	Indu	控制						

a. 因变量：DA

F值=27.681***

Ad-R^2=0.104

注：*代表在10%的显著性水平显著，**代表在5%的显著性水平显著，***代表在1%的显著性水平显著。

从表5-38可以看出，MERGE的系数在1%的水平显著为负，说明合并对审计质量的改善能够起到显著的作用，说明吸收合并对于改善会计师事务所审计质量能够起到积极的作用。

表 5-38　　　　　　　　吸收合并下盈余质量模型总体回归结果

系数（a）							
模型		非标准化系数		标准系数			共线性统计量	
		B	标准误差	试用版	t	Sig.	容差	VIF
	（常量）	0.057	0.055		1.029	0.303		
自变量	MERGE	−0.005***	0.002	−0.079	−2.698	0.007	0.916	1.092
控制变量	SIZE	0.001	0.003	0.018	0.561	0.575	0.807	1.240
	LEV	−0.011***	0.002	−0.204	−5.442	0	0.562	1.780
	GROWTH	0	0	0.019	0.693	0.489	0.997	1.003
	CFO	−0.288***	0.035	−0.311	−8.210	0	0.548	1.824
	OPI	0.045**	0.019	0.072	2.420	0.016	0.881	1.135
	CR_{10}	0	0	0.047	1.579	0.115	0.886	1.129
	STA	−0.003	0.020	−0.004	−0.151	0.880	0.884	1.132
	Year	控制						
	Indu	控制						

a. 因变量：DA

F值=11.215***

Ad-R^2=0.117

注：*代表在 10% 的显著性水平显著，**代表在 5% 的显著性水平显著，***代表在 1% 的显著性水平显著。

5.6.4　分年回归分析

从表 5-39 可以看出，在新设合并方式下，合并后第二年的 DA 显著高于合并前，其余年份的 DA 与合并前相比较变化均不明显，说明采取新设合并方式的会计师事务所在合并后不能够显著提高审计质量。这与不稳定样本分组回归的结果不相同，因为在不稳定样本回归中合并后第四年起审计质量能够得到显著提高，而新设合并下却并没有得到类似结论，说明了区分合并方式进行分样本回归的必要性。除此之外，在新设合并下，企业规模、现金流量比率、审计意见与审计质量显著相关。

表 5-39　　　　　　　　　**新设合并下模型 5.1 分年回归结果**

		系数（a）					
MERGE		（-1，0）	（-1，1）	（-1，2）	（-1，3）	（-1，4）	（-1，5）
	（常量）	0.240***	0.276***	0.164**	0.330***	0.196***	0.249***
自变量	MERGE	-0.002	0.005	0.007**	0.001	-0.001	-0.002
控制变量	SIZE	-0.008***	-0.010***	-0.005	-0.011***	-0.007**	-0.008***
	LEV	-0.001*	-0.001*	-2.06E-05	0	-0.001	-0.001
	GROWTH	0.001	0.008***	1.07E-05	0.002	0.014***	0.002
	CFO	-0.237***	-0.178***	-0.284***	-0.322***	-0.239***	-0.206***
	OPI	0.051***	0.057***	0.072***	0.081***	0.064***	0.061***
	CR_{10}	0.001	0	-6.63E-05	-0.001	0	0
	STA	0.007	0.018	-0.009	0.030*	0.037**	0.016
	Year	控制	控制	控制	控制	控制	控制
	Indu	控制	控制	控制	控制	控制	控制
Ad-R^2		0.107	0.128	0.106	0.119	0.114	0.113
F 值		14.161***	15.663***	8.609***	16.383***	14.087***	8.368***

a. 因变量：DA

注：*代表在 10% 的显著性水平显著，**代表在 5% 的显著性水平显著，***代表在 1% 的显著性水平显著。

从表 5-40 可以看出，吸收合并下，合并后第一年、第四年、第五年的 MERGE 系数分别在 5%、1%、1% 水平显著负相关，说明这几年的审计质量显著高于合并前。

对比表 5-39 和表 5-40 可以看出，新设合并与吸收合并对审计质量的影响效果存在显著差异。新设合并在合并后未能显示出合并对审计质量的积极影响，而吸收合并方式下合并后第四年、第五年连续使 DA 相比合并前有所下降，说明此时合并整合基本完成，已能够对审计质量产生持续的影响。结合不稳定样本下的分组回归结果，不稳定样本中合并后第四年、第五年的显著效应完全是由吸收合并方式所带来的，而新设合并并未在其中起到作用。

表5-40　　　　　吸收合并下盈余质量模型分年回归结果

		(-1, 0)	(-1, 1)	(-1, 2)	(-1, 3)	(-1, 4)	(-1, 5)
		系数（a）					
MERGE							
	（常量）	-0.070	-0.117	-0.142	0.003	0.008	-0.136
自变量	MERGE	-0.017	-0.013**	-0.002	-0.005	-0.008***	-0.011***
控制变量	SIZE	0.006	0.009**	0.010*	0.002	0.003	0.010
	LEV	-0.023***	-0.040***	-0.040***	0.001	-0.026***	-0.035***
	GROWTH	0.004**	0.012***	0.011***	0	0.001	0.011***
	CFO	-0.487***	-0.502***	-0.516***	-0.129**	-0.255***	-0.391***
	OPI	0.129***	0.107***	0.125***	0.140***	0.139***	0.175***
	CR_{10}	0.005**	-3.81E-05	0.002	0.001	0.001	0.001
	STA	0.009	-0.010	-0.074*	-0.055	-0.051	-0.039
	Year	控制	控制	控制	控制	控制	控制
	Indu	控制	控制	控制	控制	控制	控制
Ad-R^2		0.122	0.206	0.165	0.113	0.124	0.188
F值		7.547***	14.079***	8.804***	4.218***	6.741***	7.240***

a. 因变量：DA

注：*代表在10%的显著性水平显著，**代表在5%的显著性水平显著，***代表在1%的显著性水平显著。

对比表5-37和表5-38可以看出，吸收合并的效果明显好于新设合并。从整体来看，吸收合并能够对审计质量起到明显的改善作用，而新设合并的效果并不显著，由此验证假设5.3和5.4。分析其原因，吸收合并一般是大会计师事务所对小会计师事务所或是其他大会计师事务所分部的合并，合并后原大会计师事务所的主体地位并未改变，因而合并后会计师事务所只需对新吸收的部分进行整合与统一。这种稳定主体下对新吸收部分的整合与质量控制，其难度与所需的时间跨度相对新设合并更小，而新设合并一般发生于两个或多个规模、能力相近的会计师事务所之间，这种势均力敌情况下的磋商、整合一般需要耗费更多的时间与精力才能达到双方满意的均衡。因此，对于吸收合并的会计师事务所来说，整合难度的降低使其能够加强对吸收部分的质量控制，从而整体上改善合并后的审计质量。

5.7 —— 会计师事务所连续合并对审计质量的影响检验 ——

许多学者在研究合并会计师事务所时认为连续合并会造成审计的"不清洁",影响了合并后的"清洁期",因而为了排除连续合并的影响,只挑选未发生连续合并的会计师事务所进行研究。本书在挑选样本时,考虑到对于发生合并的会计师事务所而言,连续合并是一种常态,若是进行剔除会对样本量造成很大影响,因此选取的样本中并未剔除参与连续合并的会计师事务所。由此便有必要探讨连续合并是否会对合并与审计质量两者关系产生影响,在此利用交乘项的方式进行分析。

由于交乘项的设置原理,此处将用 MERGE1 替代 MERGE,MERGE1设置为哑变量,即会计师事务所合并前取 0,合并后取 1;此外增加另一哑变量 TYP 作为是否连续合并的替代变量,会计师事务所发生连续合并取 1,否则取 0。据此,回归模型变更为:

$$DA = a_1*MERGE1 + a_2*TYP + a_3*MERGE1*TYP + a_4*SIZE + a_5*LEV + a_6*GROWTH + a_7*CFO + a_8*OPI + a_9*CR_{10} + a_{10}*STA + a_{11}*Year + a_{12}*Indu$$

通过表 5-41 可以看出,TYP、MERGE1*TYP 不显著,说明会计师事务所是否发生连续合并对审计质量并不存在显著影响。

表 5-41 　　　　　　　　　连续合并相关性

统计量	相关性									
	MERGE1	TYP	MERGE1*TYP	DA	SIZE	LEV	GROWTH	CFO	OPI	CR_{10}
TYP	0.121***									
MERGE1*TYP	0.307***	0.906***								
DA	-0.015	0.007	-0.003							
SIZE	0.074***	-0.121***	-0.081***	-0.056***						
LEV	0.002	-0.011	-0.014	0.012	-0.109***					
GROWTH	0.008	0.022	0.025*	0.026*	0.030***	0				
CFO	-0.013	0.027*	0.021	-0.205***	0.079***	-0.025	-0.018			
OPI	-0.020	0.012	-0.003	0.124***	-0.225***	0.121***	-0.004	-0.167***		
CR_{10}	0.021	0.003	0.027*	0.029*	0.208***	-0.009	0.021	0.068***	-0.121***	
STA	-0.154***	-0.131***	-0.173***	0.007	0.162***	-0.003	-0.008	0.040***	-0.035**	0.217***

注:*代表在 10% 的显著性水平显著,**代表在 5% 的显著性水平显著,***代表在1% 的显著性水平显著。

通过表 5-42 可以看出，在线性回归下，MERGE1、TYP、MERGE1*TYP 的系数都不显著，与相关性分析的结果相同，即是否连续合并对审计质量并无影响。在共线性方面，大多数变量的 VIF 都在 1 左右，说明基本不存在共线性，而 MERGE1*TYP 由于属于交乘项，本身便与 MERGE1、TYP 存在相关关系，因而 VIF 值较高，但是也并未达到 10 的临界值，因此可以认为本模型中不存在明显的共线性，模型设计合理。

表 5-42　　　　　　　连续合并盈余质量模型线性回归结果

系数（a）

模型		非标准化系数		标准系数			共线性统计量	
		B	标准误差	试用版	t	Sig.	容差	VIF
	（常量）	0.131	0.031		4.187	0		
	MERGE1	−0.002	0.005	−0.005	−0.318	0.750	0.757	1.321
	TYP	0.013	0.010	0.048	1.278	0.201	0.151	6.634
	MERGE1*TYP	−0.012	0.011	−0.045	−1.134	0.257	0.138	7.229
	SIZE	−3.00E-03**	0.001	−0.032	−2.041	0.041	0.872	1.147
	LEV	−7.98E-05	0	−0.007	−0.450	0.653	0.977	1.024
	GROWTH	1.23E-05	0	0.023	1.542	0.123	0.998	1.003
控制变量	CFO	−0.207***	0.016	−0.192	−12.866	0	0.966	1.035
	OPI	0.052***	0.009	0.092	6.025	0	0.913	1.096
	CR_{10}	0***	0	0.059	3.823	0	0.907	1.102
	STA	0.005	0.010	0.008	0.536	0.592	0.893	1.119
	Year	控制						
	Indu	控制						

a. 因变量：DA

F 值=25.830***

Ad-R²=0.105

注：*代表在 10% 的显著性水平显著，**代表在 5% 的显著性水平显著，***代表在 1% 的显著性水平显著。

通过相关性分析与线性回归分析可以看出，连续合并本身不会对审计质量产生显著影响，因而在研究时可以不对其进行剔除，统一作为研究样本进行研究。

5.8 —— 会计师事务所合并与否影响审计质量的横向比较 ——

若是仅从发生合并的会计师事务所考虑其审计质量的变化，便会忽略这些会计师事务所与市场中其他并未发生合并的会计师事务所之间的差异，造成也许会计师事务所合并后的审计质量仍较未合并会计师事务所低，却未被发现便轻易得出相关结论的状况。因此，为了更加全面地对比会计师事务所合并前后审计质量的变化，不仅要与其本身进行纵向的对比，还应在此基础上将其合并后的审计质量与在此期间并没有发生合并的其他会计师事务所的审计质量进行对比，实证研究中称之为横向比较。如果合并后会计师事务所的审计质量与没有发生合并会计师事务所的审计质量相比没有得到改善，说明合并的效果仍未达到令人满意的程度。当然，横向检验的不足之处在于，发生合并与未发生合并的会计师事务所之间，其审计质量本身就存在差异，而横向比较并不能将此考虑进去。因此，横向比较主要做辅助测试，与纵向比较结合使用，使研究结论更全面。

由于本书选取的合并样本较为有限，因此在选择未发生合并会计师事务所的样本时，若是以此为依据进行剔除便会出现极大的误差。从科学严谨的角度考虑，表 5-43 整理了 2007—2013 年较为完整的会计师事务所合并事件，在剔除 2007—2013 年合并会计师事务所时以表 5-43 为依据，这使本书得到的未合并会计师事务所样本更加准确。

5.8.1 总体横向对比：盈余质量模型检验

为了将合并会计师事务所与未合并会计师事务所进行横向对比，此处以 MERGE2 替代 MERGE 作为自变量。在总体对比中，MERGE2 的取值依据为：将发生合并会计师事务所从合并当年直至合并后第五年的数据进行整合，取为 MERGE2=1，未发生合并会计师事务所的数据取为 MERGE2=0。

表5-43　　　　　　　　　2007—2013年合并事件

合并前会计师事务所简称	合并年份	合并后会计师事务所简称
北京兴华，华夏天海	2007	北京兴华
中准，海南从信	2007	中准
北京中证国华，北京天通	2007	北京中证天通
天健信德，湖南开元，湖南天兴	2008	开元信德
中准，大连华连	2008	中准
中瑞华恒信，岳华	2008	中瑞岳华
天健华证中洲，重庆天健	2008	天健光华
万隆，北京亚洲	2008	万隆亚洲
安徽华普，辽宁天健	2008	华普天健高商
深圳大华天诚，广东恒信	2008	广东大华德律
浙江天健，浙江东方	2008	浙江天健东方
北京京都，天华	2008	北京京都天华
安永华明，安永大华	2008	安永华明
大信，东莞华联	2009	大信
万隆亚洲，中磊，北京五联方圆	2009	国富浩华
广东大华德律，北京立信	2009	立信大华
利安达，北京立信长江，深圳万隆众天	2009	利安达
浙江天健东方，开元信德	2009	天健
天健光华，中和正信	2009	天健正信
天职国际，北京大公天华	2009	天职国际
信永中和，四川君和	2009	信永中和
陕西中庆，山西大正，广州中联，广东中晟，广州市东方，上海宏大东亚，天津中审联，湖南里程	2009	中磊

续表

合并前会计师事务所简称	合并年份	合并后会计师事务所简称
中审，亚太中汇	2009	中审亚太
中兴华，江苏富华	2009	中兴华富华
中审国际，深圳南方民和	2009	中审国际
福建立信闽都，天津中联	2010	立信中联闽都
宁夏众和，希格玛	2010	希格玛
东莞市中联，东诚，众泰，桥诚，安怡，忠证	2010	中诚安泰
北京天圆全，华夏中才	2012	北京天圆全
五洲松德联合，华寅	2012	华寅五洲
天圆全，华夏中才	2012	天圆全
京都天华，天健正信	2012	致同
众环，中成海华	2012	众环海华
国富浩华，深圳鹏城，利安达	2012	国富浩华
中瑞岳华，利安达	2012	中瑞岳华
中瑞岳华，国富浩华	2013	瑞华
大信，中磊	2013	大信
利安达，中磊	2013	利安达
山东正源和信，山东汇德	2013	山东和信
中兴华富华，中磊，山东汇德	2013	中兴华
华寅五洲，中审国际	2013	中审华寅五洲
中天运，山东天恒信	2013	中天运

　　通过表5-44的描述性统计与表5-45的独立样本t检验可以看出，总体而言将合并与未合并会计师事务所进行对比，其审计质量并不存在显著差异。从DA的均值来看，未合并组的均值为0.085505，合并组的均值为0.085299；从独立样本t检验来看，两组数据不存在显著差别。

表5-44 　　　　　　　　　　　　　　　　横向对比描述性统计

		组统计量			
统计量	MERGE2	N	均值	标准差	均值的标准误
DA	0	3 514	0.085505	0.1219982	0.0020580
	1	4 042	0.085299	0.1271049	0.0019992

表5-45 　　　　　　　　　　　　　　　　横向对比 t 检验

		独立样本检验								
		方差方程的 Levene 检验		均值方程的 t 检验						
DA	假设方差相等	F	Sig.	t	df	Sig.（双侧）	均值差值	标准误差值	差分的95%置信区间	
									下限	上限
		0.006	0.940	0.071	7554	0.943	0.0002052	0.0028775	-0.0054354	0.0058458

　　从表5-46的 Pearson 相关性结果也可以看出，MERGE2 与 DA 不存在显著相关关系，结论与独立样本 t 检验的结论相同。此外，对于2006—2013年的样本而言，其 DA 的相关变量包括公司规模、成长性、现金流量比率、审计意见。值得指出的是，公司规模与许多控制变量存在相关关系，针对此点将在线性回归中进行共线性检验以保证模型的合理性。

表5-46 　　　　　　　　　　　　　　　　横向对比相关性

				Pearson 相关性				
统计量	MERGE2	DA	SIZE	LEV	GROWTH	CFO	OPI	CR_{10}
DA	0.001							
SIZE	0.033***	-0.047***						
LEV	0.009	0.012	-0.095***					
GROWTH	0.013	0.021*	0.022*	0				
CFO	-0.014	0.031***	-0.053***	0.012	-0.002			
OPI	0.009	0.086***	-0.230***	0.118***	-0.003	-0.021*		
CR_{10}	0.051***	0.020	0.210***	-0.019	0.017	0.001	-0.136***	
STA	-0.040***	-0.013	0.177***	-0.006	-0.006	0.021*	-0.042***	0.209***

　　注：*代表在10%的显著性水平显著，**代表在5%的显著性水平显著，***代表在1%的显著性水平显著。

表5-47显示，进行样本总体的横向对比线性回归，MERGE2与DA的回归系数并不显著，再进一步证实了总体而言合并事件对于审计质量并不存在显著影响。而对于此样本而言，与DA存在显著线性关系的变量为公司规模、成长性、现金流量比率、审计意见及股权集中度，基本与相关性分析的结论相同。

表5-47　　　　　横向对比盈余质量模型总体线性回归结果

系数（a）							
模型		非标准化系数		标准系数			共线性统计量	
		B	标准误差	试用版	t	Sig.	容差	VIF
1	（常量）	0.132	0.024		5.442	0		
自变量	MERGE2	0	0.003	−0.001	−0.108	0.914	0.993	1.007
控制变量	SIZE	−0.003***	0.001	−0.033	−2.687	0.007	0.887	1.127
	LEV	−5.43E−06	0	0	−0.032	0.975	0.981	1.019
	GROWTH	1.51E−05*	0	0.021	1.816	0.069	0.999	1.001
	CFO	0.005***	0.002	0.031	2.686	0.007	0.995	1.005
	OPI	0.051***	0.007	0.085	7.126	0	0.928	1.077
	CR$_{10}$	0***	0	0.040	3.379	0.001	0.914	1.094
	STA	−0.008	0.008	−0.012	−1.047	0.295	0.934	1.071
	Year	控制						
	Indu	控制						

a.因变量：DA

F值=10.665***

Ad-R^2=0.101

注：*代表在10%的显著性水平显著，**代表在5%的显著性水平显著，***代表在1%的显著性水平显著。

5.8.2　分年横向对比：盈余质量模型检验

尽管在总体对比中得出了合并会计师事务所与未合并会计师事务所的审计质量不存在显著差异，但由于并未区分合并后时间的长短，容易得出合并事件相对并无积极影响的片面结论。因此，在进行总体横向对比时，有必要根据合并时间长短对合并样本进行区分，再依次与未合并样本进行对比。需要指出的是，此处合并样本的分组依据MERGE的时间序列，分组后按照MERGE2哑变量取值，即发生合并会计师事务所取1，未合并会计师事务所取0，每组对应的未合并样本是取合并会计师事务所客户所跨年度的同样年度样本，以保证组内样本存在可比性。

从表5-48独立样本t检验可以看出，合并后第二年会计师事务所审计质量相比未合并会计师事务所在10%水平存在显著差异，合并后第四年会计师事务所审计质量相比未合并会计师事务所也在10%的水平存在显著差异。这说明按照合并时间进行分组后，通过横向对比是能够看出显著差异性的，而与总体对比的结论并不一致，由此看出分组研究的必要性。同时，结合纵向对比中合并后第二年审计质量显著下降，合并后第四年、第五年审计质量显著上升可以看出，合并后第二年、第四年，会计师事务所不仅与过去的自身存在差异，与未合并会计师事务所相比也存在着显著差异；而合并后第五年虽然相对自身存在审计质量的提高，却并没有体现出与未合并会计师事务所的差异，说明在合并后第五年，普遍审计质量较高。

表5-48　　　　　　　　　　　　横向分年t检验

MERGE	独立样本t检验								
	方差方程的 Levene 检验		均值方程的t检验						
	F	Sig.	t	df	Sig.（双侧）	均值差值	标准误差值	差分的95%置信区间	
								下限	上限
0	0.161	0.688	-0.675	4 955	0.500	-0.0031039	0.0045962	-0.0121144	0.0059066
1	0.137	0.712	0.619	4 623	0.536	0.0033776	0.0054547	-0.0073161	0.0140714
2	3.721	0.054	-1.707*	2 045	0.088	-0.0135717	0.0079491	-0.0291608	0.0020175
3	0.019	0.890	0.118	4 717	0.906	0.0006266	0.0052995	-0.0097630	0.0110161
4	2.499	0.114	1.773*	2 602	0.076	0.0116946	0.0065956	-0.0012387	0.0246278
5	1.103	0.294	1.104	1 658	0.270	0.0089479	0.0081048	-0.0069489	0.0248447

原假设：方差相等

注：*代表在10%的显著性水平显著，**代表在5%的显著性水平显著，***代表在1%的显著性水平显著。

经过独立样本t检验形成了一个合理预期后，分年进行横向对比回归，见表5-49。发现在MERGE为2、4时，MERGE2的系数分别为0.003和-0.004，却并没有看到MERGE2的系数表现为显著。这说明在线性回归下，是否合并不是影响DA的主要因素，其他变量的影响大于MERGE2对DA的影响。因而，尽管独立样本t检验中得出了两组存在显著差异的结论，却并不能代表横向对比的线性回归会得出同样结论。因此假设5.2未得到验证。应该看到的是，将未合并会计师事务所与合并会计师事务所进行对比，本身存在着明显的缺陷，因为会计师事务所之间本身就存在着规模、实力的差距，发生合并的会计师事务所规模会变大，实力会增强，更加剧了其与未合并会计师事务所之间的差距，而这种检验方法并没有考虑这种样本内存在的本质差异，因此在审计质量的线性回归中发现会计师事务所特征（是否合并）不能起到显著作用，实属正常。在这种情况下，本书认为t检验的结论仍具有一定的参考价值。

表5-49　　　　　　　横向盈余质量模型分年线性回归结果

		系数（a）					
MERGE		0	1	2	3	4	5
	（常量）	0.122^{***}	0.112^{***}	0.045	0.142^{***}	0.075^{*}	0.076^{*}
自变量	MERGE2	-0.005	0.003	0.003	$-7.16E-05$	-0.004	-0.002
控制变量	SIZE	-0.003	-0.002	0.001	-0.003^{**}	0.001	$-5.61E-05$
	LEV	0	0	0	0	0	0
	GROWTH	0.003^{***}	0.008^{***}	$9.56E-06$	0.001^{***}	0.005^{***}	0.006^{***}
	CFO	0.007^{***}	0.007^{***}	-0.167^{***}	0.007^{***}	-0.227^{***}	-0.269^{***}
	OPI	0.045^{***}	0.043^{***}	0.027	0.054^{***}	0.008	0.006
	CR_{10}	0^{**}	0	0.001^{***}	0	0	0
	STA	-0.015	-0.014	-0.022	-0.017^{*}	-0.001^{***}	-0.002
	Year	控制	控制	控制	控制	控制	控制
	Indu	控制	控制	控制	控制	控制	控制
Ad-R^2		0.102	0.104	0.103	0.102	0.106	0.106
F值		13.404^{***}	22.183^{***}	6.032^{***}	10.213^{***}	15.568^{***}	11.215^{***}

a.因变量：DA

注：*代表在10%的显著性水平显著，**代表在5%的显著性水平显著，***代表在1%的显著性水平显著。

5.8.3 会计稳健性模型的检验

在以 DA 作为替代变量得出横向比较会计师事务所审计质量无显著差别的基础上，再次采用会计稳健性模型进行进一步的验证。

从表 5-50 中可以看出，MERGE2*RET*DR 的系数并不显著，说明横向而言会计师事务所合并对被审计方的会计稳健性并没有显著影响，结论与前文一致。

表 5-50　　　　　　　　　　横向会计稳健性模型回归结果

模型		非标准化系数		标准系数			
		B	标准误差	试用版	t	Sig.	
1	（常量）	−0.308	0.060		−5.135	0	
	RET	−0.017	0.055	−0.088	−0.306	0.760	
	DR	0.177	0.091	0.573	1.932	0.053	
	DR*RET	−0.090	0.179	−0.144	−0.503	0.615	
	MERGE2	0.004	0.007	0.013	0.607	0.544	
	MERGE2*RET	−0.009	0.006	−0.027	−1.400	0.162	
	MERGE2*DR	0	0.011	0.001	0.019	0.985	
	MERGE2*RET*DR	0.018	0.021	0.021	0.856	0.392	
	SIZE	0.017	0.003	0.148	6.132	0	
	SIZE*RET	−0.001	0.003	−0.085	−0.284	0.776	
	SIZE*DR	−0.010	0.004	−0.709	−2.343	0.019	
	SIZE*RET*DR	0.007	0.008	0.249	0.856	0.392	
	LEV	−0.021	0.004	−0.535	−4.898	0	
	LEV*RET	0.019	0.004	0.149	4.302	0	
	LEV*DR	0.022	0.005	0.548	4.790	0	

系数（a）

模型		B	标准误差	试用版	t	Sig.
		非标准化系数		标准系数		
	LEV*RET*DR	−0.016	0.009	−0.085	−1.859	0.063
	GROWTH	−3.22E−05	0	−0.034	−0.424	0.672
	GROWTH*RET	0	0	0.037	0.459	0.646
	GROWTH*DR	0.005	0.004	0.122	1.277	0.202
	GROWTH*RET*DR	0.009	0.008	0.113	1.188	0.235
	CFO	−0.002	0.035	−0.001	−0.043	0.966
	CFO*RET	0.064	0.029	0.039	2.170	0.030
	CFO*DR	0.072	0.059	0.032	1.230	0.219
	CFO*RET*DR	−0.028	0.113	−0.006	−0.252	0.801
	OPI	−0.176	0.018	−0.230	−9.768	0
	OPI*RET	0.038	0.014	0.049	2.694	0.007
	OPI*DR	0.035	0.028	0.033	1.218	0.223
	OPI*DR*RET	−0.197	0.052	−0.083	−3.811	0
	CR_{10}	0	0	−0.051	−2.186	0.029
	CR_{10}*RET	0.001	0	0.210	3.252	0.001
	CR_{10}*DR	0	0	0.075	1.076	0.282
	CR_{10}*RET*DR	−0.001	0.001	−0.101	−1.546	0.122
	STA	0.043	0.018	0.055	2.347	0.019
	STA*RET	−0.031	0.015	−0.048	−2.119	0.034
	STA*DR	−0.067	0.030	−0.065	−2.225	0.026
	STA*RET*DR	0.006	0.053	0.003	0.117	0.907

系数（a）

a. 因变量：Y

Ad-R^2: 0.059

F值：14.879

139

5.9 ————————— 稳健性检验 —————————

为了进一步验证合并事件对审计质量的影响，将样本数据向前延伸至合并前两年，即以合并前两年的数据与合并后的数据进行对比，以进一步证实前文的研究结论。

通过DA的描述性统计（见表5-51）可以看出，MERGE为-2时DA均值较大，达到0.094762，说明合并前第二年的审计质量与合并后相比是较低的，而相对而言DA均值较小的有合并当年（0.082195），合并后第四年（0.072512），合并后第五年（0.065129）。由于DA受到众多变量的影响，仅凭描述性统计并不能断定DA均值变化是否主要受合并影响，但是根据描述性统计可以得出一个大概的DA变化路线，为此后的研究分析设定一个较为合理的预期。

表5-51 **DA 的描述性统计**

描述统计量					
MERGE	N	极小值	极大值	均值	标准差
-2	752	0.0001	1.6561	0.094762	0.1153986
-1	903	0.0001	1.6561	0.089928	0.1191366
0	915	0	2.3128	0.082195	0.1183953
1	583	0	0.6210	0.088677	0.0908003
2	538	0.0004	2.8946	0.109513	0.1780144
3	677	0.0001	2.6464	0.085926	0.1306310
4	582	0.0001	1.2417	0.072512	0.0895256
5	219	0.0001	0.4931	0.065129	0.0660516

从表5-52全样本的相关性分析结果来看，合并与DA在1%的水平显著负相关，说明即使引入合并前第二年的样本数据，合并还是会对审计质量产生显著的积极影响。此外，显著影响DA的因素还包括公司规模（1%显著性负相关）、成长性（10%显著性正相关）、现金流量比率（1%显著

性负相关）、审计意见（1%显著性正相关）、股权集中度（5%显著性正相关），说明公司规模越大，现金流量比率越高，股权集中度越低，其审计质量越好。从与MERGE有显著相关关系的变量来看，还有客户规模、审计意见、客户股权集中度、客户国有股占比，说明了合并后会计师事务所的客户特征方面的一些变化。尽管相关性分析结果中体现出了各变量间会出现显著的相关关系，例如审计意见不仅与MERGE、DA显著相关，还与控制变量中的公司规模、资产负债率、现金流量比率显著相关，但是在此后的回归分析中能够看出各变量的VIF皆为1左右，说明并不存在显著的共线性。

表 5-52　　　　　　　　　　　　**全样本相关性**

全样本相关性

统计量	MERGE	DA	SIZE	LEV	GROWTH	CFO	OPI	CR$_{10}$
DA	-0.043***							
SIZE	0.137***	-0.058***						
LEV	-0.019	0.014	-0.125***					
GROWTH	0.005	0.026*	0.030**	0				
CFO	0.012	-0.090***	0.094***	0.003	-0.005			
OPI	-0.069***	0.127***	-0.235***	0.124***	-0.004	-0.105***		
CR$_{10}$	0.057***	0.038**	0.203***	-0.008	0.022	0.020	-0.114***	
STA	-0.258***	0.005	0.139***	-0.004	-0.009	0.012	-0.040***	0.220***

注：*代表在10%的显著性水平显著，**代表在5%的显著性水平显著，***代表在1%的显著性水平显著。

通过表5-53全样本的总体回归可以看出，MERGE与DA在5%的水平显著负相关，说明引入合并前第二年的数据后，仍可以得出合并对会计师事务所审计质量有提升作用的结论。此外，在线性回归中与DA有显著线性关系的还包括公司规模、成长性、现金流量比率、审计意见、股权集中度。在共线性统计量中，VIF值均为1左右，说明模型中不存在明显的共线性，模型设计较为合理。

表 5-53　　　　　　　　　　　全样本总体回归

系数（a）							
模型		非标准化系数		标准系数			共线性统计量	
		B	标准误差	试用版	t	Sig.	容差	VIF
1	（常量）	0.125	0.032		3.887	0		
自变量	MERGE	−0.002**	0.001	−0.035	−2.208	0.027	0.894	1.118
	SIZE	−0.003**	0.001	−0.032	−1.970	0.049	0.869	1.151
	LEV	−4.00E−05	0	−0.005	−0.308	0.758	0.974	1.027
	GROWTH	1.38E−05*	0	0.026	1.726	0.084	0.998	1.002
控制变量	CFO	−0.023***	0.005	−0.075	−4.946	0	0.983	1.017
	OPI	0.064***	0.009	0.117	7.428	0	0.922	1.084
	CR_{10}	0***	0	0.062	3.905	0	0.909	1.101
	STA	−0.004	0.010	−0.007	−0.456	0.648	0.860	1.162
	Year	控制						
	Indu	控制						

a. 因变量：DA

F值=15.313***

Ad-R^2=0.103

注：*代表在10%的显著性水平显著，**代表在5%的显著性水平显著，***代表在1%的显著性水平显著。

在总体回归的基础上，为了探究合并后第几年能够开始对审计质量产生显著影响，按照合并后年份进行分组回归。

通过表5-54的分组回归可以看出，MERGE与DA存在显著线性负相关的组别包括（−2，0）、（−2，4）、（−2，5），说明在合并当年、合并后第四年、合并后第五年，会计师事务所的审计质量都显著高于合并前第二年。这一结论与前文的研究结论存在略微的差别。在采用合并前一年的数据时，并没有出现合并当年审计质量显著提高的情况，且以合并前一年数据进行回归时还发现了合并后第二年审计质量显著下降的情况。除此之外，合并后第四年、第五年审计质量显著提高的研究结论均被证实，说明不管是以合并前一年还是前两年的数据作为参照，合并后第四年开始是稳定的审计质量改善时期，合并后大概需要四年时间进行整合，然后才能体现出对审计质量的积极影响。

表 5-54   全样本分组回归

MERGE		(-2, -1)	(-2, 0)	(-2, 1)	(-2, 2)	(-2, 3)	(-2, 4)	(-2, 5)
	（常量）	0.104*	0.110**	0.082	0.001	0.219***	0.101**	0.106*
自变量	MERGE	-0.003	-0.006*	-0.002	0.003	-0.001	-0.003***	-0.004***
控制变量	SIZE	-0.002	-0.003	-0.002	0.002	-0.006**	-0.002	-0.003
	LEV	0	0	-3.78E-05	-6.57E-05	-7.99E-05	-6.49E-05	-8.38E-05
	GROWTH	0.002**	0.001	0.002***	9.95E-06	0	0.001*	0.001
	CFO	-0.011**	-0.012***	-0.013***	-0.012**	-0.010**	-0.010**	-0.009**
	OPI	0.095***	0.070***	0.069***	0.085***	0.100***	0.076***	0.080***
	CR₁₀	0.001***	0.001***	0.001***	0.001***	0	0.001***	0.001***
	STA	-0.010	-0.012	-0.008	-0.044**	-0.007	0.002	-0.019
	Year	控制	控制	控制	控制	控制	控制	控制
	Indu	控制	控制	控制	控制	控制	控制	控制
Ad-R²		0.106	0.104	0.106	0.104	0.105	0.106	0.107
F值		12.106***	8.583***	9.793***	6.838***	9.982***	9.961***	9.012***

注：*代表在10%的显著性水平显著，**代表在5%的显著性水平显著，***代表在1%的显著性水平显著。

在线性回归的基础上，进行分组的独立样本t检验。从表5-55可以看出，（-2，0）在5%的显著性水平拒绝原假设，（-2，2）在10%的显著性水平拒绝原假设，（-2，4）、（-2，5）在1%的显著性水平拒绝原假设，说明这四组的组内数据因为MERGE的不同而均存在显著差异。这一结论进一步证实了合并当年、合并后第四年、合并后第五年与合并前第二年的审计质量存在显著差异。

总结前文，通过相关分析、线性回归、独立样本t检验，在将合并前样本延伸至合并前第二年后，合并后第四年、第五年相比合并前存在显著的审计质量提高，这一结论与以合并前第一年作为合并前样本的研究结论相同。不同的是，此样本下还存在合并当年的审计质量也显著高于合并前第二年的结论，由于并不存在连续性与一致性，因而在最终结论中不予采

表 5-55　　　　　　　　　　　全样本分组 t 检验

独立样本 t 检验									
方差方程的 Levene 检验			均值方程的 t 检验						
MERGE	F	Sig.	t	df	Sig.（双侧）	均值差值	标准误差值	差分的95%置信区间	
								下限	上限
(-2, -1)	0.843	0.359	-0.834	1653	0.405	-0.00483	0.00580	-0.01621	0.00654
(-2, 0)	5.218	0.022	-2.181	1665	0.029	-0.01257	0.00576	-0.02387	-0.00127
(-2, 1)	6.057	0.014	-1.046	1333	0.296	-0.00608	0.00581	-0.01749	0.00532
(-2, 2)	2.246	0.134	1.804	1288	0.072	0.01475	0.00818	-0.00129	0.03080
(-2, 3)	2.522	0.112	-1.358	1427	0.175	-0.00884	0.00651	-0.02160	0.00393
(-2, 4)	18.349	0	-3.842	1332	0	-0.02225	0.00579	-0.03361	-0.01089
(-2, 5)	17.308	0	-3.630	969	0	-0.02963	0.00816	-0.04565	-0.01361

原假设：方差相等

144

纳。总体而言，从合并后第四年开始，会计师事务所的审计质量相比合并前有了显著的改善，说明会计师事务所的整合期间一般为四年，四年后才能发挥合并的积极效用。

此外，采用基本琼斯模型对 DA 重新进行计算，也验证了结论的稳健性。

5.10　　　　　　　　　本章小结

本章的实证研究与分析，主要采用描述性统计、相关分析、回归分析、独立样本检验四种方法进行研究。首先，在阐明"四大"样本与"非四大"样本区别的基础上，对总体样本与"非四大"样本分别进行了不稳定样本研究，发现总体而言合并能够对审计质量产生显著影响，具体而言尽管在合并后第二年出现了审计质量的显著下降，合并后第四年、第五年能够使审计质量相比合并前得到显著的提高，由此验证了假设 5.1，即会计师事务所合并后显著提高了审计质量。在此基础上，进一步筛选出稳定样本分年检验，发现不论是全样本视角或是剔除"四大"样本，其审计质量只在合并当年与合并后第一年相比合并前有显著提高，此后与合并前并无显著差异。这说明对于稳定客户，会计师事务所的谨慎性仅在合并当年与合并后第一年有所提高，但其并没有得以延续。对比不稳定样本研究结果，说明不稳定样本中合并后审计质量的提高可能来源于对新客户审计质量的提高，即合并后会计师事务所可能进入了新的行业，吸引了新的客户，随着合并后资源整合的深入，行业专长不断提高，会计师事务所逐渐增加了对新客户的了解、提高相关胜任能力后，显现出了合并对审计质量的改善作用。而由于客户总体中新客户比例较大，因而尽管在合并当年与第一年对稳定客户的审计质量有提高，这种提高却并没有反映在不稳定样本中。此外，为了使研究结果更加全面与客观，本研究将发生合并的会计师事务所与同期未发生合并会计师事务所的审计质量进行了横向对比，其多元回归结果却未能显著支持假设 5.2，但在独立样本 t 检验中已看到了合并后第二年、第四年横向的显著差异。

为了验证假设 5.3 和 5.4，本研究区分新设合并与吸收合并，分别研究两种合并方式下审计质量的改善情况，结果发现：新设合并方式下未能看到合并事件对审计质量的改善作用，而吸收合并方式下在合并后第一年、第四年、第五年都存在审计质量的显著提高，由此验证假设 5.3 和 5.4，说明新设合并后会计师事务所未能很好地整合以达到审计质量的改善，而吸收合并方式下由于合并双方实力差距较大，整合较为容易，能够更快地看到审计质量的改善。

由于多数文献中，学者们认为连续合并的会计师事务所存在"不清洁"的情况，他们倾向于在研究时将连续合并的会计师事务所剔除，而本书的研究样本中包含着连续合并的会计师事务所，因此，利用交乘项考察连续合并对合并效果的影响，结果发现交乘项系数并不显著，说明连续合并并不会对"合并-审计质量"二者关系产生影响，可以作为统一样本进行研究。

最后，本章进行了稳健性检验。通过引入合并前第二年的数据扩大了合并前样本，通过总体回归仍然可以得出合并对审计质量产生显著积极作用的结论。而通过分组回归则可以看出，与合并前第二年相比，合并当年、合并后第四年、合并后第五年的审计质量均有所提高，与以合并前一年为样本进行对比时的结论基本一致。

总体而言，本书的研究结论为：合并后第四年、第五年，会计师事务所的审计质量能够得到显著提高，而合并后第二年审计质量的显著下降与李明辉（2015）的研究结果相同；会计师事务所对稳定客户审计质量的关注仅仅局限于合并当年与合并后第一年；吸收合并的效果好于新设合并；连续合并并不会对"合并-审计质量"二者关系产生显著影响。

会计师事务所合并、智力资本与审计质量关系的实证研究

6.1 ——— 会计师事务所规模的智力资本特征研究 ———

6.1.1 会计师事务所规模特征度量的研究回顾

基于会计师事务所规模和审计质量之间关系的理论论证和实证证据来看，许多研究直接用会计师事务所规模来作为审计质量的代表（Krishnan，2003；Clarkson and Simunic，1994）。当 DeAngelo（1981）以客户数量来衡量会计师事务所规模时，大多数针对会计师事务所规模的实证研究都采用了"二分法"，对会计师事务所规模的最普遍的定义和分类的方法就是将其分成两类：大型会计师事务所和非大型会计师事务所。将 Big8/6/5/4 看成是大型会计师事务所，把非 Big 8/6/5/4 范围内的看成是非大型会计师事务所。Becher et al.（1998）、Francis et al.（1999a）以及 Myers et al.（2003）利用操控性应计数来衡量盈余管理，并且用以证明"五大"（或"六大"）比"非五大"（或"非六大"）更有能力控制盈余管理。此外，Behn et al.（2001）和 Defond et al.（2002）指出"五大"发表持续经营审计报告的可能性要高于"非五大"。然而，用这种分类方法进行分析，主要关注由少数大型会计师事务所支配的审计市场，适用于西方寡占

型的审计市场，因为这个市场的结构更集中在寡头垄断上（Krishnan and Schauer，2000；Niemi，2004）。而我国在采用"二分法"对会计师事务所规模进行划分时又存在"十大"与"非十大"、"九大"与"非九大"、"八大"与"非八大"、"四大"与"非四大"、"国际四大"、"国内十大"与"国内非十大"等具体不同的取数方法（Defond，Wong and Li，2000；原红旗和李海建，2003；房巧玲，2006；张奇峰等，2007；漆江娜等，2004；刘峰和周福源，2007；吴水澎和李奇凤，2006）。

另外，一些研究使用各种连续测量方法来度量会计师事务所的规模大小。Niemi（2004）利用客户数量和审计总收入衡量会计师事务所规模，研究芬兰小会计师事务所的规模与审计收费之间的关系。研究结果显示，会计师事务所规模与审计收费呈正相关关系，这意味着大、小会计师事务所间的质量差异。Choi et al.（2010）将分所规模定义为每个分所的审计客户数量和分所赚得的总审计收入两类变量，分别研究了分所层面会计师事务所规模与审计质量的关系。研究结果显示两种衡量分所规模的方法都与审计质量显著相关。我国对会计师事务所规模的研究也使用了连续测量变量的方法，单独采用审计的 CPA 人数、客户数量、会计师事务所收入、审计客户资产或审计客户销售额（原红旗和李海建，2003；Defond，Wong and Li，2000；吴水澎和李奇凤，2006；刘斌等，2001）以及结合以上指标综合分析（中国注册会计师协会，2008；房巧玲，2006）的方法来确定会计师事务所的规模大小。

总体来看，会计师事务所规模特征的度量指标不一，各有其合理性，理论界和实务界尚未达成一致意见。

6.1.2 会计师事务所规模的智力资本测量指标体系构建

越来越多的研究支持智力资本能够促使企业形成良性发展，并在竞争中保持优势的地位（Stewart，1997）。在当前的知识经济时代中，智力资本对于企业竞争优势的形成起着不可替代的作用。智力资本理论和资源基础理论为本书根据智力资本要素对会计师事务所规模进行重新划分提供了最直接的理论基础。规模大的会计师事务所集聚更多人力资源，可以给予员工更好的福利待遇，尤其是提供大量的培训机会。会计师事务所还能通过知识共享平台，给新员工提供专业性的审计技术，以此来增强员工发现财务报告中舞弊或者错误的能力。此外，具有一定规模的会计师事务所在出具审计报告时，能够做到更加客观公正；在发现问题时要求客户给予调整的话语权更强，因而其客户发生报表重述的概率更低。会计师事务所的人力资本非常集中，会计师事务所属于知识型企业，以其智力资本的拥有状况对会计师事务所规模进行划分更符合会计师事务所知识型企业的特征。因此，合理构建会计师事务所智力资本的测量指标体系，对我国会计师事务所竞争优势来源的分析具有十分重要的理论和现实意义。

本书基于 Stewart（1997）采用的三因素理论将智力资本划分为人力资本、结构资本和关系资本，并借鉴社会学的内容分析法构建智力资本三维度的特征指标。

（1）人力资本特征指标

人力资本在会计师事务所这样一个产业组织中发挥着极其重要的作用，甚至远远超出物质资本对其运营绩效的影响。Barney（1991）认为企业拥有的核心资源是可持续竞争优势的主要来源。会计师事务所这种以提供智力为主要特征的知识型企业，属于专家型与劳动力密集型并存的企业，而人力资源是其中最关键的生产要素（Janik，1986）。会计师事务所与传统意义上的企业不同，一般来讲，传统企业拥有机器设备、厂房等大型有形资产，而会计师事务所的主要资产包括高素质的人力资源以及公司的品牌等无形资产（周年洋，2003）。

Pennings et al.（1998）认为会计师事务所的审计师必须具备足够的专业知识和专业胜任能力，才能够提供高质量的鉴证业务和其他相关服务。这些审计人员拥有的可以提供专业服务的知识和专业胜任能力组成了会计师事务所的人力资本。Lynn（2000）提出公司员工所有的专业胜任能力与知识的总和构成人力资本。考虑到会计师事务所的特征，人力资本可以定义为会计师事务所员工拥有的专业知识和专业胜任能力，是会计师事务所提供高质量服务的能力（Pennings et al.，1998）。

对影响人力资源因素的研究也取得了一定的成果。许汉友和丁长青（2007）将影响国内大型会计师事务所运营效率的核心要素确定为年轻、高学历 CPA 人数及其 CPA 总人数。朱婷（2013）对国内会计师事务所人力资本对运营效率影响等问题进行了分析，并强调CPA年轻化、CPA数量以及CPA中本科以上学历人数与会计师事务所运营效率成正比。通过对现有文献的梳理，本书总结了人力资本特征的测度指标主要包括人力资本密度、注册会计师受教育水平、执业经验的丰富程度、持续职业培训等（Brocheler et al.，2004；Chen et al.，2008；Cheng et al.，2009；耿建新和房巧玲，2005；许汉友等，2008；郭慧，2008；王兵和陈慧珍，2010；刘笑霞和李明辉，2012；丁利和李明辉等，2012）。

①人力资本密度

审计服务具有高度的专业性，为获取合理保证的审计质量，必须是拥有CPA资格的人员才可以担任该项工作（Christopher，2005；Aldhizer，1995）。具有资格证书的注册会计师比助理人员具有更丰富的经验。因此，CPA是驱动会计师事务所审计质量提升的最直接因素，是会计师事务所的核心人力资源（Janik，1986；史忠良和王芸，2008；谌嘉席，2011）。会计师事务所对人力资本投入的程度可以用CPA在会计师事务所全体从业人员中所占比重来反映。

②注册会计师的受教育程度

人力资本的一个重要影响因素是员工的受教育程度（学历）。CPA的专业胜任能力会受到其教育背景的影响（Brocheler et al.，2004）。CPA审计工作具有高强度的脑力型风险，学历较低会在一定程度上限制着职业判断的适当性，无形中加大审计的风险（董丽英和吴少卿，2009）。Cheng et al.（2009）通过计算获取不同学位的时间长度来界定受教育程度（获取高中学历需12年，获取学士需16年，获取硕士需18年，获取博士需23年，其他9年），发现审计质量受到受教育程度正向的影响。Alford et al.（1990）也发现CPA中拥有研究生学历的要比有本科学历的更有机会成为会计师事务所的合伙人，只有本科学历的CPA比拥有MBA学历的CPA晋升得更慢。因此，在会计师事务所里CPA受教育程度越高，越有助于会计师事务所的发展壮大。现有文献一般是以获取硕士学历以上的人员所占比例来作为受教育程度的替代指标。

③执业经验的丰富程度

通常用审计师的年龄来界定执业经验的丰富程度。审计师年龄越大，意味着其拥有的经验越丰富、其发现客户报表中存在重大错报的可能性越大。Loebbecke and Arens（2000）计算了会计师事务所里每个级别的审计人员取得有关工作经验的年数，其中，助理审计师0~2年，高级主管2~5年，经理5~10年，合伙人10年以上。由此可见，年龄与工作经验是正相关的。由Cheng et al.（2009）的推断得到，按照最极端情况估计，如果CPA获取博士学位后一直晋升至合伙人，年龄最少在40岁上下，如果是硕士学位，在35岁左右可以晋升至合伙人，学士学位只要33岁上下就可以晋升至合伙人。因此40岁是一个分界线，此时CPA的工作经验和能力的结合产生的效用最高，这类CPA数量越多，越能为提供更高质量的专业服务提供保障。因此，衡量经验的丰富程度用40岁以下的CPA占比来作为替代指标比较合理。

④持续职业培训

持续职业培训在会计师事务所人力资本中起着不可忽视的作用。CPA获取职业能力是一个循序渐进、连续的过程，而不是一次性获得的。后续教育是使首次拥有职业能力的CPA，能够在以后的执业期间中保持其职业能力的机制（吴联生，2002）。后续教育培训可以强化CPA的专业知识，加强其核心竞争力，从而能够提高审计质量（Cervero，2001；Campbell and Wallence，1988），Chen et al.（2002）也证实了会计师事务所的盈利水平会受到教育培训显著的正向影响。由于无法得到关于会计师事务所培训的详细数据，我们可以通过《会计师事务所综合评价前百家信息》中各会计师事务所当年完成监管部门所规定的继续教育学时的CPA比例来衡量。另一方面，《会计师事务所综合评价前百家信息》中公布的注册会计师行业领军人才的数量也可以用来反映会计师事务所对高层次人才培养的重视程度。会计师事务所中成为行业"领军人才"的人数越多，说明该会计师事务所具备的较高质量的审计人才就越多，有许多具备高执业水平的员工可以从激烈的选拔机制中脱颖而出；注册会计师通过参加这项培训计划可以促进相关的知识和技能增长，同时，这些"领军人才"也将促使整个会计师事务所行业的业务水平的提升。

（2）结构资本特征指标

Roos et al.（1997）将结构资本描述为"员工夜晚回家后仍留在公司

的东西"。结构资本源于流程和组织的价值，对会计师事务所的未来具有革新和发展的价值。会计师事务所的结构资本为充分发挥智力资本的效用提供了有利的平台，结构资本包括数据库、组织图表、信息管理、流程手册、内部治理机制、会计师事务所文化、惯例等。分所数、合伙人数、信息管理系统、会计师事务所相关制度及其组织文化等构成了会计师事务所的结构特征。

①分所数

一方面，分所的设立是会计师事务所得以实现规模扩大的直接方式，也是对其业务网络的进一步延伸，通常在分所所在地其也拥有重要的客户资源；另一方面，分所是会计师事务所内部相对独立的决策单元，分所的特征和执业行为对审计质量有着重要影响。张蓉（2002）提出分所的设立可以在很大程度上节约会计师事务所的运营成本，对会计师事务所拓展新客户资源非常有利，进而使其市场份额得以有效提升。Greenwood et al.（2005）分析 1991—2000 年美国前 100 强会计师事务所的数据发现，会计师事务所设立分所的数量与其业绩表现成正比。郭慧（2008）运用回归分析发现，分所数量是影响会计师事务所做大做强的关键要素之一，不过分所的设立不能过于盲目与激进。许汉友等（2008）基于 DEA（数据包络法）研究我国会计师事务所的运营效率，发现本土会计师事务所的 CPA 人数、分所数和地理位置都不比国际会计师事务所差，但大部分本土会计师事务所的运营效率不如国际会计师事务所的原因可归结为本土会计师事务所尚没有充分利用其拥有的资源。

②合伙人数

合伙人和 CPA 都是会计师事务所的专业人才，虽然合伙人已基本不直接从事实务性工作，但合伙人在对审计工作底稿进行复核以实现审计质量控制和提供有价值的业务指导方面至关重要。因此，合伙人可以运用其专业技能为会计师事务所做出贡献。除此之外，合伙人是会计师事务所招揽大宗业务、扩大市场份额的中坚力量，其自身社会地位、社会关系、专业技能及良好的声誉是宝贵的组织结构资本。Chang et al.（2011）以我国台湾地区会计师事务所为样本的研究证明了合伙人的重要性，得出了执业经验丰富、学历高的合伙人数量与会计师事务所运营效率呈正相关关系的结论。所以，合伙人人数的增加有利于会计师事务所整体专业水准的提高。

③信息管理系统

信息管理系统是会计师事务所的硬件，主要通过信息系统、网络系统和知识库的构建，为会计师事务所审计提供有力的技术支持。第一，先进的 IT 技术的投入可以替代人工操作，可以避免人工操作的漏洞；第二，信息设备的储存能力较强，可以将丰富的会计师事务所工作经验和信息等积累下来，为会计师事务所员工的学习提供帮助，有利于人力资本中知识、技能的提升。

④会计师事务所的内部制度和文化

内部制度和文化是会计师事务所的"软件"。内部制度又可以分为控制制度与分配制度两部分。控制制度包括质量控制标准、风险控制体系等；分配制度主要包括利益分配原则与业绩考核体系。其中，控制制度规定了会计师事务所员工的行为准则，使他们在专门的控制领域里执行工作，有效地遏制人力资本的"道德风险"；而客观的业绩考核制度和高效的利益分配原则可以促使会计师事务所调动人力资本的创造性和积极性，可以增加员工对会计师事务所的忠诚度，减少或阻止人才流失。会计师事务所的文化对会计师事务所提供服务的质量也起到了至关重要的作用，和谐的文化环境对会计师事务所发展起到了重要的内在保障作用（关瑞兰和郭颖，2007）。

（3）关系资本特征指标

Roos et al.（1997）认为关系资本是对公司利益有重要影响的相关者的网络关系所表现出来的价值。会计师事务所的主要客户、政府是影响相关利益的主要关系资本。会计师事务所的收入主要来源于长期稳定、高质的客户，为稳定、高质的客户提供服务也是会计师事务所实现其价值的最主要的途径。所以，选择反映市场占有率的会计师事务所收入以及衡量客户规模和质量的客户营业收入、客户总资产、客户净资产等作为关系资本的特征指标。

通过对现有文献的分析，本研究借鉴社会学的内容分析法从理论上构建了会计师事务所智力资本测量指标体系，详见表6-1。该指标体系能较深刻地描述会计师事务所的智力资本水平。该测量指标体系分人力资本、结构资本和关系资本三个维度，其中人力资本维度由注册会计师比重、注册会计师受教育程度、注册会计师执业经验、行业领军人才数目、从业人员数量以及培训完成率等要素构成；结构资本维度由分所数、合伙人数、内部信息管理系统、会计师事务所相关制度以及组织文化等要素组成；关系资本由会计师事务所收入、客户营业收入、客户总资产以及客户净资产等要素构成。

6.1.3 样本选取和数据来源

为进一步分析会计师事务所合并后智力资本水平的变化对审计质量产生的影响，有必要按合并后的会计师事务所智力资本水平进行分组研究。本章仍然以第5章中选取的2007—2013年合并前后均具有证券从业资格的会计师事务所合并案作为研究对象，其中合并前后涉及54家样本会计师事务所。选取的会计师事务所样本来自中注协公布的《会计师事务所综合评价前百家信息》①，上市客户总资产、上市客户营业收入、上市客户净资产等反映会计师事务所关系资本的指标数据，均取自于CSMAR数据库，并经过了适当的整理。

从理论上分析，运用表6-1构建的会计师事务所智力资本测评体系能较客观完整地反映出其智力资本水平。但需要说明的是，在数据采集中，有关会计师事务所特质的信息比较难获取，本研究主要是通过查询中注协每年公布的《会计师事务所综合评价前百家信息》和中注协网站上的会计师事务所行业查询系统得到相关信息。会计师事务所信息披露机制的不健全导致在获取其相关内部信息如营运成本、员工离职率、分支机构性质、内部信息管理系统、质量控制制度以及会计师事务所文化时存在很大的难度，研究人员更无法了解其内部管理机制，因此，信息披露不足导致学者们在此领域的研究遇到了巨大阻力，这也是目前关于会计师事务所特质方面研究无法取得实质性进展的原因。而且中注协公布的《会计师事务所综

① 中国注册会计师协会从2006年起制定《会计师事务所综合评价办法（试行）》（简称《评价办法》）。中国注册会计师协会根据此《评价办法》，每年对会计师事务所进行一次综合评价，并公布综合评价的有关信息。

表6-1　　　　　　　　　　　**会计师事务所智力资本测量指标体系**

智力资本维度	指标构成	符号	指标说明
人力资本	注册会计师比重	CPA	注册会计师数/从业人员数，反映人力资本密度
	注册会计师受教育程度	Postgraduate	注册会计师中拥有硕士和博士学位者所占比重，反映CPA受教育水平
	注册会计师执业经验	Young	40岁以下CPA占比，代表经验水平
	行业领军人才数目	Leader	会计师事务所内CPA行业领军人才数
	从业人员数量	Employee	会计师事务所所有员工人数
	培训完成率	Training	会计师事务所完成后续培训规定学时的CPA人数占本所CPA人数的比率
结构资本	组织结构	Branch	用分所数来衡量
	合伙人数	Partner	会计师事务所的合伙人数
	内部信息管理系统	Information Management System	信息系统、网络系统和知识库的构建
	会计师事务所相关制度	Mechanism	会计师事务所风险控制制度、质量控制制度、业绩评价制度、薪酬政策、组织学习机制等
	组织文化	Organization Culture	形成于会计师事务所内部的一种群体文化
关系资本	会计师事务所收入	RC_1	反映会计师事务所市场占有率
	客户营业收入	RC_2	审计的上市公司营业收入之和
	客户总资产	RC_3	审计的上市公司总资产之和
	客户净资产	RC_4	审计的上市公司净资产之和

合评价前百家信息》的统计口径①经常变化，致使有些指标数据不能保持连续性和稳定性，这些都给研究者带来了不便，如何加强并鼓励会计师事务所的信息披露应是政府与行业协会关注的重点。

有鉴于此，借鉴内容分析法，依据现有文献研究中归纳的智力资本关键构成要素以及遵照会计师事务所数据的可获得性原则，本研究中，人力资本用 CPA 占比来度量；关系资本用会计师事务所收入、客户总资产、客户净资产、客户营业收入等指标度量；结构资本用合伙人数、分所数量等指标度量。这些关键指标的度量基本能客观反映出会计师事务所的智力资本水平。

6.1.4 研究方法

本章运用因子分析方法和聚类分析方法展开对会计师事务所智力资本的研究。智力资本理论为会计师事务所规模的智力资本度量提供了理论基础。本研究采用智力资本划分的"H-S-C"结构（Stewart，1997），通过因子分析萃取出度量会计师事务所合并规模的主成分人力资本、关系资本与结构资本，在此基础上，依据反映会计师事务所智力资本特性的指标用聚类分析法进行聚类分析，进一步分组回归考察合并带来的智力资本变化作用于审计质量的机理。

6.1.5 会计师事务所智力资本探索性因子分析及指数的计算

（1）探索性因子分析

在检验智力资本对会计师事务所合并与审计质量的关系具有中介作用前，本书先对样本会计师事务所的智力资本进行探索性因子分析，计算出智力资本各指标权重，得到样本会计师事务所的智力资本指数。该指数可

---

① 中注协公布的会计师事务所综合评价信息的统计口径经常发生变化：2005年总收入的高低是评价会计师事务所竞争力强弱的唯一标准。2006年形成了包括总收入、注册会计师人数、培训完成率等在内的五项评分指标。而在2007年，添加了两项辅助指标——分所数量和从业人员数。2008年在2007年指标的基础上，增加了合伙人（股东）人数、注册会计师年龄结构（30、50、70为分界点）、注册会计师学历结构三项辅助指标。2009年与2008年相比一方面公开了总收入中的审计收入，另一方面对注册会计师年龄结构进行了调整（40、60为分界点）。2010年对注册会计师学历结构进行了调整（分为本科及以下、硕士、博士及以上）。2011年会计师事务所综合评价指标包括：业务收入指标、注册会计师人数指标、综合评价其他指标、处罚和惩戒指标等四项。2012年公布的《会计师事务所综合评价前百家信息》中会计师事务所业务收入指标中新增加了与会计师事务所统一经营的其他执业机构业务收入指标。

以反映出样本会计师事务所合并前后的智力资本状况。基于智力资本理论，依据会计师事务所智力资本的三维度划分，本书用因子分析法提炼出反映智力资本的三个主成分。

表 6-2 报告了 KMO 检验和 Bartlett 检验的结果，从表中可以看出，KMO 的值为 0.687，这意味着会计师事务所选取的这些反映智力资本特质的指标之间的关联度较高，适合做因子分析；另一指标 Bartlett 的球形度检验统计值近似卡方值为 540.882，自由度为 21，显著性水平达到 0.000 表明通过了显著性检验，也说明了本书选取的会计师事务所智力资本指标适合因子分析，用因子分析方法分析会计师事务所智力资本的综合水平，取得较明显的效果。

表 6-2　　　　　　　　　　　**KMO 和 Bartlett 的检验结果**

取样足够多的 Kaiser-Meyer-Olkin 度量		0.687
Bartlett 的球形度检验	近似卡方	540.882
	df	21
	Sig.	0.000

表 6-3 报告了所选变量的共同度信息，显示出全部提取 7 个主成分的特征根，能够解释原有变量的所有信息。然而事实上，原有变量之间的相关性比较强，各指标之间存在信息重复和叠加，本书选择因子分析方法的目标是起到降维的作用，通过主因子的提取，解释原有变量绝大多数的信息含量，使因子个数小于原有变量的个数，因此，分析结果不可能提取全部特征根；第二列表示按特征根大于 1 的标准提取特征根时的共同度。可以看出，这 7 个变量的大部分信息可以被因子解释。

采用主成分分析的方法，考虑到会计师事务所智力资本设置了 3 个子维度，因此按 3 个主因子提取特征根。表 6-4 报告了 3 个主因子解释原有变量总方差的情况。第一个因子特征根为 4.293，能解释原有 7 个变量的总方差和累计方差贡献率分别为 61.326% 和 61.326%；依此类推，第二个因子的特征根是 1.715，解释原有 7 个变量总方差的 24.504%，累计方差贡献率为 85.829%，剩下的数据含义类似。从第一列的结果中可以看出在初始解中如若提取 7 个因子，原有变量的总方差均能被解释。表 6-3 变量的共同度第二列也说明了这点。

表 6-3   公因子方差

项目	初始	提取
CPA 占比	1.000	0.995
分所数量	1.000	0.842
合伙人人数	1.000	0.870
上市客户总资产	1.000	0.965
上市客户净资产	1.000	0.993
上市客户营业收入	1.000	0.937
会计师事务所收入	1.000	0.959

提取方法：主成分分析

表 6-4   解释的总方差

成分	初始特征值			提取平方和载入			旋转平方和载入		
	合计	方差的贡献率（%）	累积贡献率（%）	合计	方差的贡献率（%）	累积贡献率（%）	合计	方差的贡献率（%）	累积贡献率（%）
1	4.293	61.326	61.326	4.293	61.326	61.326	3.175	45.364	45.364
2	1.715	24.504	85.829	1.715	24.504	85.829	2.316	33.081	78.445
3	0.552	7.881	93.710	0.552	7.881	93.710	1.069	15.266	93.710
4	0.282	4.033	97.744						
5	0.105	1.499	99.243						
6	0.050	0.711	99.954						
7	0.003	0.046	100.000						

提取方法：主成分分析

第二组数据项反映的是因子解的具体情况，根据智力资本维度划分提取的 3 个因子解释了原有变量总方差的 93.710%，根据整个数据分析结果可以看到原有变量的信息丢失比较少，各个变量的信息保留得较为完整，因此，本次提取 3 个主因子的总体情况较为理想。

　　第三组数据项反映的是最终因子解的情况。因子旋转后累计方差比并没有发生变化，也就是说因子旋转没有影响原有变量的共同度。因子旋转后各个因子解释原有变量的方差被重新分配，因子的方差贡献率也随之发生变化使得因子更便于解释。旋转后提取的这 3 个主因子变量的累计贡献率达到了 93.710%，各个因子的贡献率分别为 45.364%、33.081%、15.266%。采用因子分析萃取出的这 3 个主因子效果较好，涵盖了原有智力资本指标的绝大部分信息。

　　表 6-5 报告了因子荷载矩阵的结果，但存在着初始提取的因子含义模糊、不易解释等弊端，因而本书进一步在因子分析中运用正交方差最大化旋转法使提取的 3 个主因子含义易于理解，旋转后的载荷矩阵见表 6-6。

表 6-5　　　　　　　　　　　　**因子载荷矩阵**[a]

项目	成分		
	1	2	3
CPA 占比	−0.408	0.677	0.608
合伙人人数	0.656	0.618	−0.241
分所数量	0.539	0.733	−0.117
会计师事务所收入	0.976	−0.057	0.056
上市客户营业收入	0.956	0.148	0.030
上市客户总资产	0.790	−0.516	0.272
上市客户净资产	0.957	−0.212	0.179

提取方法：主成分分析

a.已提取了 3 个成分

159

　　从表 6-6 旋转后的因子载荷矩阵中可以发现，提取的 3 个因子变量分别在不同的会计师事务所智力资本指标上取得了较高的载荷值。因子变量 F_1 在会计师事务所收入、上市客户营业收入、上市客户总资产、上市客户净资产指标上有较大的载荷且载荷量都在 0.7 以上，而在会计师事务所智力资本其他指标上的载荷量较低，因此因子变量 F_1 主要反映了关系智力资本维度；同样，因子变量 F_2 在分所数和合伙人数指标上的载荷量较大且载荷都在 0.8 以上，主要反映了结构智力资本维度；因子变量 F_3 在 CPA 占比指标上的载荷量较大且载荷值在 0.9 以上，主要反映了人力智力资本维度。

表6-6 旋转后的因子载荷矩阵 [a]

项目	成分		
	1	2	3
CPA占比	−0.297	0.095	0.947
合伙人人数	0.200	0.911	−0.023
分所数量	0.120	0.894	0.165
会计师事务所收入	0.839	0.459	−0.208
上市客户营业收入	0.738	0.616	−0.117
上市客户总资产	0.953	−0.069	−0.229
上市客户净资产	0.936	0.287	−0.184

提取方法：主成分分析

旋转法：具有Kaiser标准化的正交旋转法

a.旋转在5次迭代后收敛

160

表6-7反映的是3个因子的协方差矩阵，通过计算得到3个因子的协方差，它们之间的相关系数都为0，即不存在相关性，达到了因子分析设计的要求及目标。

表6-7 因子协方差矩阵

成分	1	2	3
1	1.000	0.000	0.000
2	0.000	1.000	0.000
3	0.000	0.000	1.000

提取方法：主成分分析

旋转法：具有Kaiser标准化的正交旋转法

上面的因子分析结果可以总结如下：KMO的值为0.687，Bartlett球形检验的近似卡方值为540.882，相伴概率为0.000。本书设计的会计师事务所智力资本指标体系适合做因子分析，而且得到的3个主成分能解释全部变量的93.710%，满足标准要求，且各指标项的因子载荷均大于0.7，说明各指标单一维度性强。

（2）样本会计师事务所智力资本指数函数

在明确了萃取的3个主因子的含义后，表6-8报告了因子得分系数矩阵。

表6-8　　　　　　　　　　　因子得分系数矩阵

项目	成分		
	1	2	3
CPA占比	0.285	-0.126	1.133
合伙人人数	-0.205	0.510	-0.204
分所数量	-0.149	0.470	0.021
会计师事务所收入	0.243	0.061	0.013
上市客户营业收入	0.175	0.167	0.038
上市客户总资产	0.484	-0.303	0.204
上市客户净资产	0.374	-0.088	0.150

提取方法：主成分分析

旋转法：具有Kaiser标准化的正交旋转法

根据表6-8中显示的结果可以建立因子得分函数，即各个因子关于会计师事务所智力资本指标的线性表达式。

F_1=0.285*CPA占比-0.205*合伙人人数-0.149*分所数量+0.243*会计师事务所收入+0.175*上市客户营业收入+0.484*上市客户总资产+0.374*上市客户净资产

F_2=-0.126*CPA占比+0.510*合伙人人数+0.470*分所数量+0.061*会计师事务所收入+0.167*上市客户营业收入-0.303*上市客户总资产-0.088*上市客户净资产

F_3=1.133*CPA占比-0.204*合伙人人数+0.021*分所数量+0.013*会计师事务所收入+0.038*上市客户营业收入+0.204*上市客户总资产+0.150*上市客户净资产

把选取的智力资本各指标全部代入到上面的模型中，可以得出样本会计师事务所在各个因子上的得分。但为了更加系统客观地刻画样本会计师事务所的整体智力资本水平，需要根据各个公因子对总方差的贡献率确定各因子的权重，然后根据计算结果建立样本会计师事务所智力资本指数模型，计算出的样本会计师事务所智力资本总因子得分可以进一步作为后续

$$F=0.484*F_1+0.353*F_2+0.163*F_3$$

（3）会计师事务所智力资本指数统计

根据上述因子分析的结果，可以计算得出样本会计师事务所智力资本及各维度的描述性统计结果，统计结果见表6-9。

表6-9　　　　总体样本会计师事务所智力资本指数描述性统计

项目	N	极小值	极大值	均值	标准差
关系资本	54	−0.83610	4.49380	0.0000000	1.00000000
结构资本	54	−1.22565	5.10656	0.0000000	1.00000000
人力资本	54	−1.89553	2.66290	0.0000000	1.00000000
智力资本指数	54	−0.76000	2.21000	0.0000000	0.62089000
有效的 N（列表状态）	54				

162

从表6-9中可以看到样本会计师事务所的各智力资本特征指标发展不平衡导致样本会计师事务所的智力资本总体水平参差不齐，有些会计师事务所智力资本因子总得分高于0，处于相对强势智力资本水平，而有些会计师事务所智力资本因子总得分则是低于0，处于智力资本相对弱势水平。为了进一步分析合并对样本会计师事务所智力资本的影响程度，本书对合并前后的样本会计师事务所智力资本指数进行描述性统计分析，结果见表6-10和表6-11。数据显示合并前样本会计师事务所人力资本、关系资本和结构资本的水平都不高，尤其是结构资本比较薄弱；合并后会计师事务所人力、关系和结构资本的均值都为正，高于平均水平。对比合并前后会计师事务所智力资本三维度的均值显示出合并对会计师事务所的智力资本有显著的提升作用。

在此基础上，为了进一步考察合并后智力资本水平的不同程度的变化对会计师事务所审计质量的影响是否会产生差异，本书对合并后的会计师事务所按智力资本水平高低和改善幅度进行分组研究，以前面样本会计师事务所合并前后智力资本各特征指标因子分析的结果——即智力资本三维度的因子得分——为变量进行组间连接的聚类分析。

表6-10   合并前样本会计师事务所智力资本指数描述性统计

项目	N	极小值	极大值	均值	标准差
关系资本	33	−0.75014	1.82837	−0.2917914	0.47501122
结构资本	33	−1.22565	0.80205	−0.3416248	0.42651176
人力资本	33	−1.89553	2.66290	−0.0335188	1.01822487
有效的 N（列表状态）	33				

表6-11   合并后样本会计师事务所智力资本指数描述性统计

项目	N	极小值	极大值	均值	标准差
关系资本	16	−0.75014	2.81880	0.0445466	0.83400629
结构资本	16	−0.86703	5.10656	0.4286434	1.39611005
人力资本	16	−1.17301	1.23748	0.0782170	0.86068640
有效的 N（列表状态）	16				

6.1.6 聚类分析结果

（1）会计师事务所合并后按智力资本强弱分类结果

表6-12报告了样本会计师事务所合并后按智力资本强弱水平聚类的结果。

根据图6-1所示的聚类分析结果，可以将样本会计师事务所按智力资本强弱大致分为两类。合并后的强势组包括瑞华、安永华明、致同、中瑞岳华、国富浩华、中审亚太、立信大华、天健正信、信永中和、天健；合并后的弱势组包括北京京都、广东大华德律、中准、万隆亚洲、天健光华、浙江天健东方。

（2）按合并后会计师事务所智力资本改善幅度分类

为了考察会计师事务所合并后，在智力资本提升幅度不同的情况下，合并对其审计质量的影响差异，本书分别计算了样本会计师事务所合并前后智力资本因子得分，进一步得出合并前后智力资本改善幅度的标准化得分（详见表6-13），再使用聚类分析，按照合并后的智力资本改善幅度，对样本会计师事务所进行分类研究，检验智力资本在合并前后变化幅度的差异会使合并影响审计质量的结果有何差异。

表6-12 合并后的会计师事务所强弱聚类结果

阶	群集组合		系数	首次出现阶群集		下一阶
	群集1	群集2		群集1	群集2	
1	4	5	0.057	0	0	4
2	13	14	0.065	0	0	5
3	11	12	0.153	0	0	5
4	4	6	0.177	1	0	8
5	11	13	0.212	3	2	7
6	2	3	0.370	0	0	8
7	9	11	0.650	0	5	10
8	2	4	0.787	6	4	9
9	2	8	0.982	8	0	12
10	9	10	1.082	7	0	11
11	1	9	1.221	0	10	12
12	1	2	2.966	11	9	13
13	1	16	4.592	12	0	14
14	1	7	13.080	13	0	15
15	1	15	27.888	14	0	0

①会计师事务所合并后智力资本改善幅度的描述性统计

将参与合并的会计师事务所合并前后的智力资本因子得分进行比较（见表6-13），得出智力资本在合并后的改善幅度，发现合并之后，样本会计师事务所智力资本改善程度的得分均为正数，说明会计师事务所合并后其智力资本水平都呈现出了不同程度的上升，即合并对于样本会计师事务所而言，确实发挥了提升智力资本的效果。

使用平均连接（组间）的树状图
重新调整距离聚类合并

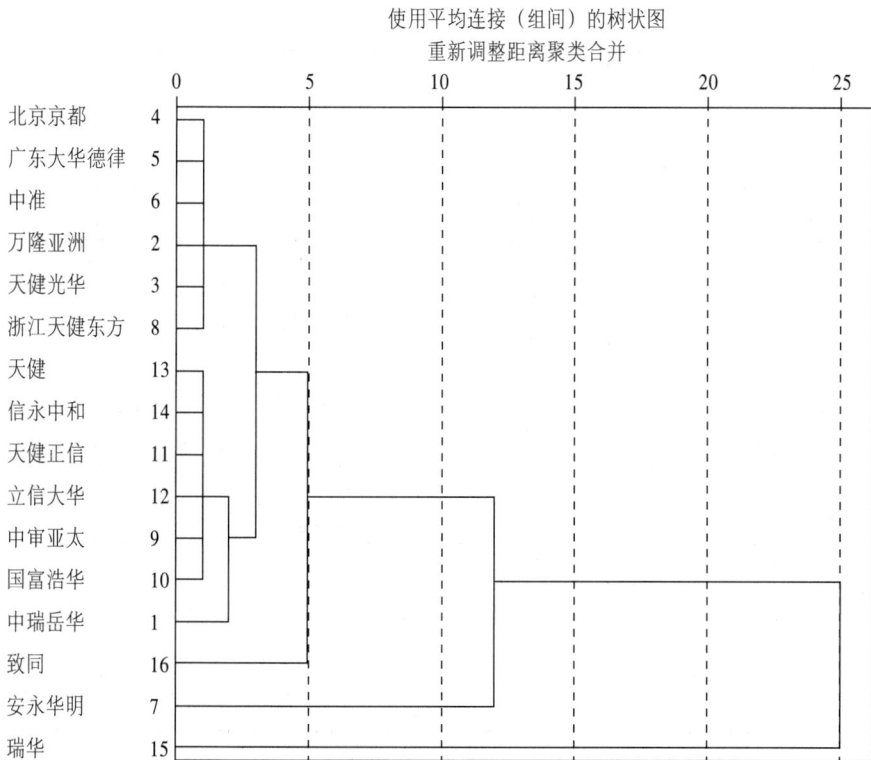

图6-1　样本会计师事务所合并后智力资本强弱聚类结果树状图

②会计师事务所合并后智力资本改善幅度的聚类分析结果

为了进一步考察样本会计师事务所合并之后不同的智力资本的提升程度对审计质量产生何种差异，有必要按合并后样本会计师事务所智力资本的改善程度进行分组研究，本书通过使用中位数聚类法结合欧式距离，按照会计师事务所合并后智力资本改善情况的标准化得分进行聚类分析，从而将会计师事务所分为智力资本大幅改善组和智力资本微幅改善组。聚类结果见表6-14。

根据图6-2所示的聚类分析的结果，按合并后智力资本改善幅度，将样本会计师事务所分为两类，即智力资本大幅改善组：瑞华、天健、信永中和、国富浩华、天健正信、安永华明、中瑞岳华、致同、中审亚太；微幅改善组包括：天健光华、广东大华德律、中准、万隆亚洲、大华、北京京都、浙江天健东方。

表6-13　　　　　会计师事务所合并前后智力资本因子得分比较

会计师事务所	合并前智力资本因子得分	合并后智力资本因子得分	合并后改善程度
中瑞岳华	−0.120	0.210	0.330
万隆亚洲	−0.380	−0.260	0.120
国富浩华	−0.120	0.350	0.470
天健光华	−0.510	−0.290	0.220
天健正信	−0.150	0.330	0.480
北京京都	−0.330	−0.250	0.080
广东大华德律	−0.535	−0.320	0.215
浙江天健东方	−0.605	−0.550	0.055
天健	−0.405	0.230	0.635
中准	−0.620	−0.390	0.230
安永华明	0.380	0.880	0.500
中审亚太	−0.400	−0.030	0.370
信永中和	−0.275	0.350	0.625
致同	0.040	0.390	0.350
大华	−0.010	0.120	0.130
瑞华	0.280	2.210	1.930

表6-14　　会计师事务所合并之后按智力资本提升程度的聚类结果

阶	群集组合		系数	首次出现阶群集		下一阶
	群集1	群集2		群集1	群集2	
1	4	7	0.000	0	0	5
2	2	15	0.000	0	0	10
3	9	13	0.000	0	0	13
4	3	5	0.000	0	0	8
5	4	10	0.000	1	0	11
6	1	14	0.000	0	0	9
7	6	8	0.001	0	0	10
8	3	11	0.001	4	0	12
9	1	12	0.001	6	0	12
10	2	6	0.003	2	7	11
11	2	4	0.017	10	5	14
12	1	3	0.018	9	8	13
13	1	9	0.050	12	3	14
14	1	2	0.119	13	11	15
15	1	16	2.624	14	0	0

使用平均连接（组间）的树状图
重新调整距离聚类合并

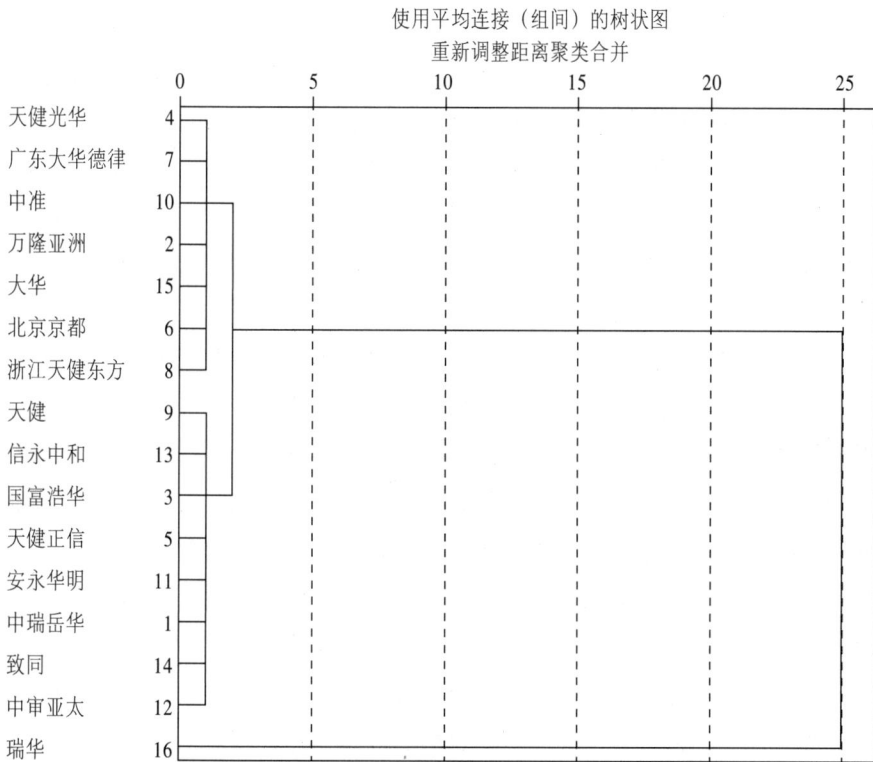

图6-2 样本会计师事务所合并后智力资本改善程度聚类结果树状图

6.2 — 会计师事务所合并、智力资本与审计质量关系的实证检验 —

6.2.1 理论分析与研究假设

根据战略管理理论，外部并购与自身发展是企业实施发展战略的两条重要途径，而发展战略的推进正是以获取竞争优势为主要目的。会计师事务所合并作为外部并购的实现方式，其实施的主要目的便是帮助会计师事务所获得或巩固其竞争优势，以提高自身绩效，而审计行业作为一个学习曲线和经验效应显著的行业，其行业成功的关键因素则落脚于智力资本。

基于资源观视角，Penrose（1959）、Winter（1988）提出智力资本是企业拥有的最重要的资产。Sauer（1988）认为，企业最重要的战略资源之一就是其拥有的智力资本，它对促进企业专业化种类和质量的提升起到非常重要的作用。要实现会计师事务所的长远发展和壮大，提升会计师事务所的审计质量是关键，这就需要以强大的智力资本作为支撑，因此可以说，智力资本对会计师事务所来说是一种具有重要市场价值的资源，也是会计师事务所市场核心竞争力最突出的体现，所以会计师事务所要想在市场中得到成长和壮大就必须具备获得和配置智力资本的能力，而合并就是获得智力资本的重要途径。

从资源观视角来看，智力资本作为一种无形资产，其稀缺性、难以模仿性与不易过时的价值使其成为会计师事务所核心能力与竞争优势的来源。经过前文智力资本评价指标的构建，本书中界定的具有智力资本优势的会计师事务所，拥有着高水平的智力资本，从人力资本方面，其员工拥有足够的专业胜任能力，发现并报告客户财务报告中错弊的能力更强；从结构资本方面，其拥有较多的经营分部与较强的综合能力；从客户资本方面，其客户规模较大，客户结构合理。从这三个方面都能够看出，高水平的智力资本是会计师事务所的优势资源或能力，也是高审计质量的基础。

本书认为，如果合并要实现通过会计师事务所规模扩张来提升审计质量的目标，那么关键在于这种规模扩张是否使得合并后的会计师事务所获取了智力资本优势。如果合并使会计师事务所获取了智力资本优势，那么此时的合并便打破企业间的障碍和资源流动上的限制，合并是进行资源集聚与优势整合的一个过程，这种合并不仅能为会计师事务所带来规模上的扩大，还能使会计师事务所更加迅速地获得更多的优质资源。随着会计师事务所规模的扩大，拥有相同专长的人力资本将更加集中，会计师事务所内部的结构资本有条件可以更趋优化，注册会计师的行业专长将更加细化、突出，相对集中的具有行业专长的高水平注册会计师通过专业交流，可以更进一步优化和提高合并后的会计师事务所的注册会计师的执业质量，从而不断提高合并后的会计师事务所的审计质量。进一步运用动态能力观来分析，获取智力资本优势的合并能够帮助会计师事务所获得动态能力，这种动态能力是指企业保持或改变其作为战略基础能力的能力，能够有效促进企业进行资源整合、不断提升知识管理水平和知识创新的能力，这种能力能够逐步整合、改进现有的能力和提高效率，使企业在动态、复杂、不确定的环境下获得持续竞争优势。获得动态能力的前提在于企业本身便拥有优势资源或能力。在这种既有的优势基础上，动态能力观强调在不断变幻的市场环境中，仅仅拥有优势资源是不足以维持企业的竞争优势的，只有通过对资源的重新整合和更新，使企业获得新的动态能力，企业才能不断开发潜在的市场资源和机会，使企业得到进一步的发展。企业实现自身能力和资源不断更新的重要途径之一就是整合和吸收外部资源。

因此，合并后获取的智力资本水平的高低与审计质量的改善幅度大小和效果的好坏之间存在着密切的联系，故本书预计，对合并后获得智力资本优势的本土会计师事务所而言，由于这种合并是对会计师事务所资源、能力进行更新，使其获得资源和动态能力，维持竞争优势的过程，因此，这一过程必将导致本土会计师事务所审计质量的提高。而合并后并未获得资源（智力资本）优势的本土会计师事务所，丧失了获得动态能力的基础，其审计质量的改善将可能受到智力资本瓶颈的限制，此时的合并无法发挥其应有的效用。由此本书提出假设6.1。

== 169 ==

假设6.1：合并后获得智力资本优势的会计师事务所，审计质量会显著提高。

在会计师事务所决定采用合并方式扩大自身规模的前提下，其智力资本提高幅度对审计质量的影响程度也是一个值得探讨的问题。有的会计师事务所是以提升智力资本水平为目的进行合并，那么它们在合并对象的挑选、合并后资源的整合上便会更加关注各项决策对合并后整体智力资本水平的提高作用。对这类会计师事务所而言，合并是其为了提升智力资本水平而采取的一条路径。合并不再只是一个目的，而变成了一种获取优势资源的手段，通过智力资本水平的提高，会计师事务所增强了员工的胜任能力，改善了客户结构，提高了自身综合实力，而这反映在审计市场上便是其审计质量的提高。与之相对的，在我国市场经济环境下，有的会计师事务所合并纯粹是为了规模的扩大、获取证券从业资格或迎合政策的需要，这种情况下会计师事务所并不会关注合并后资源及能力的整合与获取，其智力资本水平自然无法得到显著的提高。

基于以上分析，抓住了合并契机、智力资本水平得到了快速提升的会计师事务所，能够为改善审计质量提供更加雄厚的资源保障，故智力资本水平大幅提升的会计师事务所合并对审计质量的积极影响会更加显著。由此本书提出假设6.2。

假设6.2：合并后智力资本改善幅度越大的会计师事务所，审计质量的提高越显著。

综合以上理论分析，可以推导出会计师事务所合并可以通过智力资本作用于审计质量的提高。从会计师事务所的角度来看，合并可以通过智力资本这个内部因素的渗透，作用于会计师事务所绩效-审计质量。会计师事务所通过合并扩大了规模，这种规模的扩大能够导致其分所数量增加，从业人员数量增加，客户数量增加等，而这些变量正是构成会计师事务所智力资本的重要因素。在获得了这些资源以后，在对这些优秀资源整合的基础上，会计师事务所引入了更多的优秀人才，规模扩大导致其能增加为员工提供的培训机会。与此同时，客户规模的扩大使会计师事务所在面对客户时拥有更多的相关经验，能够形成经验曲线效应，这些都将使会计师事务所的胜任能力得到提高。此外，会计师事务所规模扩大后能够掌握更多的话语权，独立性相比以前更能够得到保障。因此，通过合并提高智力资本水平，会计师事务所能够在独立性得到保障的情形下提高其胜任能力，最终作用于审计质量的提高。由此本书提出假设6.3。

假设6.3：会计师事务所合并通过对智力资本的影响作用于审计质量。

6.2.2 研究样本与数据来源

从2007—2013年本土会计师事务所的合并案例中，本书选择了合并参与方均具有证券、期货相关业务许可证的会计师事务所为研究对象。本书实证研究的数据来自国泰安数据库以及中国注册会计师协会网站公布的部分信息，由于金融保险行业的上市公司与其他类型的上市公司计量口径差异较大，因此本书在选取的研究样本中已将金融保险行业的样本剔除。

6.2.3 按智力资本强弱分组的检验结果

为验证假设6.1，按合并之后是否具备智力资本优势，将样本会计师事务所划分为智力资本强势组和弱势组；进一步运用盈余质量模型和会计稳健性模型检验合并后样本会计师事务所是否获得了智力资本优势进而对审计质量产生影响，证明合并后获得智力资本优势的会计师事务所能更有效地改善审计质量，而合并对未获得智力资本优势的合并后本土会计师事务所的审计质量的改善作用不显著。对样本进行分组时，国际"四大"处于强势组中。考虑到国际"四大"的特殊性，在对强势组进行数据检验时分别按照剔除"四大"样本与不剔除"四大"样本进行研究。

（1）描述性统计

首先通过描述性统计对数据进行总体对比分析，从表6-15中可以看出，剔除"四大"样本的强势组，其DA均值为0.085698，而表6-16中未剔除"四大"样本的强势组的DA均值为0.085342，反映出了"四大"样本的DA均值比本土会计师事务所要小，从而能够使样本总体均值有较为显著的变化。与此同时，表6-17中弱势组的DA均值为0.093625，可以看出其明显大于强势组的DA均值，三组DA标准差相差不大，说明弱势组的审计质量总体不如强势组的好。

表6-15　　　　　剔除"四大"样本的强势组的描述性统计

描述统计量

统计量	N	极小值	极大值	均值	标准差
DA	3 707	0	2.8946	0.085698	0.1225204
SIZE	3 707	14.7586	26.4045	21.771848	1.2684698
LEV	3 707	0.0123	96.9593	0.607835	2.2996399
GROWTH	3 707	0	14 884.0595	5.622559	244.6203829
CFO	3 707	−3.0757	0.9144	0.039488	0.1161871
OPI	3 707	0	1	0.050000	0.2140000
CR_{10}	3 707	11.4423	99.1873	57.533866	15.7464991
STA	3 707	0	0.9712	0.100485	0.1935075

有效的N（列表状态）：3 707

（2）相关性分析

接下来对三组分别进行相关性分析，通过表6-18、表6-19、表6-20可以看出，在Pearson相关性检验中，剔除"四大"样本的强势组，其DA

表 6-16　　　　　　　　　**强势组全样本描述性统计**

描述统计量

统计量	N	极小值	极大值	均值	标准差
DA	3 848	0	2.8946	0.085342	0.1213372
SIZE	3 848	14.7586	27.0387	21.836430	1.3172048
LEV	3 848	0.0123	96.9593	0.604571	2.2573730
GROWTH	3 848	0	14 884.0595	5.459913	240.0970899
CFO	3 848	−3.0757	0.9144	0.040491	0.1151923
OPI	3 848	0	1	0.050000	0.2110000
CR_{10}	3 848	11.4423	99.1873	57.842610	15.8173646
STA	3 848	0	0.9712	0.101464	0.1946067

有效的 N（列表状态）：3 848

172

表 6-17　　　　　　　　　**弱势组全样本描述性统计**

描述统计量

统计量	N	极小值	极大值	均值	标准差
DA	569	0	1.6561	0.093625	0.1218284
SIZE	569	15.3764	24.8470	21.405968	1.1902280
LEV	569	0.0145	647.7033	1.973809	27.6216140
GROWTH	569	0	31.2173	1.339830	2.0553962
CFO	569	−0.5195	0.4231	0.045857	0.0932736
OPI	569	0	1	0.060000	0.2370000
CR_{10}	569	16.0431	91.1726	53.929402	16.1364735
STA	569	0	0.8212	0.143048	0.2064293

有效的 N（列表状态）：569

与 MERGE 的相关系数为 −0.036，且在 5% 的显著性水平显著；未剔除"四大"样本的强势组，其 DA 与 MERGE 的相关系数为 −0.039，在 5% 的显著性水平显著；而弱势组中 DA 与 MERGE 的相关系数为 0.044，但并不显著。这说明：第一，在强势组中，合并能够显著改善审计质量，而弱势组中合并对审计质量并没有显著的作用；第二，包含"四大"样本时，合并对审计质量的改善效应更为明显。

表6-18　　　　　　　　　剔除"四大"样本的强势组的相关性

Pearson相关性

统计量	MERGE	DA	SIZE	LEV	GROWTH	CFO	OPI	CR$_{10}$
DA	-0.036**							
SIZE	0.080***	-0.054***						
LEV	-0.029*	0.044***	-0.148***					
GROWTH	0.005	0.028*	0.034**	0.002				
CFO	-0.018	-0.209***	0.089***	-0.335***	-0.019			
OPI	-0.052***	0.119***	-0.221***	0.212***	-0.004	-0.178***		
CR$_{10}$	0.050***	0.034**	0.185***	-0.055***	0.023	0.065***	-0.131***	
STA	-0.158***	0.017	0.169***	-0.012	-0.009	0.039**	-0.036**	0.221***

注：*代表在10%的水平（双侧）显著相关，**代表在5%的水平（双侧）显著相关，***代表在1%的水平（双侧）显著相关。

表6-19　　　　　　　　　强势组全样本相关性

Pearson相关性

统计量	MERGE	DA	SIZE	LEV	GROWTH	CFO	OPI	CR$_{10}$
DA	-0.039**							
SIZE	0.110***	-0.058***						
LEV	-0.028*	0.044***	-0.140***					
GROWTH	0.004	0.028*	0.031*	0.002				
CFO	-0.017	-0.209***	0.088***	-0.332***	-0.018			
OPI	-0.055***	0.119***	-0.219***	0.212***	-0.004	-0.177***		
CR$_{10}$	0.064***	0.026	0.211***	-0.055***	0.023	0.070***	-0.133***	
STA	-0.164***	0.013	0.168***	-0.012	-0.009	0.039**	-0.036**	0.220***

注：*代表在10%的水平（双侧）显著相关，**代表在5%的水平（双侧）显著相关，***代表在1%的水平（双侧）显著相关。

表6-20 弱势组全样本相关性

Pearson 相关性

统计量	MERGE	DA	SIZE	LEV	GROWTH	CFO	OPI	CR₁₀
DA	0.044							
SIZE	0.088**	−0.017						
LEV	0.028	0.008	−0.242***					
GROWTH	0.044	0.020	−0.087**	−0.009				
CFO	−0.120***	−0.180***	0.016	0.140***	−0.002			
OPI	0.019	0.153***	−0.263***	0.205***	0.121***	−0.105**		
CR₁₀	−0.084**	0.061	0.122***	0.015	−0.016	0.066	−0.048	
STA	−0.271**	−0.046	0.194***	−0.010	−0.060	0.040	−0.041	0.246***

注：*代表在10%的水平（双侧）显著相关，**代表在5%的水平（双侧）显著相关，***代表在1%的水平（双侧）显著相关。

（3）盈余质量模型的回归检验结果

最后，对三组分别进行线性回归，考虑到相关性分析中有较多控制变量间存在相关性，因此，在进行线性回归的同时进行共线性检验，以保证模型设计的合理性。表6-21、表6-22、表6-23显示：第一，三个模型中共线性统计量VIF均为1左右，说明模型设计合理，自变量间没有显著的共线性；第二，无论是否剔除"四大"样本，强势组中MERGE的系数在5%的显著性水平均为−0.002，只是包含"四大"样本时显著性会有稍许提升（Sig.系数从0.033下降到0.021），说明对于强势组而言，会计师事务所合并的确能够显著改善审计质量；第三，对于弱势组而言，MERGE系数不显著为正，说明合并事件对审计质量没有明显的改善作用。因此，回归分析的结果与相关分析的结果也相互吻合。

表6-21　　　　　　　　**剔除"四大"的强势组的样本回归**

系数（a）

模型		非标准化系数		标准系数			共线性统计量	
		B	标准误差	试用版	t	Sig.	容差	VIF
1	（常量）	0.140	0.035		3.960	0		
	MERGE	−0.002	0.001	−0.035	−2.131	0.033	0.956	1.046
	SIZE	−0.003	0.002	−0.034	−2.008	0.045	0.892	1.122
	LEV	−0.003	0.001	−0.048	−2.798	0.005	0.855	1.169
	GROWTH	1.23E−05	0	0.025	1.539	0.124	0.998	1.002
	CFO	−0.222	0	−0.211	−12.343	0	0.873	1.146
	OPI	0.052	0.010	0.092	5.446	0	0.899	1.112
	CR_{10}	0	0	0.061	3.665	0	0.914	1.094
	STA	0.009	0.011	0.014	0.854	0.393	0.901	1.110

a.因变量：DA

F值=28.971***

Ad-R^2=0.059

注：*代表在10%的水平（双侧）显著相关，**代表在5%的水平（双侧）显著相关，***代表在1%的水平（双侧）显著相关。

表6-22　　　　　　　　　**强势组全样本回归**

系数（a）

模型		非标准化系数		标准系数			共线性统计量	
		B	标准误差	试用版	t	Sig.	容差	VIF
1	（常量）	0.147	0.033		4.428	0		
	MERGE	−0.002	0.001	−0.037	−2.301	0.021	0.946	1.058
	SIZE	−0.003	0.002	−0.038	−2.265	0.024	0.882	1.134
	LEV	−0.003	0.001	−0.048	−2.853	0.004	0.858	1.165
	GROWTH	1.24E−05	0	0.025	1.564	0.118	0.998	1.002
	CFO	−0.222	0.018	−0.211	−12.572	0	0.874	1.144
	OPI	0.052	0.010	0.090	5.429	0	0.900	1.111
	CR_{10}	0	0	0.058	3.502	0	0.905	1.105
	STA	0.008	0.010	0.012	0.728	0.466	0.898	1.113

a.因变量：DA

F值=29.784***

Ad-R^2=0.059

注：*代表在10%的水平（双侧）显著相关，**代表在5%的水平（双侧）显著相关，***代表在1%的水平（双侧）显著相关。

表6-23　　　　　　　　　　　弱势组全样本回归

		系数（a）						
模型		非标准化系数		标准系数			共线性统计量	
		B	标准误差	试用版	t	Sig.	容差	VIF
1	（常量）	0.014	0.098		0.139	0.889		
	MERGE	0.001	0.003	0.010	0.241	0.810	0.885	1.130
	SIZE	0.002	0.005	0.024	0.533	0.594	0.827	1.209
	LEV	2.63E−05	0	0.006	0.137	0.891	0.884	1.131
	GROWTH	0	0.002	0.003	0.063	0.950	0.976	1.025
	CFO	−0.221	0.055	−0.169	−4.014	0	0.943	1.060
	OPI	0.073	0.022	0.142	3.264	0.001	0.883	1.132
	CR_{10}	0.001	0	0.091	2.142	0.033	0.929	1.077
	STA	−0.034	0.026	−0.057	−1.273	0.204	0.836	1.195

a.因变量：DA

F值=4.524***

Ad-R^2=0.061

注：*代表在10%的水平（双侧）显著相关，**代表在5%的水平（双侧）显著相关，***代表在1%的水平（双侧）显著相关。

在按照智力资本进行强弱分组后发现：第一，描述性统计结果显示，强势组DA的均值显著小于弱势组DA的均值，说明总体而言强势组的审计质量较好；第二，相关分析与线性回归都验证了强势组中合并事件能够对审计质量产生显著的改善作用，而弱势组中并没有看到显著的影响效果，由此验证了假设6.1。

（4）会计稳健性检验

为了加强实验结论的可信程度，弥补在我国运用盈余管理指标作为审计效果替代的不足，再次引入会计稳健性回归模型，以会计稳健性替代DA，对强势组与弱势组分别进行线性回归，得到表6-24、表6-25报告的结果。此处将用MERGE1替代MERGE，MERGE1设置为哑变量，即会计师事务所合并前取0，合并后取1。

表6-24   强势组稳健性回归

模型		系数（a）			
		不含"四大"	含"四大"	不含"四大"	含"四大"
1	（常量）	0.003	0.004	−0.234***	−0.238***
	RET	0.030**	0.030***	−0.067	−0.054
	DR	7.48E−05	−0.001	0.159*	0.166**
	DR*RET	−0.036*	−0.036*	0.010	0.014
	MERGE1	0.027**	0.026**	0.022**	0.021**
	MERGE1*RET	−0.024*	−0.024**	−0.018	−0.015
	MERGE1*DR	−0.001	−0.001	0.006	0.007
	MERGE1*RET*DR	0.066***	0.064***	0.060**	0.056**
	SIZE			0.011***	0.011***
	SIZE*RET			0.004	0.003
	SIZE*DR			−0.008*	−0.008**
	SIZE*RET*DR			−0.002	−0.002
	LEV			0	−0.001
	LEV*RET			−0.016**	−0.016**
	LEV*DR			0.001	0.001
	LEV*RET*DR			0.019*	0.019*
	GROWTH			−1.39E−05	−1.76E−05
	GROWTH*RET			7.00E−05	8.56E−05
	GROWTH*DR			0.008**	0.008**
	GROWTH*RET*DR			0.017*	0.017**

续表

模型		不含"四大"	含"四大"	不含"四大"	含"四大"
	CFO			0.043	0.045
	CFO*RET			0.041	0.039
	CFO*DR			0.095	0.086
	CFO*RET*DR			0.101	0.094
	OPI			-0.051^{***}	-0.050^{***}
	OPI*RET			-0.018	-0.019
	OPI*DR			-0.078^{***}	-0.079^{***}
	OPI*DR*RET			-0.133^{***}	-0.132^{***}
	CR_{10}			0	0
	CR_{10}*RET			0^{*}	0^{*}
	CR_{10}*DR			$-4.83E-05$	$-6.82E-05$
	CR_{10}*RET*DR			-0.001	0
	STA			-0.039^{**}	-0.039^{**}
	STA*RET			-0.016	-0.015
	STA*DR			-0.026	-0.021
	STA*RET*DR			-0.074	-0.067
	R方	0.015	0.017	0.083	0.084
	F值	7.209	8.117	9.098	9.655

a.因变量：Y

注："代表在10%的水平（双侧）显著相关，""代表在5%的水平（双侧）显著相关，"""代表在1%的水平（双侧）显著相关。

表 6-25 弱势组稳健性回归

系数（a）			
模型			
1	（常量）	0.015	−0.252**
	RET	0.019***	0.032
	DR	−0.024	0.045
	DR*RET	−0.146	−0.164
	MERGE1	0	0.012
	MERGE1*RET	−0.012	−0.029***
	MERGE1*DR	0.037	−0.054
	MERGE1*RET*DR	0.171	−0.029
	SIZE		0.012**
	SIZE*RET		−0.001
	SIZE*DR		0.002
	SIZE*RET*DR		0.013
	LEV		−0.001
	LEV*RET		−0.071***
	LEV*DR		2.37E−05
	LEV*RET*DR		0.070***
	GROWTH		0.001
	GROWTH*RET		0.002
	GROWTH*DR		−0.006
	GROWTH*RET*DR		−0.016
	CFO		−0.066
	CFO*RET		0.137***
	CFO*DR		0.226*
	CFO*RET*DR		0.048

模型			
OPI			−0.129***
OPI*RET			0.101***
OPI*DR			0.138***
OPI*DR*RET			−0.031
CR_{10}			0
CR_{10}*RET			0.001***
CR_{10}*DR			−0.001
CR_{10}*RET*DR			−0.002
STA			0.010
STA*RET			−0.021
STA*DR			0.007
STA*RET*DR			0.072
R方	0.085		0.306
F值	6.431		6.428

a.因变量：Y

注：*代表在10%的水平（双侧）显著相关，**代表在5%的水平（双侧）显著相关，***代表在1%的水平（双侧）显著相关。

从回归结果可以看出，在强势组不论是否加入"四大"样本，不论是否添加控制变量，MERGE1*RET*DR的系数均在5%的显著性水平或以上显著为正，具体为0.06左右，说明对于强势组来说，合并能够提高公司的会计稳健性，即提高了审计质量。而对于弱势组而言，不论是否在模型中加入控制变量，MERGE1*RET*DR的系数均不显著，说明合并无法提高公司的会计稳健性。由此说明，以会计稳健性作为审计质量的替代变量，其实证结果与前文一致，即对于强势组而言，合并能够提高审计质量，而对于弱势组，合并无法显著影响审计质量。

6.2.4　按智力资本提升幅度分组的检验结果

为了考察智力资本提升程度对合并效果的影响，接下来按照合并事件带来的智力资本提升幅度进行分组，分为大幅度提升组与小幅度提升组，在此分组基础上研究不同组间合并事件对审计质量影响的效果差异。

与前文相似，考虑到"四大"样本的特殊性，因而对"四大"样本所在的组（大幅提升组）分别进行剔除"四大"样本与不剔除"四大"样本的研究。

（1）描述性统计

从表 6-26、表 6-27、表 6-28 的描述性统计可以看出，在剔除"四大"样本后的大幅提升组 DA 均值为 0.086046，略高于未剔除"四大"样本的大幅提升组的 DA 均值 0.085643，而同时两者皆低于小幅提升组的 DA 均值 0.089407，说明"四大"样本的 DA 比大幅提升组中本土样本的 DA 要小，即"四大"样本的审计质量好于大幅提升组中本土会计师事务所的审计质量，而小幅提升组的审计质量显著低于大幅提升组。

表 6-26　　剔除"四大"样本的大幅提升组的描述性统计

描述统计量

统计量	N	极小值	极大值	均值	标准差
DA	3 377	0	2.8946	0.086046	0.1250956
SIZE	3 377	14.7586	26.4045	21.794625	1.2554786
LEV	3 377	0.0123	58.0822	0.584929	1.6720514
GROWTH	3 377	0	14 884.0595	6.039857	256.2928874
CFO	3 377	−3.0757	0.9144	0.038550	0.1184038
OPI	3 377	0	1	0.050000	0.2100000
CR_{10}	3 377	11.4423	99.1873	57.365866	15.7962890
STA	3 377	0	0.9712	0.102874	0.1958177

有效的 N（列表状态）：3 377

表6-27   **大幅提升组全样本描述性统计**

描述统计量

统计量	N	极小值	极大值	均值	标准差
DA	3 518	0	2.8946	0.085643	0.1237254
SIZE	3 518	14.7586	27.0387	21.864352	1.3083883
LEV	3 518	0.0123	58.0822	0.582277	1.6385558
GROWTH	3 518	0	14 884.0595	5.845228	251.1046376
CFO	3 518	−3.0757	0.9144	0.039685	0.1172550
OPI	3 518	0	1	0.040000	0.2060000
CR_{10}	3 518	11.4423	99.1873	57.710305	15.8747191
STA	3 518	0	0.9712	0.103849	0.1969019

有效的 N（列表状态）：3 518

表6-28   **小幅提升组全样本描述性统计**

描述统计量

统计量	N	极小值	极大值	均值	标准差
DA	899	0	1.6561	0.089407	0.1119492
SIZE	899	15.3764	25.7883	21.454714	1.2620583
LEV	899	0.0145	647.7033	1.558439	22.2299505
GROWTH	899	0	31.2173	1.344377	1.9829291
CFO	899	−0.5195	0.6004	0.047040	0.0920543
OPI	899	0	1	0.060000	0.2440000
CR_{10}	899	16.0431	91.1726	55.883581	15.9784850
STA	899	0	0.8212	0.118451	0.1952842

有效的 N（列表状态）：899

（2）相关性分析

在描述性统计的基础上，进行相关分析，结果见表6-29、表6-30、

表6-31。在剔除"四大"样本的大幅提升组，DA与MERGE在5%的显著性水平负相关，相关系数为-0.034；而未剔除"四大"样本时，DA与MERGE在5%的显著性水平负相关，相关系数为-0.038；而小幅提升组中DA与MERGE呈现不显著的负相关关系。这说明，单从相关性来看，只有智力资本得到大幅度提升的会计师事务所，其合并才能够对审计质量产生显著的积极影响，其中若将"四大"纳入考虑，这种积极影响会更加明显；而对于智力资本只得到小幅提升的会计师事务所而言，合并事件并不能显著改善其审计质量。

表6-29　　　　　剔除"四大"样本的大幅提升组的相关性

Pearson 相关性

统计量	MERGE	DA	SIZE	LEV	GROWTH	CFO	OPI	CR₁₀
DA	-0.034**							
SIZE	0.078***	-0.054***						
LEV	-0.014	0.071***	-0.148***					
GROWTH	0.006	0.029*	0.035**	0.003				
CFO	-0.017	-0.219***	0.098***	-0.483***	-0.019			
OPI	-0.045***	0.128***	-0.221***	0.217***	-0.004	-0.185***		
CR₁₀	0.046***	0.033*	0.202***	-0.092***	0.025	0.063***	-0.138***	
STA	-0.153***	0.010	0.158***	-0.009	-0.009	0.041**	-0.030	0.235***

注：*代表在10%的水平（双侧）显著相关，**代表在5%的水平（双侧）显著相关，***代表在1%的水平（双侧）显著相关。

（3）盈余质量模型的回归检验结果

此后对三组分别进行线性回归，从表6-32、表6-33、表6-34中可以看出，不论是否剔除"四大"，大幅提升组中DA与MERGE在5%的显著性水平上线性相关，系数为-0.002，其区别仅在Sig.系数从0.045下降至0.029；而在小幅提升组，DA与MERGE并没有显著的线性关系，此外对三组都进行了模型的共线性检验，共线性统计量VIF显示模型设计合理，自

表6-30　　　　　　　　　　　　大幅提升组全样本相关性

Pearson 相关性

统计量	MERGE	DA	SIZE	LEV	GROWTH	CFO	OPI	CR$_{10}$
DA	−0.038**							
SIZE	0.112***	−0.059***						
LEV	−0.014	0.070***	−0.139***					
GROWTH	0.005	0.028*	0.032*	0.003				
CFO	−0.015	−0.219***	0.097***	−0.479***	−0.019			
OPI	−0.048***	0.127***	−0.219***	0.217***	−0.004	−0.185***		
CR$_{10}$	0.062***	0.025	0.230***	−0.091***	0.024	0.070***	−0.139***	
STA	−0.160***	0.007	0.158***	−0.010	−0.009	0.041**	−0.030*	0.233***

注：*代表在10%的水平（双侧）显著相关，**代表在5%的水平（双侧）显著相关，***代表在1%的水平（双侧）显著相关。

表6-31　　　　　　　　　　　　小幅提升组全样本相关性

Pearson 相关性

统计量	MERGE	DA	SIZE	LEV	GROWTH	CFO	OPI	CR$_{10}$
DA	−0.008							
SIZE	0.141***	−0.035						
LEV	0	0.006	−0.202***					
GROWTH	0.044	0.069**	−0.054	−0.009				
CFO	−0.090***	−0.134***	0.014	0.106***	−0.056*			
OPI	−0.043	0.115***	−0.239***	0.183***	0.103***	−0.111***		
CR$_{10}$	0.034	0.049	0.099***	0.010	0.015	0.069**	−0.058*	
STA	−0.284***	0.004	0.204***	−0.006	−0.005	0.033	−0.057*	0.162***

注：*代表在10%的水平（双侧）显著相关，**代表在5%的水平（双侧）显著相关，***代表在1%的水平（双侧）显著相关。

变量间并不存在显著的共线性。这一结论与相关性检验相同，即在大幅提升组中合并事件能够显著改善审计质量，但是这种积极作用并不能体现在小幅提升组的样本上，由此验证了假设6.2。

表6-32　　　　　剔除"四大"样本的大幅提升组的回归

系数（a）

模型		非标准化系数		标准系数			共线性统计量	
		B	标准误差	试用版	t	Sig.	容差	VIF
1	（常量）	0.137	0.038		3.590	0		
	MERGE	−0.002	0.001	−0.034	−2.003	0.045	0.960	1.041
	SIZE	−0.003	0.002	−0.030	−1.727	0.084	0.892	1.121
	LEV	−0.005	0.001	−0.062	−3.184	0.001	0.742	1.348
	GROWTH	1.21E−05	0	0.025	1.479	0.139	0.998	1.002
	CFO	−0.245	0.020	−0.232	−12.115	0	0.758	1.320
	OPI	0.059	0.010	0.099	5.619	0	0.901	1.109
	CR_{10}	0	0	0.061	3.478	0.001	0.901	1.110
	STA	0.005	0.011	0.008	0.440	0.660	0.900	1.111

a.因变量：DA

F值=29.093***

Ad-R^2=0.065

注：*代表在10%的水平（双侧）显著相关，**代表在5%的水平（双侧）显著相关，***代表在1%的水平（双侧）显著相关。

（4）稳健性检验

在以上研究的基础上，再次引入会计稳健性作为审计质量的替代变量，进行实证结果的稳健性检验，详见表6-35和表6-36。

表6-33 大幅提升组全样本回归

系数（a）

模型		非标准化系数		标准系数			共线性统计量	
		B	标准误差	试用版	t	Sig.	容差	VIF
1	（常量）	0.144	0.035		4.069	0		
	MERGE	−0.002	0.001	−0.037	−2.181	0.029	0.948	1.054
	SIZE	−0.003	0.002	−0.035	−1.990	0.047	0.880	1.136
	LEV	−0.005	0.001	−0.061	−3.252	0.001	0.747	1.338
	GROWTH	1.21E−05	0	0.025	1.506	0.132	0.998	1.002
	CFO	−0.244	0.020	−0.231	−12.365	0	0.761	1.313
	OPI	0.058	0.010	0.096	5.613	0	0.902	1.108
	CR_{10}	0	0	0.057	3.320	0.001	0.891	1.122
	STA	0.003	0.011	0.006	0.322	0.748	0.898	1.114

a.因变量：DA

F值=30.076***

Ad-R²=0.064

注：*代表在10%的水平（双侧）显著相关，**代表在5%的水平（双侧）显著相关，***代表在1%的水平（双侧）显著相关。

从稳健性检验可以看出，在大幅提升组中不论是否加入"四大"样本，也不论是否添加控制变量，MERGE1*RET*DR 的系数均在5%的显著性水平或以上显著为正，具体为 0.06 左右，说明对于大幅提升组来说，合并能够提高公司的会计稳健性，即提高了审计质量。而对于小幅提升组而言，不论是否在模型中加入控制变量，MERGE1*RET*DR 的系数均不显著，说明合并无法提高公司的会计稳健性。由此说明，前文以 DA 作为审计质量替代变量的实证结果具有可信性，即对于大幅提升组而言，合并能够提高审计质量，而对于小幅提升组而言，合并无法显著影响审计质量。

表6-34 小幅提升组全样本回归

系数（a）

模型		非标准化系数		标准系数			共线性统计量	
		B	标准误差	试用版	t	Sig.	容差	VIF
1	（常量）	0.088	0.068		1.288	0.198		
	MERGE	−0.001	0.002	−0.018	−0.504	0.614	0.860	1.162
	SIZE	−0.001	0.003	−0.012	−0.322	0.748	0.838	1.193
	LEV	−3.03E−06	0	−0.001	−0.018	0.986	0.919	1.088
	GROWTH	0.003	0.002	0.051	1.536	0.125	0.982	1.018
	CFO	−0.154	0.041	−0.126	−3.752	0	0.956	1.046
	OPI	0.044	0.016	0.096	2.778	0.006	0.899	1.112
	CR_{10}	0	0	0.065	1.918	0.055	0.958	1.044
	STA	0	0.021	0	0.012	0.990	0.834	1.199

a.因变量：DA

F值=4.073***

Ad-R^2=0.035

注：*代表在10%的水平（双侧）显著相关，**代表在5%的水平（双侧）显著相关，***代表在1%的水平（双侧）显著相关。

6.2.5 智力资本中介作用的检验结果

为了验证智力资本在会计师事务所合并与审计质量关系中起中介作用的假设6.3，依据温忠麟等（2015）的建议，本书利用逐步检验模型对智力资本的中介效应进行实证检验。逐步检验模型的原理如下：设X为自变量，M为中介变量，Y为因变量，逐步检验分为以下三步，

模型一：$Y=cX+e_1$，检验c是否显著为0；

模型二：$M=aX+e_2$，检验a是否显著为0；

模型三：$Y=c'X+bM+e_3$，检验b是否显著为0。

表6-35 大幅提升组稳健性回归

模型		不含"四大"	含"四大"	不含"四大"	含"四大"
		系数（a）			
1	（常量）	0.003	0.004	−0.229***	−0.234***
	RET	0.030**	0.030***	−0.071	−0.056
	DR	0.001	0	0.134	0.143
	DR*RET	−0.035	−0.036*	−0.024	−0.020
	MERGE1	0.028**	0.027**	0.023*	0.022*
	MERGE1*RET	−0.025*	−0.025**	−0.018	−0.015
	MERGE1*DR	−0.002	−0.002	0.006	0.007
	MERGE1*RET*DR	0.066**	0.063***	0.060**	0.056**
	SIZE			0.011***	0.011***
	SIZE*RET			0.004	0.003
	SIZE*DR			−0.006	−0.006
	SIZE*RET*DR			0.001	0
	LEV			0.004	0.003
	LEV*RET			−0.019**	−0.018**
	LEV*DR			−0.013	−0.013
	LEV*RET*DR			−0.003	−0.005
	GROWTH			−1.03E−05	−1.46E−05
	GROWTH*RET			5.38E−05	7.24E−05
	GROWTH*DR			0.009*	0.009*
	GROWTH*RET*DR			0.018*	0.019*
	CFO			0.050	0.052
	CFO*RET			0.031	0.029
	CFO*DR			0.079	0.069

模型		不含"四大"	含"四大"	不含"四大"	含"四大"
	CFO*RET*DR			0.088	0.080
	OPI			−0.055***	−0.054***
	OPI*RET			−0.019	−0.021
	OPI*DR			−0.108***	−0.108***
	OPI*DR*RET			−0.174***	−0.172***
	CR_{10}			0	0
	CR_{10}*RET			0.001*	0*
	CR_{10}*DR			0	0
	CR_{10}*RET*DR			−0.001	−0.001
	STA			−0.043**	−0.043**
	STA*RET			−0.017	−0.015
	STA*DR			−0.027	−0.022
	STA*RET*DR			−0.081**	−0.073
	R方	0.015	0.016	0.088	0.090
	F值	6.225	7.085	8.904	9.460

a.因变量：Y

注：*代表在10%的水平（双侧）显著相关，**代表在5%的水平（双侧）显著相关，***代表在1%的水平（双侧）显著相关。

当系数 a、b、c 均显著时，说明 M 存在中介作用，同时若 c' 不显著，说明 M 为 X、Y 的完全中介；若 c' 显著，说明 M 为 X、Y 的不完全中介。

按此步骤，由于本书第5章已验证会计师事务所合并与审计质量存在显著的相关关系，因而模型一已得证，接下来便要验证模型二——会计师事务所合并与智力资本的相关关系，再将会计师事务所合并与智力资本一起作为自变量放入模型三中进行检验。

表6-36 小幅提升组稳健性回归

系数(a)			
模型			
1	（常量）	0.016*	−0.269***
	RET	0.019***	0.023
	DR	−0.031	0.263**
	DR*RET	−0.050	0.125
	MERGE1	0.002	0.013
	MERGE1*RET	−0.009	−0.024***
	MERGE1*DR	0.038	−0.027
	MERGE1*RET*DR	0.069	0.006
	SIZE		0.013***
	SIZE*RET		0
	SIZE*DR		−0.010**
	SIZE*RET*DR		−0.003
	LEV		0.007***
	LEV*RET		−0.063***
	LEV*DR		−0.010***
	LEV*RET*DR		0.057***
	GROWTH		0
	GROWTH*RET		0.003
	GROWTH*DR		−0.006
	GROWTH*RET*DR		−0.017
	CFO		−0.026
	CFO*RET		0.130***
	CFO*DR		0.124*

续表

系数（a）		
模型		
CFO*RET*DR		−0.034
OPI		−0.086***
OPI*RET		0.074***
OPI*DR		0.174***
OPI*DR*RET		0.102**
CR_{10}		0
CR_{10}*RET		0.001***
CR_{10}*DR		0
CR_{10}*RET*DR		−0.001*
STA		0
STA*RET		−0.016
STA*DR		0.039
STA*RET*DR		0.097*
R方	0.079	0.274
F值	9.364	8.844

a.因变量：Y

注：*代表在10%的水平（双侧）显著相关，**代表在5%的水平（双侧）显著相关，***代表在1%的水平（双侧）显著相关。

在进行模型二的设计时，由于因变量为会计师事务所的智力资本，所以其控制变量必然要有相应的改变，参考关于智力资本的文献中的控制变量，此模型中控制变量主要从会计师事务所层面和其审计客户上市公司层面进行选取，模型二控制变量的设计见表6-37。

由此，将模型二设计为：

$$IC=a_1*MERGE + a_2*Training + a_3*Branch + a_4*Client + a_5*Staff + a_6*Partner + a_7*CPA60 + a_8*CPA40-60 + a_9*CPA40 + a_{10}*big10 + e_2$$

表6-37 模型二控制变量的设计

变量名称	变量符号	变量定义
培训完成率	Training	会计师事务所对员工的培训完成率
分所数	Branch	会计师事务所分所数
上市客户数	Client	会计师事务所客户中上市公司数量
从业人数	Staff	会计师事务所从业人员数量
合伙人数	Partner	会计师事务所合伙人人数
60岁以上CPA人数	CPA60	CPA中60岁以上人数
40～60岁CPA人数	CPA40-60	CPA中40～60岁人数
40岁以下CPA人数	CPA40	CPA中40岁以下人数
国内十大①	big10	是否为国内十大，是取1，否则为0

（1）描述性统计

从表6-38的描述性统计结果可以看出，样本期间内会计师事务所智力资本的水平普遍不高，其均值仍为负值，样本间差异较为显著，考虑到样本包含合并前后的会计师事务所智力资本水平，那么这种样本间的显著差异是否是由合并事件引起的，要在此后的实证研究中进行检验。此外，可以看到，样本中各指标存在较大的差异，这可能是由于会计师事务所间本身实力对比较为悬殊，也可能是由于合并导致合并前后的指标出现了较大的变化。因此，这些指标间的差异到底是由会计师事务所本身差异导致，还是合并事件在其中起到了一定的作用，对此还需要在后面的实证研究中进一步分析。

（2）相关性分析

通过表6-39的Pearson相关性分析可以看出，IC与MERGE在1%的显著性水平呈现出相关性，相关系数为0.617，此外，与IC存在显著相关关系的变量包括Branch、Client、Staff、Partner、CPA40、big10，说明控制变量的选取具有一定的代表性与合理性，同时也说明，描述性统计中各指标的显著差异可能部分是由合并事件引起的。

---

① 国内十大的划分是按每年中注协公布的会计师事务所综合评价的排行榜上的信息确定。

表6-38   描述性统计

统计量	极小值	极大值	均值	标准差
IC	−0.76	2.21	−0.000185	0.6211204
Training	0.9577	1	0.998402	0.0062362
Branch	0	40	9.83	7.684
Client	5	356	58.91	63.885
Staff	106	5 490	1 144.44	1 216.763
Partner	0	334	37.54	54.969
CPA60	0	82	16.2222	15.98663
CPA40-60	16	438	105.5185	79.82877
CPA40	39	844	268.5185	213.42302
big10	0	1	0.4259	0.49913

表6-39   会计师事务所合并与智力资本相关性分析

Pearson 相关性

统计量	IC	MERGE	Training	Branch	Client	Staff	Partner	CPA60	CPA40-60	CPA40
MERGE	0.617***									
Training	0.151	0.214								
Branch	0.646***	0.454***	0.073							
Client	0.603***	0.406***	0.097	0.670***						
Staff	0.757***	0.384***	0.128	0.470***	0.424***					
Partner	0.668***	0.562***	0.054	0.711***	0.733***	0.451***				
CPA60	−0.042	−0.064	−0.073	0.420***	0.009	−0.046	−0.043			
CPA40-60	0.101	−0.032	−0.011	0.602***	0.235	0.174	0.153	0.836***		
CPA40	0.457***	0.115	0.176	0.335**	0.332**	0.537***	−0.007	0.229*	0.347**	
big10	0.392***	0.151	0.197	0.309**	0.339**	0.535***	0.229*	0.009	0.287**	0.532***

注：*代表在10%的水平（双侧）显著相关，**代表在5%的水平（双侧）显著相关，***代表在1%的水平（双侧）显著相关。

（3）多元回归分析

在相关分析的基础上，对模型进行线性回归分析，结果见表6-40。

表6-40　　**会计师事务所合并与智力资本（模型二）线性回归结果**

		非标准化系数		标准系数			共线性统计量	
模型		B	标准误差	试用版	t	Sig.	容差	VIF
	（常量）	−0.283	6.820		−0.042	0.967		
自变量	MERGE	0.047	0.026	0.159	1.825	0.075	0.556	1.800
	Training	−0.258	6.835	−0.003	−0.038	0.970	0.899	1.112
	Branch	0.025	0.012	0.310	2.083	0.043	0.191	5.226
	Client	0	0.001	−0.019	−0.160	0.874	0.311	3.211
控制变量	Staff	0	0	0.384	3.823	0	0.420	2.379
	Partner	0.003	0.002	0.262	1.739	0.089	0.186	5.375
	CPA60	0.004	0.006	0.103	0.717	0.477	0.203	4.919
	CPA40−60	−0.003	0.001	−0.349	−2.173	0.035	0.164	6.104
	CPA40	0.001	0	0.243	2.237	0.031	0.358	2.794
	big10	−0.020	0.112	−0.016	−0.180	0.858	0.520	1.924

系数（a）

a.因变量：IC

F值=15.701***

Ad-R²=0.783

注：*代表在10%的水平（双侧）显著相关，**代表在5%的水平（双侧）显著相关，***代表在1%的水平（双侧）显著相关。

通过线性回归结果可以看出，以IC为因变量，MERGE与IC在10%的显著性水平下回归系数为0.047，说明会计师事务所合并能够显著提高其智力资本水平。此外，能够显著提高会计师事务所智力资本水平的变量还包括分所数、合伙人数、CPA中40岁以下人数。为了检验模型设计的合理性，同时进行了共线性检验，从VIF均小于10可以认为，变量间不存在显著线性关系，模型设计合理。

通过相关性分析与回归分析，可以验证模型二，会计师事务所合并能够显著提高其智力资本水平，即模型二中系数 a 显著。

验证了模型二后，由于模型三与模型一的控制变量要保持一致性，因此将模型三设计为：

$$DA=a_1*MERGE+a_2*IC+a_3*SIZE+a_4*LEV+a_5*GRO+a_6*CFO+a_7*OPI+a_8*CR_{10}+a_9*STA+a_{10}*Year+a_{11}*Indu+e_3$$

通过表 6-41 的 Pearson 相关分析结果可以看出，DA 与 IC、DA 与 MERGE 都在 1% 的显著性水平负相关，相关系数分别为 −0.085、−0.106，说明会计师事务所合并、智力资本都能够改善审计质量。而从相关系数的绝对大小来看，合并事件对 DA 的影响更为显著。此外，在此模型中也能够看出 IC 与 MERGE 在 1% 的显著性水平正相关，进一步证实了模型二的结论，即会计师事务所合并能够提高智力资本水平。

表6-41　会计师事务所合并、智力资本与审计质量相关性分析

Pearson相关性

统计量	IC	MERGE	DA	SIZE	LEV	GRO	CFO	OPI	CR$_{10}$
MERGE	0.487***								
DA	−0.085***	−0.106***							
SIZE	0.233***	0.198***	−0.083***						
LEV	−0.051**	−0.043**	0.020	−0.166***					
GRO	0.028	0.002	0.027	−0.017	0.007				
CFO	−0.034	−0.046**	−0.176***	0.096***	267***	0.006			
OPI	−0.061***	−0.086***	0.147***	−0.240***	0.218***	0.006	−0.152***		
CR$_{10}$	0.124***	0.114***	0.043**	0.216***	0.008	0.044**	0.051**	−0.124***	
STA	−0.302***	−0.351***	0.052**	0.096***	0.034	−0.003	0.026	−0.040	0.218***

注：*代表在 10% 的水平（双侧）显著相关，**代表在 5% 的水平（双侧）显著相关，***代表在 1% 的水平（双侧）显著相关。

通过线性回归结果（见表6-42）可以看出，MERGE 与 DA 在 1% 的显著性水平呈线性的负相关关系，系数为−0.004；IC 与 DA 在 10% 的显著性

水平呈线性的负相关关系，系数为-0.006。由此看出在模型三中，c'与b的系数都显著，由此说明智力资本在会计师事务所合并与审计质量关系中存在不完全的中介效应，验证了假设6.3。

表6-42　会计师事务所合并、智力资本与审计质量（模型三）线性回归结果

系数（a）								
模型		非标准化系数		标准系数			共线性统计量	
		B	标准误差	试用版	t	Sig.	容差	VIF
1	（常量）	0.135	0.045		3.015	0.003		
自变量	MERGE	−0.004	0.001	−0.085	−3.349	0.001	0.688	1.454
	IC	−0.006	0.003	−0.048	−1.912	0.056	0.706	1.416
控制变量	SIZE	−0.003	0.002	−0.038	−1.642	0.101	0.824	1.213
	LEV	−0.003	0.001	−0.070	−3.106	0.002	0.880	1.137
	GRO	0	0	0.024	1.157	0.247	0.996	1.004
	CFO	−0.195	0.024	−0.183	−8.265	0	0.910	1.099
	OPI	0.064	0.011	0.126	5.658	0	0.894	1.119
	CR_{10}	0.001	0	0.090	3.993	0	0.869	1.151
	STA	0.002	0.014	0.004	0.164	0.870	0.756	1.322
	Year	控制						
	Indu	控制						

a.因变量：DA

F值=17.603***

Ad-R^2=0.126

注：*代表在10%的水平（双侧）显著相关，**代表在5%的水平（双侧）显著相关，***代表在1%的水平（双侧）显著相关。

（4）稳健性测试

为了进一步证实研究结论的可靠性，结合前文对合并后会计师事务所智力资本水平强弱的分组，将IC1定义为哑变量，当会计师事务所为强势

组时IC1取值为1，否则为0，在此基础上用IC1替代IC进行稳健性检验。

与IC的模型三的检验相一致，先对IC1的模型三进行相关性分析，结果见表6-43。

表6-43　　　　　　　　　　Pearson相关性

相关性

统计量	MERGE	DA	IC1	SIZE	LEV	GRO	CFO	OPI	CR₁₀
DA	-0.106***								
IC1	0.580***	-0.083***							
SIZE	0.198***	-0.083***	0.232***						
LEV	-0.043**	0.020	-0.047**	-0.166***					
GRO	0.002	0.027	0.010	-0.017	0.007				
CFO	-0.046**	-0.176***	-0.002	0.096***	-0.267***	0.006			
OPI	-0.086***	0.147***	-0.060***	-0.240***	0.218***	0.006	-0.152***		
CR₁₀	0.114***	0.043**	0.133***	0.216***	0.008	0.044**	0.051**	-0.124***	
STA	-0.351***	0.052**	-0.274***	0.096***	0.034	-0.003	0.026	-0.040*	0.218***

注：*代表在10%的水平（双侧）显著相关，**代表在5%的水平（双侧）显著相关，***代表在1%的水平（双侧）显著相关。

从表6-43中看到，以IC1替代IC以后，其与DA在1%的显著性水平显著负相关，相关系数为-0.083，说明按照合并后智力资本水平的强弱进行分组，也能够得出"智力资本水平越高，越有利于改善审计质量"的结论。同时，IC1与MERGE在1%的显著性水平显著正相关，相关系数为0.580，说明合并对合并后智力资本水平的提升有十分明显的正向作用。而MERGE与DA也在1%的显著性水平负相关，说明合并本身能够显著改善审计质量。

通过表6-44多元线性回归结果发现，以IC1作为替代变量，MERGE与DA、IC1与DA分别在1%、5%的显著性水平负相关，智力资本在会计师事务所合并与审计质量关系中具有不完全中介效应。合并能够通过提高智力资本水平改善审计质量。

表6-44　　　**会计师事务所合并、智力资本与审计质量稳健性检验**

<table>
<tr><td colspan="9" align="center">系数（a）</td></tr>
<tr><td rowspan="2">模型</td><td rowspan="2"></td><td colspan="2">非标准化系数</td><td>标准系数</td><td rowspan="2">t</td><td rowspan="2">Sig.</td><td colspan="2">共线性统计量</td></tr>
<tr><td>B</td><td>标准误差</td><td>试用版</td><td>容差</td><td>VIF</td></tr>
<tr><td>1</td><td>（常量）</td><td>0.145</td><td>0.044</td><td></td><td>3.278</td><td>0.001</td><td></td><td></td></tr>
<tr><td rowspan="2">自变量</td><td>MERGE</td><td>−0.004</td><td>0.001</td><td>−0.090</td><td>−3.308</td><td>0.001</td><td>0.603</td><td>1.659</td></tr>
<tr><td>IC1</td><td>−0.006</td><td>0.006</td><td>−0.026</td><td>−1.975</td><td>0.048</td><td>0.634</td><td>1.577</td></tr>
<tr><td rowspan="9">控制变量</td><td>SIZE</td><td>−0.004</td><td>0.002</td><td>−0.043</td><td>−1.839</td><td>0.066</td><td>0.831</td><td>1.203</td></tr>
<tr><td>LEV</td><td>−0.003</td><td>0.001</td><td>−0.069</td><td>−3.077</td><td>0.002</td><td>0.880</td><td>1.136</td></tr>
<tr><td>GRO</td><td>0</td><td>0</td><td>0.023</td><td>1.108</td><td>0.268</td><td>0.997</td><td>1.003</td></tr>
<tr><td>CFO</td><td>−0.193</td><td>0.024</td><td>−0.181</td><td>−8.179</td><td>0</td><td>0.911</td><td>1.097</td></tr>
<tr><td>OPI</td><td>0.064</td><td>0.011</td><td>0.126</td><td>5.654</td><td>0</td><td>0.893</td><td>1.119</td></tr>
<tr><td>CR_{10}</td><td>0.001</td><td>0</td><td>0.088</td><td>3.884</td><td>0</td><td>0.871</td><td>1.148</td></tr>
<tr><td>STA</td><td>0.006</td><td>0.013</td><td>0.011</td><td>0.444</td><td>0.657</td><td>0.777</td><td>1.287</td></tr>
<tr><td>Year</td><td colspan="7" align="center">控制</td></tr>
<tr><td>Indu</td><td colspan="7" align="center">控制</td></tr>
</table>

a.因变量：DA

F值=17.280***

Ad-R^2=0.116

注：*代表在10%的水平（双侧）显著相关，**代表在5%的水平（双侧）显著相关，***代表在1%的水平（双侧）显著相关。

至此，中介效应逐步检验模型的三步骤已全部完成，说明智力资本的确是会计师事务所合并影响审计质量的不完全中介变量，合并可以通过对智力资本的提高达到对审计质量的改善。

6.3 —————————————— 本章小结 ——————————————

本部分的实证研究采用了两种不同的分组方式，按照合并后样本会计师事务所智力资本的强弱分为智力资本强势组与弱势组，并按照合并后样本会计师事务所智力资本的提升幅度分为大幅提升组与小幅提升组，分别考察合并对审计质量影响的差异；进一步对智力资本的不完全中介效应进行了检验，揭示出会计师事务所合并可以通过智力资本作用于审计质量的内在机制。

研究得到以下结论：（1）智力资本强势组中合并对审计质量有显著的改善作用，而智力资本弱势组中则无法看到合并对审计质量的显著效果。（2）智力资本大幅提升组中合并对审计质量有显著的改善作用，而小幅提升组中则无法看到合并的显著效果。（3）智力资本在会计师事务所合并与审计质量关系中具有不完全中介效应。

本章通过实证研究发现智力资本对合并和审计质量的关系具有中介作用，合并后获得了智力资本优势以及智力资本提升幅度大的会计师事务所审计质量的改善更显著，合并提升审计质量的经济后果更能充分得以实现。所以，重视会计师事务所合并后对智力资本的培育和整合能力，是获取竞争优势，进而最终提升审计市场绩效（审计质量）的一种切实可行的途径。如果在合并中会计师事务所仅仅关注规模的扩大，而没有在智力资本的培育和动态能力的整合上下功夫，那么合并对审计质量的改善作用将十分有限，实证研究已证明了智力资本弱势组与智力资本小幅提升组中的合并对审计质量的作用不显著这一研究结论；相反，若是会计师事务所合并后获取了智力资本优势或者大幅提升了智力资本水平，合并便能够充分发挥对审计质量的改善效果，说明合并提升审计绩效是需要智力资本作为强有力的基础与支撑的；合并能够通过提升智力资本水平来对审计质量产生影响。会计师事务所合并与智力资本这两个方面相互补充，内在统一，阐明了对于会计师事务所审计绩效而言智力资本的重要性。

第 7 章
研究结论、政策建议与研究展望

7.1　研究结论

7.1.1　本土会计师事务所合并对提升审计质量的积极作用逐渐显现出来

实证结果检验了政府推动会计师事务所"做大做强"的政策效应，为在中国这样一个新兴市场中会计师事务所合并对审计质量的影响效果提供了经验证据。在政府"做大做强"政策引导下，本土会计师事务所合并对审计质量的影响正逐步与政策目标契合。

综合来看，在此次合并重组浪潮中，国内会计师事务所进行合并以后，越来越关注对客户的盈余管理的监控、质量标准的整合以及对资源的重整，基本证实了本土会计师事务所合并对提升审计质量具有积极作用。

7.1.2　智力资本是会计师事务所的核心资源，是提升审计质量的关键驱动因素

研究结论显著支持了资源基础观。会计师事务所是一种具有典型"智力资本"特性的产业组织，智力资本是其核心资源，是驱动审计质量提升

的源泉。智力资本作为提升竞争力、实施组织战略的关键因素，是使组织价值得到增值的有力保障。资源基础理论和智力资本理论都很好地诠释了"智力资本"这一行业竞争中成功的关键因素。会计师事务所拥有的资源有其独特性，人力资本是提升审计质量的最核心资源，严谨、合理、规范的结构资本为人力资本价值的充分发挥创造了良好的组织保障，而关系资本则为实现会计师事务所高质量审计这一市场绩效提供了有力的保障。因此，智力资本是会计师事务所的战略性资源，人力资本是获得竞争优势的核心和基础；结构资本是支撑，能充分发挥提升企业价值的杠杆作用；关系资本是实现高质量审计服务的保障。会计师事务所通过智力资本三要素的相互作用和影响最终形成竞争优势，进而提升审计质量。

7.1.3 智力资本这一异质性资源是会计师事务所合并作用于审计质量的内在资源动因

对智力资本的中介效应进行的检验，从智力资本这一异质性资源的角度，为解释在具有不同智力资本优势的会计师事务所中合并对审计质量的影响也不同这一客观现象提供理论基础。从智力资本的角度，深入发掘会计师事务所合并作用于审计质量的内在资源动因。

7.1.4 智力资本能强化会计师事务所合并对审计质量的积极影响

本书考察会计师事务所合并、智力资本与审计质量三者的关系，得出了智力资本对会计师事务所合并和审计质量的关系具有中介作用这一研究结论，同时验证了合并后获得智力资本优势的会计师事务所能更有效地改善审计质量，合并后智力资本提升幅度越大的会计师事务所，审计质量的提高越显著。对于会计师事务所而言，合并是一种有效而便捷的战略选择，合并能打破资源流动的限制，为企业带来资源聚集和重组的机会，能增加智力资本存量和增量，还可能在合并互动之后产生协同效应，这些都将成为引发审计质量改变的内部原因。因此，关注会计师事务所合并后智力资本的整合、培育和提高十分必要，通过改善智力资本水平，可以充分发挥会计师事务所合并对审计质量的积极影响，使中注协推动的"做大做强"战略收到良好的效果，大大提升我国本土会计师事务所与"国际四大"抗衡以及参与国际资本市场的竞争力。

7.2 ——————————— 政策建议 ———————————

基于以上研究结论，本书提出以下政策建议：

7.2.1 本土会计师事务所应积极培育基于市场和自身发展的自愿性需求进行自主性合并

基于以上结论，本书认为，大规模的合并为本土会计师事务所进行审计资源的重新整合、争取业务收入跨越式发展提供了重大契机。在近年来的合并浪潮中，我国会计师事务所是具有规模经济的，可能是因为分所实现同城审计，大大降低了各项投入；也可能是因为合并带来的规模扩大使这些会计师事务所拥有价格谈判的优势。因此，从目前来看，大中型会计师事务所合并带来的规模效益能够提升运营效率。但是，从另一方面来看，我国的制度背景和会计师事务所合并动因有其特殊性，行政驱动力量大于市场化的驱动力量，在我国市场经济环境下，有的会计师事务所合并纯粹是为了规模的扩大、获取证券从业资格或迎合政策的需要，这种情况下会计师事务所并不会关注合并后资源能力的整合与获取，盲目地进行规模扩张，在分所数量、合伙人数量和 CPA 数量方面投入过多却忽视对投入资源的有效利用，反而适得其反。

因此，我国本土会计师事务所应在符合市场和自身发展需求的基础上实施自主性合并。在提高运营效率时，会计师事务所可以通过合并来提高其规模，获得规模效益，但这种合并不应是盲目的合并，若不能提高对投入资源的利用效率，会计师事务所的议价与获得客户的能力不能相应提高，反而会导致扩张过度，造成技术效率的无效。这对当下的会计师事务所合并热潮敲响了警钟，会计师事务所在考虑是否进行合并时，不应仅仅关注规模的扩大，更应关注合并后的资源整合和有效利用，积极培育智力资本这一竞争优势的源泉，从而实现审计质量的提升、对客户吸引力的增强。只有规模与实力同步增长，会计师事务所才能通过走合并之路来提高经营效率。

7.2.2　本土会计师事务所应重视培育和整合智力资本，为改善审计质量积蓄实力

经过上一章的实证检验，本书发现了智力资本对合并和审计质量关系具有中介作用，因此，要充分发挥合并对审计质量的提升作用，切实使会计师事务所"做大做强"的战略国策收到"做强做大"的成效，积极培育会计师事务所智力资本这一审计质量的资源驱动因素是会计师事务所切实可行的战略决策，本书从智力资本的三要素角度提出以下建议：

1. 人力资本的角度

（1）将人力资源视为会计师事务所的核心资源，注重将资源优势转化为竞争优势

基于当前注册会计师行业做大做强的趋势，要想使会计师事务所获得飞速发展，人才至关重要。在我国，目前国际"四大"虽仍处于行业领先地位，拥有较强的市场势力，但国内会计师事务所"做大做强"效果显著。2013年7月8日在中注协公布的《2013年会计师事务所综合评价前百家信息》中我国本土会计师事务所瑞华首次超越国际"四大"，跃居第三。我国本土会计师事务所和国际"四大"在市场份额、客户结构等方面的差距正逐渐缩小。其中，"国内十大"是我国会计师事务所的主力军，也是我国注册会计师行业做大做强的先锋。对于"国内十大"而言，首先，需要充分开发和培育我国注册会计师人才资源，不断引进具有高学历的注册会计师，提高审计人员的综合素质和审计水平，认真搞好从业人员的职业培训，保证培训质量，提升其业务能力，从而打造一支高素质、高服务质量的专业队伍；其次，要不断开拓专业服务市场，扩大服务对象，重视会计师事务所品牌的培育，不断扩大会计师事务所的知名度和影响力；再次，积极开拓新业务也至关重要，尤其要注意非审计型业务的拓展，这不仅有利于市场扩容，增加收入，提高非审计业务收入在总收入中的比重，同时这也是应对日趋激烈的国际竞争的必然选择。而对于国内其他未进入国内十强或世界百强的会计师事务所来说，其应该从自身实际出发，虽然存在规模小、实力弱、竞争力不强的劣势，但同时也存在调整灵活、市场

针对性强等优势，只要找准市场定位，发挥自身的优势，它们就能做到精而细，从而获得市场发展机会。

（2）重视管理与文化的整合，实现真正意义上的"人合"

会计师事务所的合并如果只流于形式上的合并而忽视合并的内涵，忽略管理和文化的整合，那么合并就难以收到优化配置资源的效果，甚至会导致合并行动的失败。因此，会计师事务所在合并后更要充分发挥无形协同效应的作用，增强会计师事务所文化资源融合与认同，打造统一的合并后的会计师事务所文化，增强会计师事务所员工的归属感和自豪感，进而提升会计师事务所的凝聚力。在合并后，应当建立统一的人才管理机制，进行统一的选拔与考核，有效实现合并各方在文化层面上的深层次沟通，避免不必要的人才和客户的流失，增加协同效应的收益。

（3）培育和发展行业专家，打造会计师事务所的核心战略资源

会计师事务所的行业专长是实施差异化竞争战略、提升核心竞争力的基础，是体现其市场价值的一种异质性资源和能力，是会计师事务所智力资本的一个重要分支。行业专长是一个已被广泛研究的审计质量的影响因素，理论界一致认为提高会计师事务所的行业专长能够加深其对被审单位行业特征、运营流程、会计处理等方面的了解，积累特定行业审计经验，有助于提高审计师的胜任能力与工作效率，形成审计师声誉，进而对审计质量产生有利影响。行业专长是指会计师事务所通过执业过程中的经验积累而来的或是通过进行战略选择针对特定行业投入资源而获得的与行业相关的专门知识与技能。会计师事务所拥有行业专长能够为外界所感知，这是一种有效的竞争策略。这种专门知识一般包括：行业生产经营的一般流程与基本活动、行业经济类指标的平均值、国家对行业的相关法律政策与监管标准、行业的一般与特殊会计处理、行业所面临的整体经营环境等。因此，会计师事务所行业专长是通过专业化投资与经验积累得来的，是会计师事务所特有且不易被模仿的，是会计师事务所的一种异质性资源。

GAO（2003）以实证调查为基础得出结论：行业专长是除审计质量之外客户选择会计师事务所最重要的标准。具备较好的行业专长，会计师事务所在人力资源上就具备了一定的异质性，它们也就可以制定符合自身特点的市场策略，形成自身独特的优势。行业专长的异质性使会计师事务

所获得的竞争优势主要体现在以下几个方面：一是更有利于熟悉客户情况，包括客户的经济活动以及客户运用的会计政策和处理方法等，可以以更少的时间和费用完成审计工作，达到提高审计效率的目的；二是由于行业专长增强了会计师事务所自身人力资源的异质性，因此其提供的服务是别的会计师事务所无法提供的，其就能具有更多的市场主动权，有利于会计师事务所获得更高的市场报酬和利润；三是有利于巩固和扩大自身的市场份额和市场地位，使自己不容易受到其他潜在市场进入者的侵占，保证自身在市场中的稳定发展。

审计行业是一个知识和技术密集型的行业，会计师事务所的核心竞争力来源于人力资本，而通过培育行业专家、获取特定行业的专精知识，会计师事务所能够增强内部从业人员为特定行业服务的胜任能力，且这种知识与能力是通过专业化投资与经验积累得来的，是会计师事务所特有且不易被模仿的。

2.结构资本的角度

值得企业关注的是，企业应充分发挥结构资本提升企业价值的杠杆作用，有必要加快企业的改组改造，加强自主创新能力，提高知识产权保护意识，提供知识转化的平台，注重培养企业文化，重视结构资本的无形力量。

（1）设计科学合理的业绩考核与收益分配制度

设计和建立一整套业绩考核与利益分配相联系的制度，实现科学考核和合理分配，这些都有利于激励注册会计师和企业核心资源的所有者，使其不断形成良性竞争，积极开拓市场，增强会计师事务所的核心竞争力和市场优势。当前我国注册会计师的收入主要由三部分组成：一是基本工资，二是业务提成，三是职称晋升级别津贴。这其中能够作为激励手段来运用的就是以业务提成为依据的浮动工资，而浮动工资的多少基本上取决于业务数量的多少，而非质量的高低。这种利益分配制度存在不合理之处，最突出的是，注册会计师承担的风险过大，而获得的报酬太少，会计师事务所管理层收入过高，而签字注册会计师获得的收入相对太少，通常情况下往往难以满足签字注册会计师的心理期望，这就势必会造成其工作积极性和热情的下降，不利于提高工作效率和质量，也不利于会计师事务所竞争优势的建立。

基于这一现状，本书认为在建立我国会计师事务所绩效考核制度时，应该坚持科学设计的原则，在考核指标上坚持业务数量和质量并重的思想，并给予质量指标一定的优先考虑，对不同员工实施分类考核，通过项目绩效考核来评价员工，通过定期综合考核来评价注册会计师和执业团队，这样做有利于保证绩效考核的公开、公平和公正，实现会计师事务所发展的战略目标。

同时，对于不同层级的从业人员，会计师事务所应该设计不同的激励制度和方式，这是因为会计师事务所管理层既要负责业务开拓，同时也要开展业务和管理运营，因此可以采取固定工资的形式来进行激励，工资的高低则根据管理者的能力而定。

（2）加大对分所执业质量的监督，提高分所的审计质量

随着注册会计师行业的扩大，我国财政部和中注协高度重视会计师事务所的做大做强，在政府积极推动和号召下，国内各会计师事务所纷纷建立分所或合并创立分所，会计师事务所的规模得到前所未有的扩大，会计师事务所分所获得快速发展，分所在我国审计行业中已起到举足轻重的作用。但分所的执业行为令人担忧，其已引起了学者的关注（汪宁等，2007；王兵和辛清泉，2010；米莉和薛高亮，2013）。汪宁等（2007）在对市场进行调查后，提出这种规模扩大的表象后面藏着隐忧，这主要是因为大多数分所的创建并非是市场发展的需要，而是迎合政策的结果。例如，为了满足取得各种资格或参加招投标的需要，还有的是被动找"家"的结果，由于原有业务被限制，从而被迫成为有资质的会计师事务所分所，由此导致这些新设的分所审计质量并无改观，甚至在大所的庇护下，审计质量更令人担忧。王兵和辛清泉（2010）以会计师事务所分所为主要研究对象，对会计师事务所总所和分所的审计质量和收费情况进行比较分析，得出结论：会计师事务所分所无论是在审计质量还是在审计收费上都比总所更低，且规模越小，其审计质量和收费就越低。

因此，在我国注册会计师行业不断扩大和分所不断增加的背景下，分所的执业行为值得关注。学者们的研究结论表明，虽然设立会计师事务所分所可以迅速扩大我国会计师事务所的规模，促进我国注册会计师行业的

发展，但分所的审计质量令人担忧，管理中突出表现为总所和分所的质量控制标准未统一，未能实现总分所之间的实质性统一。因此，在设立分所和扩大会计师事务所规模时，更应该关注分所的审计质量，真正做大做强；同时，从行业监管角度来看，更应该关注对会计师事务所分所质量的监督检查。

3.关系资本的角度

（1）会计师事务所应在提供传统的鉴证服务基础上，努力加强对新业务的拓展

大部分学者都主张会计师事务所的业务范围与运营绩效之间具有一定的相关性，Jerris and Pearson（1996）以合伙人和注册会计师的人均收入高低作为绩效高低的判断标准，通过研究得出绩效较高的会计师事务所在管理咨询服务上的业务占比相对较高，而相应的税收服务占比则比较低。Banker et al.（2005）选取业务收入及人力资源方面的数据分析，认为会计师事务所绩效的提升主要依赖管理咨询业务，并非取决于审计与税收这种传统类型的业务。这与 Rankin and Sharp（2000）的结论不谋而合，通过研究 Rankin and Sharp（2000）得出结论：早在 20 世纪末期，会计师事务所就从整体上降低了对会计、审计以及税收等传统业务的依赖性，同时将关注点转向保险及咨询服务领域的开拓上。

（2）积极挖掘和吸引潜在的客户，改革会计师事务所客户关系管理

会计师事务所是否能够生存和发展，最终取决于客户。会计师事务所要体现自身的价值，首先要得到客户的认同，然而实际上，由于信息的不对称，审计服务需求方大都是根据会计师事务所赢得的市场认同和信誉情况来决定是否选择该会计师事务所的，从这个意义上说，会计师事务所如果失去了稳定、优质的客户源就失去了生存的根本，也就难以体现自身的市场价值。我国国内本土会计师事务所在中注协的"做大做强"政策的支持下，以客户数量为基础计算的市场份额虽然已经超越国际"四大"，但与以客户总资产或客户营业收入为基础计算的市场份额仍有较大的反差，国际"四大"占据优质的客户资源，在大客户市场竞争优势明显。与历史悠久的国际"四大"相比，仅有短短几十年发展史的国内本土会计师事务所在规模、声誉、品牌以及客户选择、客户质量等方面都还存在差距。因

此在激烈的竞争环境下，一方面，应充分认识到我国是嵌入性程度很深的关系型社会这一现实国情，采纳"利益相关者协同拉动型"的发展战略（于海云和王则斌，2010），积极挖掘、吸引潜在的客户，构建网络状发展的客户关系群；另一方面，通过会计师事务所合并重组"做强做大"，提高审计效率，培养行业专长进而提供高质量的审计服务，吸引更多的优质客户。

签字注册会计师跳槽带走客户，主要原因是我国会计师事务所的客户资源大都并非由会计师事务所掌控，而是掌握在注册会计师手中。并不是客户认可会计师事务所的实力和声誉，而是注册会计师的专长赢得客户的信赖，因此当注册会计师跳槽时，他们很容易将那些信赖其行业专长的客户带走。要改变这一局面，会计师事务所就需要通过一定的方式解除注册会计师和客户之间的"绑定"关系，改善客户关系管理，禁止业务承揽人承做自己承揽的项目，这样做有利于提高审计独立性，让注册会计师降低对客户的经济依赖度，使客户资源为会计师事务所掌控，保证客户资源的稳定和巩固（史忠良和王芸，2008）。

7.2.3 培育和改善对高质量独立审计需求的支撑环境

目前我国对高质量审计需求存在异化现象这一现实问题，越来越受到社会的关注，许多学者都做了大量研究。陈俊（2008）研究了1998—2004年期间上市公司对审计师的选择及审计市场结构变化，并对会计师事务所审计质量的差异化以及审计质量的经济后果等问题进行了考察和实证检验，主要得出以下结论：第一，随着我国证券市场的迅速发展，2000年以后，市场对高质量审计的需求开始增加，也使得大规模会计师事务所的市场份额增加，扭转了以往"审计独立性提高与审计市场背离"这一局面。第二，2000年以后，市场对于高质量审计的需求，也推动了会计师事务所审计质量的差异化，大规模会计师事务所的审计质量与一些小规模会计师事务所审计质量的差异化较为明显，大规模会计师事务所审计质量较高。第三，审计质量提高带来明显的经济后果，高质量审计事务所审计的上市公司抑价程度更低。

随着经济的发展，市场对高质量审计的需求一定会越来越大，那么，如何培育高质量审计需求也是目前急需解决的问题。刘明辉和王恩山（2011）对于这一现实问题从社会制度方面提出了相关的建议，主要包括提出分类表决制来改变一股独大的局面，使得外部投资者能够真正使用审计服务，抑制审计需求异化现象；明确政府与企业的产权关系，降低国有企业对政府的行政依赖性；对新股发行资格确认制度进行市场化改革，改变上市公司对审计质量无所谓的态度。

　　为了改善目前审计需求异化的现象，本书认为，培育对高质量审计的需求的重点应在于培育和改善对高质量独立审计需求的支撑环境。

　　首先，从内部因素来说，要从会计师事务所和上市公司两个层面抓好。会计师事务所层面应当重视高质量审计，高质量审计有利于树立品牌形象。随着目前会计师事务所之间的合并活动越来越多，在未来，大规模会计师事务所将占有重要地位，高质量的审计有助于会计师事务所提升竞争力，扩大市场份额。从上市公司层面来说，其选择高质量的会计师事务所有利于其发展，投资者会越来越注重上市公司审计报告，低质量的审计会被市场排斥，对于公司的发展不利；加之，企业在 IPO 过程中，选择审计质量高的会计师事务所，有助于减轻企业与市场投资者、证券监管部门之间信息不对称的问题，从而降低融资成本，经济后果明显。

　　其次，从外部因素来说，在政府监管方面，体制要不断改革变化，政府应适当放权，建立健全制度，以适应经济发展的需要；同时，要用制度约束上市公司和会计师事务所提升审计质量，要加强会计师事务所的审计事后法律风险承担责任，既要体现审计的鉴证机制作用，也要体现审计的风险承担责任。上市公司也要承担一定的责任，上市公司高级管理层负有监管责任，对于审计质量要进行严格把关，努力提升审计质量。

7.3　　　　　研究不足与研究展望

　　本书在传统的基于产业分析的企业竞争力理论中嵌入企业资源理论和智力资本理论，从会计师事务所这一层面研究合并对审计质量产生影响的内部资源因素，构建了审计市场—会计师事务所合并行为—资源（智力资本）—审计质量的理论框架，对智力资本中介效应的实证研究揭示出会计师事务所合并通过智力资本作用于审计质量的内在机制，选择智力资本这一异质性资源的角度为解释会计师事务所合并产生审计质量差异这一客观现象提供实证支持。本书的研究有助于拓展会计师事务所合并和审计质量影响因素的研究视野，取得了一定的成果。不过因为本人学识水平、精力和时间的有限，研究还存在一些不足，后续的研究工作可以在以下几方面进一步展开：

第一，会计师事务所智力资本特征变量的衡量。本书虽然从理论上构建了会计师事务所的智力资本测量指标体系，但由于会计师事务所智力资本数据收集困难，所以会计师事务所智力资本变量指标的设计和界定是难点，很多智力资本特征难以量化，本书选取了其中具有代表性且可观测的特征指标予以分析，可能造成研究结论的局限性，因此，在后续的研究中，可以进一步考虑运用问卷调查法，获取更为完整的会计师事务所智力资本特征指标，构建更为科学的会计师事务所智力资本测量指标体系，进一步验证结论的稳健性。

第二，审计质量的度量。本书根据中国的制度背景选取了操控性应计的绝对值和会计稳健性来度量审计质量虽然有其合理性，但由于审计质量的不可观测性，替代变量选取的合理性会影响到研究结论，今后研究中将进一步同时考虑其他替代变量来验证研究结论的稳健性。此外，会计师事务所通过合并创建分所，使得会计师事务所规模呈现快速增长的态势，但这种增长并没有带来审计质量相应的提高，这是因为大多数会计师事务所分所的创建是为了迎合政策的需要，或是为了获得特定的招投标等资格，并非基于市场需求的推动而出现的，在这种情况下，这些新设的分所审计质量并无改观，甚至在大所的庇护下，审计质量更令人担忧。因此，在今后的研究中，还可以进一步比较合并后总所和分所的审计质量是否有差异。

第三，尽管在我国制度背景下，会计师事务所合并动因具有行政推动的特殊性，但在现实中，不同会计师事务所的合并动因的确是存在差异性的，有的会计师事务所合并单纯是为了规模的扩大、获取证券业务资格或迎合政策的需要，有的确实是基于市场和自身发展的自愿性需求进行自主性合并，有的是兼而有之。因此，由于合并的背景不同、合并的缘由不同，所以其合并的效果可能是多维的。本书无法区分不同的合并事件中行政化动因与市场化动因各自的贡献大小，进而无法研究不同动因类型的合并对审计质量的影响差异。在今后研究中有待进一步细分合并动因的差异，考虑不同的合并情况，运用"规模经济理论"更进一步考虑多维的合并效果。

主要参考文献

[1] 布鲁金. 智力资本应用与管理[M]. 赵洁平, 译. 大连: 东北财经大学出版社, 2003.

[2] 斯图尔特. "软"资产——从知识到智力资本[M]. 邵剑兵, 译. 北京: 中信出版社, 2003.

[3] 沙利文. 智力资本管理——企业价值萃取的核心能力[M]. 陈劲, 等, 译. 北京: 知识产权出版社, 2006.

[4] 沙利文. 价值驱动的智力资本[M]. 赵亮, 译. 北京: 华夏出版社, 2002.

[5] 王善平. 资本市场规模化中的独立审计机制创新问题研究[M]. 大连: 东北财经大学出版社, 2002.

[6] 李树华. 审计独立性的提高与审计市场的背离[M]. 上海: 上海三联书店, 2000.

[7] 王长征. 企业并购整合——基于企业能力论的一个综合性理论分析框架[M]. 武汉: 武汉大学出版社, 2002.

[8] 王英姿. 注册会计师审计质量评价与控制研究[M]. 上海: 上海财经大学出版社, 2002.

[9] 莫茨, 夏拉夫. 审计理论结构[M]. 文硕, 等, 译. 北京: 中国商业出版社, 1990.

[10] 美国审计总署. 美国审计总署(GAO)研究报告——关于会计师事务所强制轮换潜在影响的法定研究[M]. 中国注

册会计师协会，译．北京：中国财政经济出版社，2004．

[11] 周年洋．五大会计师行［M］．北京：中国财政经济出版社，2003．

[12] 陈丽红，张龙平．行业专门化与审计质量——来自中国审计市场的经验证据［J］．当代财经，2010（11）：111-119．

[13] 陈信元，夏立军．审计任期与审计质量：来自中国证券市场的经验证据［J］．会计研究，2006（1）：44-53．

[14] 蔡春，孙婷，叶建明．中国内资会计师事务所合并效果研究——基于国际"四大"审计收费溢价的分析［J］．会计研究，2011（1）：83-89．

[15] 蔡春，鲜文铎．会计师事务所行业专长与审计质量相关性的检验——来自中国上市公司审计市场的经验证据［J］．会计研究，2007（6）：41-47．

[16] 蔡春，黄益建，赵莎．关于审计质量对盈余管理影响的实证研究——来自沪市制造业的经验证据［J］．审计研究，2005（2）：3-10．

[17] 曹晓峰．人力资源整合是提升企业核心竞争力的关键途径［J］．管理世界，2003（4）：139-140．

[18] 丁利，李明辉，吕伟．签字注册会计师个人特征与审计质量——基于2010年上市公司数据的经验研究［J］．山西财经大学学报，2012，34（8）：108-115．

[19] 方军雄，洪剑峭，李若山．我国上市公司审计质量影响因素研究：发现和启示［J］．审计研究，2004（6）：35-43．

[20] 房巧玲，张廷廷．会计师事务所合并的经济后果研究综述［J］．财会月刊，2011（12）：95-97．

[21] 房巧玲，房玲，元亮．基于资源观视角的会计师事务所合并动因研究［J］．中国注册会计师，2012（5）：86-89．

[22] 房巧玲，李晓燕．会计师事务所合并对审计收费的影响研究［J］．中国注册会计师，2011（2）：63-69．

[23] 傅传锐．智力资本与公司绩效的相关性——基于分量回归的实证分析［J］．山西财经大学学报，2007，29（5）：72-78．

[24] 高平，段福兴. 会计师事务所做大做强战略的反思 [J]. 会计之友，2015（2）：113-115.

[25] 耿建新，房巧玲. 我国会计师事务所规模研究——基于审计市场经验数据聚类分析 [J]. 会计研究，2005（3）：22-27.

[26] 耿建新，房巧玲. 国际四大所与我国本土大所审计收费比较研究——来自我国证券审计市场的初步证据 [J]. 当代财经，2006（1）：113-127.

[27] 郭弘卿，郑育书，林美凤. 会计师事务所人力资本与薪资对其经营绩效之影响 [J]. 会计研究，2011（9）：80-88.

[28] 郭慧. 影响会计师事务所做大做强的因素分析 [J]. 中国注册会计师，2008（11）：79-82.

[29] 黄友. 推动会计师事务所做大做强的几点思考 [J]. 中国注册会计师，2007（2）：37-39.

[30] 韩洪灵. 中国审计市场的结构、行为与绩效——以审计定价为核心的研究 [D]. 厦门：厦门大学，2006.

[31] 蒋尧明，赖妍. 会计师事务所合并的文化冲突及其整合研究 [J]. 会计之友，2006（1）：77-78.

[32] 蒋力，刘尔奎，崔宏. 会计师事务所合并对审计收费的影响：品牌和规模效应 [J]. 财会通讯，2009（5）：137-147.

[33] 刘成立. 会计师事务所规模能否反映审计质量——基于会计师事务所合并动机的分析 [J]. 财会通讯，2008（9）：7-9.

[34] 刘峰，许菲. 风险导向型审计·法律风险·审计质量——兼论"四大"在我国审计市场的行为 [J]. 会计研究，2002（2）：21-28.

[35] 刘峰，谢斌，黄宇明. 规模与审计质量：店大欺客与客大欺店 [J]. 审计研究，2009（3）：45-54.

[36] 刘峰，林斌. 会计师事务所脱钩与政府选择：一种解释 [J]. 会计研究，2000（2）：9-15.

[37] 刘峰，周福源. 国际四大意味着高审计质量吗?——基于会计稳健性角度的检验 [J]. 会计研究，2007（3）：79-87.

[38] 刘峰，张立民，雷科罗. 我国审计市场制度安排与审计质量需

求 [J]. 会计研究, 2002 (12): 22-27.

[39] 刘明辉, 李黎, 张羽. 我国审计市场集中度与审计质量关系的实证分析 [J]. 会计研究, 2003 (7): 37-41.

[40] 刘启亮, 刘波罗, 何威风, 等. 我国会计师事务所的扩张有效吗? [J]. 会计论坛, 2011 (2): 18-31.

[41] 刘笑霞, 李明辉. 会计师事务所人力资本特征与审计质量——来自中国资本市场的经验证据 [J]. 审计研究, 2012 (2): 82-89.

[42] 刘颖斐, 余玉苗. 寡头竞争型审计市场的培养及其影响分析 [J]. 财会通讯, 2007 (4): 62-64.

[43] 林宗辉, 戚务君. 勤业众信合并案对审计质量之影响——从公司及投资人观点分析 [R]. 台北: 当前会计理论与实务研讨会, 2007.

[44] 李冬琴, 黄晓春. 智力资本: 概念、结构和计量述评 [J]. 科学学研究, 2003 (12): 211-213.

[45] 李建然, 高慧松. 会计师事务所人力资本与审计品质之关联性研究 [J]. 人力资源管理学报, 2007, 17 (3): 45-64.

[46] 李明辉, 刘笑霞. 会计师事务所合并的动因与经济后果: 一个文献综述 [J]. 审计研究, 2010 (5): 61-67.

[47] 李明辉. 会计师事务所合并与审计质量——基于德勤华永和中瑞岳华两起合并案的研究 [J]. 中国经济问题, 2011 (1): 98-107.

[48] 李明辉, 刘笑霞. 会计师事务所合并能提高审计效率吗? ——基于审计延迟视角的经验证据 [J]. 经济管理, 2012 (5): 131-140.

[49] 李明辉, 张娟, 刘笑霞. 会计师事务所合并与审计定价——基于2003—2009年十起合并案面板数据的研究 [J]. 会计研究, 2012 (5): 86-94.

[50] 李爽, 李晓, 张耀中, 等. 会计师事务所的行业专门化投资与审计定价——以我国首次公开发行证券的审计市场为视角 [J]. 审计与经济研究, 2011 (3): 26-34.

[51] 李增泉, 孙铮, 王志伟. 隧道挖掘与所有权安排——来自我国上市公司大股东资金占用的经验证据 [J]. 会计研究, 2004 (12): 3-13.

[52] 李连军, 薛云奎. 中国证券市场审计师声誉溢价与审计质量的

经验研究 [J]. 中国会计评论，2007 (3)：401-414.

[53] 李眺. 审计市场中的合并、产业专用化投资和价格竞争 [J]. 中国工业经济，2003 (3)：49-55.

[54] 李凯. 会计师事务所合并方式与审计质量 [J]. 中南财经政法大学学报，2010 (6)：98-103.

[55] 李晓慧，吴雅楠，李昭祎. 影响审计质量的因素及其未来研究机会——基于会计师事务所视角的文献综述 [J]. 会计与经济研究，2012 (4)：56-65.

[56] 李洁雯. 会计师事务所组织文化研究述要 [J]. 审计研究，2005 (1)：16-20.

[57] 李嘉明，黎富兵. 企业智力资本与企业绩效的实证分析 [J]. 重庆大学学报：自然科学版，2004 (12)：134-138.

[58] 李兆华，武力筝. 会计师事务所合并对审计质量的影响分析 [J]. 哈尔滨商业大学学报：社会科学版，2011 (5)：89-92.

[59] 漆江娜，陈慧霖，张阳. 事务所规模、品牌、价格与审计质量——国际"四大"中国审计市场收费与质量研究 [J]. 审计研究，2004 (3)：59-65.

[60] 钱蓓蓓，沈永建，张苏岭. 事务所合并能提高审计质量吗?——基于信永中和会计师事务所合并的案例 [J]. 上海立信会计学院学报，2011 (4)：54-64.

[61] 史忠良，王芸. 基于企业资源基础观的会计师事务所竞争优势分析 [J]. 江西社会科学，2008 (3)：119-204.

[62] 孙永军，丁莉娜. 审计质量评价研究：基于我国100强事务所的数据分析 [J]. 审计研究，2009 (6)：47-52.

[63] 谭燕. 资源控制权、控制权收益与会计师事务所合并 [J]. 会计研究，2006 (6)：41-47.

[64] 唐建新，付新宇，陈冬. 会计师事务所扩张方式对审计质量的影响 [J]. 审计与经济研究，2015 (2)：3-12.

[65] 王兵，尤广辉，宋戈. 审计师声誉机制研究：基于会计师事务所合并的视角 [J]. 审计与经济研究，2013 (6)：29-37.

［66］王兵，辛清泉．分所审计是否影响审计质量和审计收费［J］．审计研究，2010（2）：70-76．

［67］汪宁，廖建波，刘尔奎，等．会计师事务所总分所管理相关问题研究［J］．中国注册会计师，2007（8）：50-53．

［68］王跃堂，陈世敏．脱钩改制对审计独立性影响的实证研究［J］．审计研究，2001（3）：2-9．

［69］王咏梅，陈磊．中国会计师事务所生产率长期变化及其驱动因素实证研究［J］．审计研究，2012（1）：51-57．

［70］王咏梅，邓舒文．会计师事务所合并与行业专门化战略研究［J］．审计研究，2012（2）：60-66．

［71］王咏梅，王鹏．"四大"与"非四大"审计质量市场认同度的差异性研究［J］．审计研究，2006（5）：49-56．

［72］王琰，杨鑫，杨王．会计师事务所合并对审计质量的影响——基于会计稳健性视角的经验证据［J］．中国注册会计师，2014（6）：64-76．

［73］王澎，李常青．审计质量与事务所规模背离——来自审计公费实证的证据［J］．中国管理科学，2003（1）：253-258．

［74］王如芳．会计师事务所规模与审计质量研究［J］．中国注册会计师，2006（8）：66-68．

［75］王鹏，周黎安．中国上市公司外部审计的选择及其治理效应［J］．中国会计评论，2006（2）：321-344．

［76］吴琴．智力资本理论研究综述［J］．民营科技，2013（8）：209-210．

［77］吴清在，曾玉琦．会计师事务所合并对审计独立性之影响［J］．会计评论，2008（47）：29-60．

［78］吴昊旻，王华．事务所规模决定审计质量吗?——对我国政府推动的事务所规模扩张的反思与文献述评［J］．财贸经济，2010（3）：27-33．

［79］吴溪．我国证券审计市场的集中度与注册会计师独立性［J］．中国注册会计师，2001（9）：14-16．

217

[80] 吴溪. 会计师事务所合并与质量控制：基于中天勤合并案例的经验分析 [J]. 会计研究，2006（10）：79-85.

[81] 万希. 智力资本对我国运营最佳公司贡献的实证分析 [J]. 南开管理评论，2006，9（3）：55-60.

[82] 许汉友，丁长青. 中国大型会计师事务所运营绩效关键影响因素之灰色分析 [J]. 审计与经济研究，2007（2）：26-32.

[83] 许汉友，汤谷良，汪先娣. 中国会计师事务所运营效率之DEA分析 [J]. 会计研究，2008（3）：74-78.

[84] 徐正刚. 注册会计师行业规模经济概念的拓展 [J]. 中国注册会计师，2006（1）：70-73.

[85] 夏冬林，林震昃. 我国审计市场竞争状况分析 [J]. 会计研究，2003（3）：40-46.

[86] 夏立军. 盈余管理计量模型在中国股票市场的应用研究 [J]. 中国会计与财务研究，2003（2）：94-122.

[87] 谢盛纹，梅雨. 会计师事务所行业专门化发展的内在机理与外在效应 [J]. 江西社会科学，2011（5）：65-69.

[88] 谢盛纹，孙俊奇. 制度环境、审计行业专业性与审计质量——一项实证研究 [J]. 当代财经，2010（7）：119-127.

[89] 杨学华. 会计师事务所的战略合并趋势分析 [J]. 审计与经济研究，2002（1）：46-49.

[90] 熊娟，李明辉，杨鑫. 会计师事务所合并与审计师变更——基于12起合并案的经验证据 [J]. 山西财经大学学报，2013（5）：103-113.

[91] 原红旗，李海建. 会计师事务所组织形式、规模与审计质量 [J]. 审计研究，2003（3）：32-37.

[92] 袁丽. 关于智力资本基本概念 [J]. 中国软科学，2000（2）：121-123.

[93] 原毅军，孙晓华，柏丹. 我国软件企业智力资本价值创造潜力的评估 [J]. 中国工业经济，2005（3）：44-50.

[94] 曾亚敏，张俊生. 会计师事务所合并对审计质量的影响 [J].

审计研究，2010（5）：53-60．

[95] 曾亚敏，张俊生. 会计师事务所合并、审计市场结构与审计定价 [J]. 审计与经济研究，2012（1）：40-47．

[96] 周中胜，范一鸣. 会计师事务所合并提高审计质量了吗?——基于会计稳健性与操控性应计的视角 [J]. 苏州大学学报：哲学社会科学版，2013（5）：118-124．

[97] 詹俊，余玉苗. 美国大型会计公司的合并及对审计市场的影响 [J]. 财会通讯，2005（1）：49-51．

[98] 周中胜. 会计师事务所合并与审计收费 [J]. 财经理论与实践，2013（6）：65-70．

[99] 张蓉. 我国会计师事务所规模化发展的途径 [J]. 商业研究，2002（1）：87-89．

[100] 张奇峰. 政府管制提高会计师事务所声誉吗? ——来自中国证券市场的经验证据 [J]. 管理世界，2005（12）：14-23．

[101] 谌嘉席. 人力资本影响事务所"做大做强"吗? [R]. 北京：北京大学光华管理学院，2011．

[102] 朱红军，夏立军，陈信元. 转型经济中审计市场的需求特征研究 [J]. 审计研究，2004（5）：53-62．

[103] 祝海静，杨永淼，周伟. 会计师事务所合并对审计质量的影响——基于信永中和会计师事务所合并案实证分析 [J]. 当代经济，2014（12）：110-111．

[104] RIAHI-BELKAOUI. Intellectual capital and firm performance of US multinational firms [J]. Journal of Intellectual Capital, 2003, 4 (2): 215-226.

[105] ALDHIZER G R, MILLER J R, MORAGLIO J E. Common attributes of quality audits [J]. Journal of Accountancy, 1995, 179: 61-68.

[106] ALFORD M R, STRAWSER J R, STRAWSER R H. Does graduate education improve success in public accounting? [J]. Accounting Horizons, 1990 (4): 69-76.

[107] ALLEN A C, WOODLAND A M. Education requirements, audit

219

fees, and audit quality [J]. Auditing: A Journal of Practice and Theory, 2010, 29 (2): 1-25.

[108] CRASWELL A T, FRANCIS J R, TAYLOR S L. Auditor brand name reputations and industry specializations [J]. Journal of Accounting and Economics, 1995 (3): 297-322.

[109] SAMUDHRAM A, STEWART E, WICKRAMANAYAKE J, et al. Value relevance of human capital based disclosures: moderating effects of labor productivity, investor sentiment, analyst coverage and audit quality [J]. Advances in Accounting, 2014, 30 (2): 338-353.

[110] ANDREOU A N, BONTIS N. A model for resource allocation using operational knowledge assets [J]. The Learning Organization, 2007, 14 (4): 345-374.

[111] ARENS A A, LOEBBECKE J K. Auditing: an integrated approach [M]. 8th ed. Upper Saddle River: Prentice-Hall, 2000.

[112] BARNEY J B. Firm resources and sustainable competitive advantage [J]. Journal of Management, 1991, 17 (1): 99-120.

[113] BALSAM S, KRISHNAN J, YANG J S. Auditor industry specialization and earnings quality [J]. Auditing: A Journal of Practice and Theory, 2003, 22: 71-97.

[114] BASKERVILLE R, HAY D. The effect of accounting firm mergers on the market for audit services: New Zealand evidence [J]. Abacus, 2006, 42 (1): 87-104.

[115] BASSI L J, VAN BUREN M E. Valuing investment in intellectual capital [J]. International Journal of Technology Management, 1999, 18 (5/6/7/8): 414-432.

[116] BANKER R D, CHANG H, NATARAJAN R. Productivity change, technical progress, and relative efficiency change in the public accounting industry [J]. Management Science, 2005, 51 (2): 291-304.

[117] BASU S. The conservatism principle and the asymmetric timeliness of earnings [J]. Journal of Accounting and Economics, 1997, 24 (1): 1-37.

[118] BEATTIE V, GOODACRE A, FEARNLEY S. And then there were four: a study of UK audit market concentration-causes, consequences and the scope for market adjustment [J]. Journal of Financial Regulation and Compliance, 2003 (11): 250-265.

[119] BECKER C, DEFOND M, JIAMBALVO J, et al. The effect of audit quality on earnings management [J]. Contemporary Accounting Research, 1998, 15 (1): 1-24.

[120] BONTIS N. Intellectual capital: an exploratory study that develops measures and models [J]. Management Decision, 1998, 36 (2): 63-76.

[121] BONTIS N, KEOW W, RICHARDSON S. Intellectual capital and business performance in Malaysian industries [J]. Journal of Intellectual Capital, 2000, 11 (1): 85-100.

[122] BONTIS N. Assessing knowledge assets: a review of the models used to measure intellectual capital [J]. International Journal of Management Reviews, 2001, 3 (1): 41-60.

[123] BOUNFOUR A, EDVINSSON L. Intellectual capital for communities: nations, regions, and cities [M]. MA: Elsevier Butterworth-Heinemann, 2005.

[124] BROCHELER V, MAIJOOR S, WITTELOOSTUIJN A. Auditor human capital and audit firm survival: the Dutch audit industry in 1930-1992 [J]. Accounting, Organizations and Society, 2004 (20): 627-646.

[125] BROOKING A. Intellectual capital: core asset for the third millennium enterprise [M]. Boston: Cengage Learning, 1996.

[126] CARCELLO J V, NAGY A L. Auditor industry specialization and financial reporting [R]. Knoxville: University of Tennessee, University Heights: John Carroll University, 2002.

[127] CERVERO R M. Continuing professional education in transition 1981-2000 [J]. International Journal of Lifelong Education, 2001, 20: 16-30.

[128] CHAN K HUNG, WU DONGHUI. Aggregate quasi rents and

auditor independence: evidence from audit firm mergers in China [J].
Contemporary Accounting Research, 2011, 28 (1): 175-213.

[129] CHANEY K, KIRK L. Shredder reputation: the cost of audit
failure [J]. Journal of Accounting Research, 2002, 40 (3): 1 221-1 245.

[130] CHANG B G, YANG C C, CHEN Y S. The determinants of
performance in Taiwan CPA firm: a case of medium and large size [R].
Taipei: The Fourth Annual Conference on Empirical Economics, 2003.

[131] CHANG H, CHEN J, DUHR R, et al. Productivity growth in the
public accounting industry: the roles of information technology and human
capital [J]. Auditing: A Journal of Practice and Theory, 2011, 30 (1):
21-48.

[132] CHEN SHIMIN, SUN SUNNY Y J, WU DONGHUI. Client
importance, institutional improvements, and audit quality in China: an office
and individual auditor level analysis [J]. The Accounting Review, 2010, 85
(1): 127-158.

[133] CHENG YU-SHU, LIU YI-PEI, CHIEN CHU-YANG. The
association between auditor quality and human capital [J]. Managerial
Auditing Journal, 2009, 24 (6): 523-541.

[134] CHEN A L, CHEN R Y, LEE W C. The effect of passing rate of
CPA examination on the industrial structure of accounting firms in Taiwan [J].
Pan-Pacific Management Review, 2002 (5): 155-170.

[135] CHEN Y S, CHANG B G, LEE C C. The association between
continuing professional education and financial performance of public
accounting firms [J]. International Journal of Human Resource Management,
2008, 19 (9): 1720-1737.

[136] CHENG T W, Wang K L, WENG C C. A study of technical
efficiencies of CPA firms in Taiwan [J]. Review of Pacific Basin Financial
Markets and Policies, 2000, 3 (1): 27-44.

[137] CHRISTIANSEN M, LOFT A. Big players and small players: a
study of increasing concentration in the Danish market for auditing services [J].

European Accounting Review, 1992, 1 (2): 277-301.

[138] CHOI M S, ZÉGHAL D. The effect of accounting firm mergers on international markets for accounting services [J]. Journal of International Accounting, Auditing & Taxation, 1999, 8 (1): 1-22.

[139] CHOI J, KIM J, ZANG Y. Do abnormally high audit fees impair audit quality? [J]. Auditing: A Journal of Practice and Theory, 2010, 29 (2): 115-140.

[140] CHRISTOPHER R C. With CPA exam, perfect makes the practice [J]. CPA Journal, 2005, 76 (2): 1-2.

[141] COPLEY P A. An assessment of the potential effect of big eight firm mergers on competition in the market for audit services [J]. Advances in Accounting, 1993 (11): 5-205.

[142] DECHOW P M, SLOAN R G, SWEENEY A P. Detecting earnings management [J]. The Accounting Review, 1995, 70 (2): 193-225.

[143] DEANGELO L E. Audit size and audit quality [J]. Journal of Accounting and Economics, 1981, 3 (3): 183-199.

[144] DEFOND M L, WONG T J, LI S. The impact of improved auditor independence on audit market concentration in China [J]. Journal of Accounting and Economics, 2000, 28 (3): 269-305.

[145] DEFOND M L, FRANCIS J R, WONG T. Auditor industry specialization and market segmentation: evidence from Hong Kong [J]. Auditing, 2000, 19 (1): 49-66.

[146] DEFOND M, JIAMBALVO J. Incidence and circumstances of accounting errors [J]. The Accounting Review, 1991, 66: 643-655.

[147] DUNN K A, MAYHEW B W. Audit firm industry specialization and client disclosure quality [J]. Review of Accounting Studies, 2004, 9 (1): 35-58.

[148] DYE R. Auditing standards, legal liability, and auditing wealth [J]. Journal of Political Economy, 1993, 101: 887-914.

［149］ EDVINSSON L. Developing intellectual capital at Skandia ［J］. Long Range Planning, 1997, 30 (3): 366-373.

［150］ EDVINSSON L, MALONE M. Intellectual capital: realizing your company's true value by finding its hidden brainpower ［M］. New York: Harper Collins Publishers Inc., 1997.

［151］ EICHENSEHER J W, DANOS P. The analysis of industry specific auditor concentration: towards explanatory model ［J］. The Accounting Review, 1981, 56 (3): 479-492.

［152］ EINHORN H J, HOGARTH R M. Behavioral decision theory: processes of judgment and choice ［J］. Annual Review of Psychology, 1981, 32: 53-88.

［153］ FRANCIS J R. What do we know about audit quality ［J］. British Accounting Review, 2004, 36: 345-368.

［154］ FRANCIS J R, YU M D. The effect of big four office size on audit quality ［J］. The Accounting Review, 2009, 84 (5): 1521-1552.

［155］ FRANCIS J R, STOKES D J, ANDERSON D. City markets as a unit of analysis in audit research and the re-examination of big 6 market shares ［J］. Abacus, 1999, 35 (2): 185-206.

［156］ FRANCIS J R, KRISHNAN J. Accounting accruals and auditor reporting conservatism ［J］. Contemporary Accounting Research, 1999, 16 (1): 135-165.

［157］ FIRER S, WILLIAMS S M. Intellectual capital and traditional measures of corporate performance ［J］. Journal of Intellectual Capital, 2003, 4 (3): 348-360.

［158］ FIRTH M, LAU T. Audit pricing following mergers of accounting practices: evidence from Hong Kong ［J］. Accounting and Business Research, 2004, 34 (3): 201-213.

［159］ FERGUSON A, STOKES D. Brand name audit pricing, industry specialization, and leadership premiums post-big 8 and big 6 mergers ［J］. Contemporary Accounting Research, 2002, 19 (1): 77-110.

［160］FRANTZ P. Auditor's skill, auditing standards, litigation, and audit quality ［J］. British Accounting Review, 1999, 31: 151-183.

［161］GAO (General Accounting Office). Public accounting firms: mandated study on consolidation and competition ［EB/OL］. ［2017-12-6］. http: //www.gao.gov/new.items/d03864.pdf.

［162］GAO. Accounting firm consolidation: selected large public company views on audit fees, quality, independence, and choice ［EB/OL］. (2003-09-30) ［2017-12-6］. http: //www.gao.gov/products/GAO-03-1158.

［163］GRAMLING A A, STONE D N. Audit firm industry expertise: a review and synthesis of archival literature ［J］. Journal of Accounting Literature, 2001 (20): 1-29.

［164］GREENWOOD R, LI S X, PRAKASH R, et al. Reputation, diversification, and organizational explanations of performance in professional service firms ［J］. Organization Science, 2005, 16 (6): 661-673.

［165］GÜNTHER T, BEYER D. Hurdles for the voluntary disclosure of information on intangibles - empirical results for "New Economy" industries ［R］. Dresden: Dresden University of Technology, 2003.

［166］FERNANDO G D, ABDEL-MEGUID A M, ELDER R J. Audit quality attributes, client size and cost of equity capital ［J］. Review of Accounting and Finance, 2010, 9 (4): 363-381.

［167］HEALY P M, WAHLEN J M. A review of the earnings management literature and its implications for standard setting ［J］. Social Science Electronic Publishing, 1999, 13 (4): 365-383.

［168］HEALY P M, LYS T. Auditor changes following big eight mergers with non-big eight audit firms ［J］. Journal of Accounting and Public Policy, 2006, 5 (4): 251-265.

［169］HOGAN C E, JETER D C. Industry specialization by auditors ［J］. Auditing: A Journal of Practice and Theory, 1999, 18 (1): 1-17.

［170］TAN H P, PLOWMAN D, HANCOCK P. The evolving research on intellectual capital ［J］. Journal of Intellectual Capital, 2008, 9 (4):

225

585-608.

[171] IVANCEVICH S H, ZARDKOOHI A. An exploratory analysis of the 1989 accounting firm mergers [J]. Accounting Horizons, 2000, 14 (4): 389-401.

[172] IYER V M, IYER G S. Effect of big 8 mergers on audit fees: evidence from the United Kingdom [J]. Auditing: A Journal of Practice and Theory, 1996, 15 (2): 123-132.

[173] GUTHRIEA J, RICCERI F, DUMAY J. Reflections and projections: a decade of intellectual capital accounting research [J]. The British Accounting Review, 2012, 44 (2): 68-82.

[174] BLACK J A, BOAL K B. Strategic resources: traits, configurations and paths to sustainable competitive advantage [J]. Strategic Management, 1994, 15 (S2): 131-148.

[175] JANIK G. Performance planning within a CPA firm [J]. Ohio CPA Journal, 1986, 45 (3): 66-79.

[176] JENSEN M C, MECKLING W H. Theory of the firm: managerial behavior, agency costs and ownership structure [J]. Journal of Financial Economics, 1976, 3 (4): 305-360.

[177] JOHNSON W. An integrative taxonomy of intellectual capital: measuring the stock and flow of intellectual capital in the firm [J]. International Journal of Technology Management, 1999, 18 (5-8): 562-575.

[178] KHURANA I, RAMAN K. Litigation risk and the financial reporting credibility of big 4 v.s. non-big 4 audits: evidence from Anglo American Countries [J]. The Accounting Review, 2004, 79 (3): 473-495.

[179] KRAAIJENBRINK J, SPENDER J C, GROEN A J. The resource based view: a review and assessment of its critiques [J]. Journal of Management, 2010, 36 (1): 349-372.

[180] KRISHNAN J, SCHAUER P C. The differentiation of quality among auditors: evidence from the not-for-profit sector [J]. Auditing: A Journal of

Practice and Theory, 2000, 19 (2): 9-25.

[181] WIIG K M. Integrating intellectual capital and knowledge management [J]. Long Range Planning, 1997, 30 (3): 399-405.

[182] TSENG KUO-AN, LAN YU-WEN, LU HAO-CHUN, et al. Mediation of strategy on intellectual capital and performance [J]. Management Decisions, 2013, 51 (7): 1488-1509.

[183] LAI. Brand name audit pricing, industry specialization, and leadership premiums post-big 8 and big 6 mergers [J]. Contemporary Accounting Research, 2005 (1): 77-110.

[184] LEE D S. The impact of the big 8 mergers on market power: evidence from the Hong Kong market [J]. Journal of International Financial Management and Accounting, 2005, 16 (1): 69-96.

[185] LENNOX C S. Audit quality and auditor size: an evaluation of reputation and deep pockets hypotheses [J]. Journal of Business Finance & Accounting, 1999, 26 (7/8): 779-805.

[186] LENNOX C S. Are large auditors more accurate than small auditors? [J]. Accounting and Business Research, 1999, 29 (3): 217-227.

[187] LENNOX C S. Audit quality and executive officers' affiliations with CPA firms [J]. Journal of Accounting and Economics, 2005, 39 (2): 201-231.

[188] LIBBY R, FREDERICK D M. Experience and the ability to explain audit findings [J]. Journal of Accounting Research, 1990, 28 (2): 348-367.

[189] MCMEEKING K P, PEASNELL K V, POPE P F. The effect of large audit firm mergers on audit pricing in the UK [J]. Accounting and Business Research, 2007, 37 (4): 301-319.

[190] MINYARD D H, TABOR R H. The effect of big eight mergers on auditor concentration [J]. Accounting Horizons, 1991, 5 (4): 79-90.

[191] CHEN MING-CHIN, CHENG SHU-JU, HWANG YUHCHANG.

An empirical investigation of the relationship between intellectual capital and firms' market value and financial performance [J]. Journal of Intellectual Capital, 2005, 6 (2): 159-176.

[192] KAMUKAMA N. Intellectual capital: firms' hidden source of service quality in the microfinance industry in Uganda [J]. Journal of African Business, 2013, 14 (3): 150-161.

[193] O'KEEFE T B, KING R D, GAVER K M. Audit fees, industry specialization and compliance with GAAS reporting standards [J]. Auditing: a Journal of Practice and Theory, 1994, 13 (2): 41-55.

[194] PALMROSE Z. An analysis of auditor litigation and audit service quality [J]. The Accounting Review, 1988, 63: 55-73.

[195] PENROSE E T. The theory of the growth of the firm [M]. Oxford: Basil Blackwell Publisher, 1959.

[196] PENNEY L H. The significance of mergers of accounting firms [J]. Journal of Accountancy, 1961, 112 (11): 51 -58.

[197] PENNINGS J M, LEE K, VAN WITTELOOSTUIJN A. Human capital, social capital, and firm dissolution [J]. Academy of Management Journal, 1998, 41 (4): 425-440.

[198] PONG C K M, BURNETT S. The implications of merger for market share, audit pricing and non-audit fee income: the case of PriceWaterhouse Coopers [J]. Managerial Auditing Journal, 2006, 21 (1): 7-22.

[199] RANKIN L J, SHARP F C. The new mix of client services [J]. CPA Journal, 2000, 70 (5): 38-45.

[200] RHODE J G, WHITSELL G M, KELLY R L. An analysis of client industry concentration for large public accounting firms [J]. The Accounting Review, 1974, 49 (4): 772-787.

[201] RIAHI-BELKAOUI A. Intellectual capital and firm performance of US multinational firms: a study of the resource-based and stakeholder views [J]. Journal of Intellectual Capital, 2003, 4 (2): 215-226.

[202] PETTY R, GUTHRIE J. Intellectual capital literature review:

measurement, reporting and management [J]. Journal of Intellectual Capital, 2000, 1 (2): 155-176.

[203] DING RONG, JIA YUPING. Auditor mergers, audit quality and audit fees: evidence from the PriceWaterhouse Coopers merger in the UK [J]. Journal of Accounting & Public Policy, 2012, 31 (1): 69-85.

[204] ROOS J, EDVINSSON L, ROOS G. Intellectual capital: navigating in the new business landscape [J]. Business Process Management Journal, 1998, 4 (1): 85-88.

[205] SIMUNIC D A. The pricing of audit service: theory and evidence [J]. Journal of Accounting Research, 1980, 18 (1): 161-190.

[206] SCHIFF A, FRIED H D. Large companies and the big eight: an overview [J]. Abacus, 1976, 12 (2): 116-124.

[207] SULLIVAN M W. The effect of the big eight accounting firm mergers on the market for audit services [J]. Journal of Law and Economics, 2002, 45 (2): 375-399.

[208] THAVAPALAN S, MORONEY R, SIMNETT R. The effect of the PriceWaterhouse Coopers merger on auditor concentration in Australia: a note [J]. Accounting and Finance, 2002, 42 (2): 153-167.

[209] STEWART T A. Intellectual capital: the new wealth of organizations [M]. New York: Bantam Doubleday Dell Publishing Group, 1997.

[210] STEWART T A. Your company's most valuable asset: intellectual capital [J]. Fortune, 1994, 130 (7): 68-74.

[211] FIRER S, WILLIAMS S. Intellectual capital and traditional measures of corporate performance [J]. Journal of Intellectual Capital, 2003 (4): 34.

[212] SHLEIFER A, VISHNY R W. A survey of corporate governance [J]. Journal of Finance, 1997, 52 (2): 737 -783.

[213] TEECE D J, PISANO G, SHUENA A. Dynamic capabilities and strategic management [J]. Strategic Management Journal, 1997, 18 (7):

509 -533.

[214] TONGE S D, WOOTTON C W. Auditor concentration and competition among the large public accounting firms: post merger status and future implications [J]. Journal of Accounting and Public Policy, 1991, 10 (2): 157-172.

[215] WALLACE W A, CAMPBELL R L. State boards of accountancy: quality review and positive enforcement programs [J]. Research in Accounting Regulation, 1988 (2): 23-54.

[216] WANG T, LIU C, CHANG C J. CPA-firm merger: an investigation of audit quality [J]. European Accounting Review, 2011 (12): 727-761.

[217] REHMAN W U, REHMAN C A, REHMAN D H U, et al. Intellectual capital performance and its impact on corporate performance: an empirical evidence from modaraba sector of Pakistan [J]. Australian Capital of Business and Management Research, 2011, 1 (5): 8-16.

[218] WATKINS A L, HILLISON W, MORECROFT S. Audit quality: a synthesis of theory and empirical evidence [J]. Journal of Accounting Literature, 2004, 23: 153-193.

[219] WATTS R, ZIMMERMAN J. Agency problem, auditing and the theory of the firm: some evidence [J]. Journal of Law and Economics, 1983, 26 (2): 301-325.

[220] WOOTTON C W, TONGE S D, WOLK C M. Pre and post big 8 mergers: comparison of auditor concentration [J]. Accounting Horizons, 1994, 8 (3): 58-74.

索 引

保险理论——7，8，44，59，71，73，74，86

关系资本——6，10，12，15，34，63，64，79-81，85，149，153-156，162，163，202，208

规模经济理论——7，8，59，71，86，211

合并动因——5，6，8，11，12，35，56-58，211

会计师事务所合并——3-12，14，16，20-31，36，37，45，47-50，53-60，64，69，71-73，76-78，81-93，95，97，98，106，111，119，120，122，129，131，138，144，154，156，157，162-167，169，170，174，177，188，190，193-196，198-203，209-211

会计稳健性——8，10，12，17，24，65，68-71，88，89，97，98，119-122，138，170，176，180，181，186，187，211

结构资本——5，6，10，12，15，28，31-34，62-64，78-81，84，85，149，151，152，154-156，162，163，168，202，206

企业资源理论——6，10，14，86，210

人力资本——5，6，10，12，15，28，31-34，62-64，78-85，149-151，153-156，162，163，168，202，204，206

审计市场集中度——25-27，39，49，50，55，58

审计需求——2，7，12，43，44，58，209，

210

审计质量——1-12，14，16-26，31-38，43，44，47，48，53，54，59，60，61，64-74，78，81-90，93，97-100，102-112，115，118-120，122-131，133，135-138，140-148，150-152，154，156，162，163，165，167-171，173-176，181，183，185-188，190，195，196，198-205，207-211

声誉理论——8，59，71，73，74，86

盈余质量——8，12，17，23，65，68，70，71，88，93，97，98，120，122，125，126，128，130，131，135，137，170，174，184

智力资本——5-12，14-16，28，29，31，34，36，59，61-64，71，77-81，83-87，147-149，152-171，176，181，183，188，190，192-205，210，211

后记

承载着汗水和心血的书稿终于付梓了。此时我的心绪难以平静，没有如释重负和欢欣喜悦，更多的是感恩和对未来前行道路的憧憬。本书稿是在我的博士论文的基础上进一步整理修改完成的。书稿的写作过程充满着苦与乐，从构思框架、文献整理到收集和分析繁杂的数据以及书稿的撰写，从最初的畏难到后来写作中的投入，是对会计师事务所合并研究领域的兴趣一直在支持着我，去克服摆在我面前的一道道难题。本书的出版需要感谢太多的老师、领导、同事、朋友和家人。

饮其流时思其源，成吾学时念吾师。首先，我要衷心感谢我的恩师蒋尧明教授。蒋老师是一个极其和善之人，学术造诣深厚，学风严谨，待人谦和，平易近人，得以进入恩师门下，我深感幸运。蒋老师传授我知识，帮助我的学术能力不断提升；在我的教学科研工作中大力相助，给予我极大的支持。蒋老师对学生的日常生活也非常关心，每当遇到困难时，老师都会认真倾听，给予无私的帮助。在写作中，老师更是精心点拨，帮我开拓研究思路，正是在恩师的无私帮助和深深鼓舞下，我的书稿才得以顺利进展并完成。在本书出版之际，我向蒋老师表示深深的敬意和谢意！

感谢江西财经大学会计学院的首席教授张蕊。张蕊教授在国内会计学界负有盛名，张教授学识渊博、治学态度严谨、洞察力敏锐、工作作风一丝不苟、科研精神执着，这些都深深地感染着我。她给我们讲授的"会计理论"等课程让我受益匪浅，我常常感叹于张教授的才思敏捷、逻辑缜密、观点新颖。张教授在传授知识的同时，她对生活的热爱也常常影响着我对人生的态度。

感谢江西财经大学会计学院的院长章卫东教授，他丰富的阅历和独特视角以及平易近人的性格都给我留下了极深的印象。

感谢江西财经大学会计学院的谢盛纹教授，我时常为谢教授的才华和深厚的外文功底所折服。他对学术的热爱、执着的追求、广博的学识以及热情的性格都给我留下了极深的印象。谢教授对我的博士论文提出了许多中肯的意见和建议，这些意见和建议都已经融入本书稿相关章节的写作中。

感谢我攻读博士学位期间江西财经大学会计学院、研究生院的领导和老师们对我生活的关心以及学术研究上的支持。

在此，感谢华东交通大学经济管理学院黎毅教授、王芸教授、黄辉教授对我求学的大力支持；感谢会计系陈鹰、于海燕、章丽萍、聂倩、张敏、李雄飞及统计系韩胜娟等诸位同事的帮助，在我求学期间，他们分担了繁重的教学工作。

此外，感谢2010级博士班的同学对我学习和生活上的热情帮助。感谢李庆、连洋、郑莹、邬佩玲、李奉林等同学，很高兴能够在江西财经大学认识你们，一起走过人生中重要的一段旅程，并将在以后的生活中互相关注和帮助。感谢我的学生宋丹琦一直跟随我从事项目的研究，为本书稿收集了大量的数据。

累吾亲眷之所顾，不甚愧哉。最后，特别感谢我的爸爸和妈妈，你们是我坚强的后盾，是我前行路上的灯塔，一直指引着我，使我能够在学术的道路上坚持下来。从小到大，我的每一步成长无不倾注了你们的心血和引导。每当我困惑甚至几欲放弃时你们都能耐心倾听，给予我无私的包容、爱护和鼓励，使我能及时走出困境，始终保持健康的心态和乐观向上的精神。感谢我的姐姐和妹妹对我的鼓励和支持，这份血浓于水的亲情是我今生宝贵的财富。感谢我的爱人和婆婆对家庭的照顾，使我能够专心投

后　记

入学习和工作。感谢乖巧儿子的理解和体谅,你总是那么自觉学习,不用妈妈操太多的心,还能经常给妈妈打气加油。你们永远是我温馨的港湾,不断给予我前行的动力!

杨晓丹

2017 年 10 月